FARR®-Checkliste Nr. **16**

Wolf-Michael Farr
Isabel von Keitz

Checkliste für die Aufstellung und Prüfung des Anhangs nach IFRS (Notes)

- unter Berücksichtigung der Vorschriften des IASB, die bis 30.10.2011 von der EU übernommen wurden -

**5., aktualisierte Auflage
Stand: 1.11.2011**

Bibliografische Information der Deutschen Bibliothek

Die Deutsche Bibliothek verzeichnet diese Publikation in der Deutschen Nationalbibliografie: detaillierte bibliografische Daten sind im Internet über http://www.d-nb.de abrufbar.

ISBN 978-3-8021-1853-1

Bei den vorliegenden Checklisten handelt es sich um Empfehlungen des Verfassers. Es sind keine Verlautbarungen des IDW im Sinne von IDW PS 201, Tz. 28ff.

Stand: 1. November 2011

© 2012 IDW Verlag GmbH, Tersteegenstr. 14, 40474 Düsseldorf
Die IDW Verlag GmbH ist ein Unternehmen des Instituts der Wirtschaftsprüfer in Deutschland e.V. (IDW)

www.idw-verlag.de

Das Werk einschließlich aller seiner Teile ist urheberrechtlich geschützt. Jede Verwertung außerhalb der engen Grenzen des Urheberrechtsgesetzes ist ohne vorherige schriftliche Einwilligung des Verlages unzulässig und strafbar. Dies gilt insbesondere für Vervielfältigungen, Übersetzungen, Mikroverfilmungen und die Einspeicherung und Verbreitung in elektronischen Systemen. Es wird darauf hingewiesen, dass im Werk verwendete Markennamen und Produktbezeichnungen dem marken-, kennzeichen- oder urheberrechtlichen Schutz unterliegen.

Die Angaben in diesem Werk wurden sorgfältig erstellt und entsprechen dem Wissensstand bei Redaktionsschluss. Da Hinweise und Fakten jedoch dem Wandel der Rechtsprechung und der Gesetzgebung unterliegen, kann für die Richtigkeit und Vollständigkeit der Angaben in diesem Werk keine Haftung übernommen werden. Gleichfalls werden die in diesem Werk abgedruckten Texte und Abbildungen einer üblichen Kontrolle unterzogen; das Auftreten von Druckfehlern kann jedoch gleichwohl nicht völlig ausgeschlossen werden, so dass für aufgrund von Druckfehlern fehlerhafte Texte und Abbildungen ebenfalls keine Haftung übernommen werden kann.

Gesamtherstellung: B.o.s.s Druck und Medien GmbH, Goch

PN 40842/0/0   KN 11320

Einführung

Ein vollständiger IFRS-Abschluss enthält neben der Bilanz, der Gesamtergebnisrechnung, der Eigenkapital-Veränderungsrechnung sowie der Kapitalflussrechnung auch weitere **erläuternde Anhangangaben** (IAS 1.10). Anhangangaben im Abschluss sind **systematisch** (IAS 1.113), z.B. in folgender Reihenfolge (IAS 1.114) darzustellen:

- Bestätigung der Übereinstimmung mit den IFRS,
- Erläuterung der Bilanzierungs- und Bewertungsmethoden,
- ergänzende Informationen zu den in den Abschlussbestandteilen dargestellten Posten,
- sonstige Anhangangaben (z.B. Eventualverbindlichkeiten, nicht finanzielle Angaben).

Unter Umständen kann es notwendig/wünschenswert sein, die Reihenfolge bestimmter Posten innerhalb des Anhangs zu ändern, jedoch ist eine systematische Struktur für den Anhang **beizubehalten**, soweit es praktikabel ist (IAS 1.115).

Die vorliegende Checkliste für den Anhang nach IFRS (Notes) enthält sämtliche **Pflichtangaben** für Unternehmen, die einen Abschluss unter Anwendung der Vorschriften des IASB aufstellen. Die Checkliste enthält zusätzlich die Angaben, die nach Ansicht des IASB **wünschenswert bzw. freiwillig** anzugeben sind sowie die Ausweispflichten, die alternativ auch im Anhang erfüllt werden können (sog. **Wahlpflichtangaben**). Gemäß IAS 1.31 braucht eine Angabe nicht gemacht werden, wenn die Information nicht **wesentlich** ist.

Aufgrund der ständigen Weiterentwicklung der IASB-Vorschriften ist zu beachten, dass der **jeweils aktuelle Stand** benutzt wird. Die IFRS-Anhang-Checkliste wird daher regelmäßig aktualisiert. In der vorliegenden Fassung wurden sämtliche Vorschriften des IASB berücksichtigt, die bis **01. November 2011** von der **EU übernommen** wurden. Berücksichtigt wurden in der vorliegenden Checkliste insofern die auf den Seiten 2 und 3 aufgelisteten IFRS, wie sie durch folgende Verordnungen (EG) der Kommission:

- Nr. 1725/2003 v. 29.09.2003
- Nr. 707/2004 v. 06.04.2004
- Nr. 2086/2004 v. 19.11.2004
- Nr. 2236/2004 v. 29.12.2004
- Nr. 2237/2004 v. 29.12.2004
- Nr. 2238/2004 v. 29.12.2004
- Nr. 211/2005 v. 04.02.2005
- Nr. 1073/2005 v. 07.07.2005
- Nr. 1751/2005 v. 25.10.2005
- Nr. 1910/2005 v. 08.11.2005
- Nr. 1864/2005 v. 15.11.2005
- Nr. 2106/2005 v. 21.12.2005
- Nr. 108/2006 v. 11.01.2006
- Nr. 708/2006 v. 08.05.2006
- Nr. 1329/2006 v. 08.09.2006
- Nr. 610/2007 v. 01.06.2007
- Nr. 611/2007 v. 01.06.2007
- Nr. 1358/2007 v. 21.09.2007
- Nr. 1004/2008 v. 15.10.2008
- Nr. 1260/2008 v. 10.12.2008
- Nr. 1261/2008 v. 16.12.2008
- Nr. 1262/2008 v. 16.12.2008
- Nr. 1263/2008 v. 16.12.2008
- Nr. 1274/2008 v. 17.12.2008
- Nr. 53/2009 v. 21.01.2009
- Nr. 69/2009 v. 23.01.2009
- Nr. 70/2009 v. 23.01.2009
- Nr. 254/2009 v. 25.03.2009
- Nr. 494/2009 v. 03.06.2009
- Nr. 495/2009 v. 03.06.2009
- Nr. 460/2009 v. 04.06.2009
- Nr. 636/2009 v. 22.07.2009
- Nr. 824/2009 v. 09.09.2009
- Nr. 839/2009 v. 15.09.2009
- Nr. 1136/2009 v. 25.11.2009
- Nr. 1142/2009 v. 26.11.2009
- Nr. 1164/2009 v. 27.11.2009
- Nr. 1165/2009 v. 27.11.2009
- Nr. 1171/2009 v. 30.11.2009
- Nr. 1293/2009 v. 23.12.2009
- Nr. 243/2010 v. 23.03.2010
- Nr. 244/2010 v. 23.03.2010
- Nr. 550/2010 v. 23.06.2010
- Nr. 574/2010 v. 30.03.2010
- Nr. 632/2010 v. 19.07.2010
- Nr. 633/2010 v. 19.07.2010
- Nr. 662/2010 v. 23.07.2010
- Nr. 149/2011 v. 18.02.2011

in europäisches Recht übernommen wurden. Änderungen und Ergänzungen vom IASB, die bis Ende Oktober 2011 von der EU (noch) nicht übernommen wurden, wurden in der vorliegenden Checkliste nicht berücksichtigt. Dies betrifft insbesondere die neuen IFRS 9 bis 13, die geänderten IAS 27 und 28 sowie Änderungen zu IFRS 1 und 7, IAS 1, 12 und 19.

Die in der Checkliste enthaltenen Angabepflichten sind grds. für am 1.1.2011 oder danach beginnende Geschäftsjahre zu machen. Sofern einzelne Angaben für am 1.1.2011 beginnende Geschäftsjahre noch nicht zwingend zu machen sind, wird darauf hingewiesen. Zu beachten ist, dass die Änderungen von IFRS 1 (geändert am 21.12.2010) sowie von IFRS 7 (geändert am 07.10.2010) rev ggf. auch schon für IFRS-Abschlüsse, die am oder nach dem 1.7.2011 beginnen, beachtet werden müssen, sofern diese endorsed werden. Der derzeitige Endorsementplan sieht die Übernahme der Änderungen von IFRS 7 in EU-Recht noch in 2011 vor. In der vorliegenden Checkliste sind diese mangels Endorsement bis zum Redaktionsschluss 01.09.2011 nicht enthalten.

Nicht enthalten in der Checkliste sind zudem folgende besondere Angabepflichten:

- für Altersversorgungspläne (IAS 26),
- für die Zwischenberichterstattung (IAS 34),
- für Versicherungsverträge (IFRS 4).

Die Checkliste dient sowohl zur **Aufstellung** als auch zur **Prüfung** (der Vollständigkeit, Richtigkeit und Verständlichkeit) der im Anhang (Notes) enthaltenen Vielzahl von Angaben. Die **Spalten 0 bis 3** der Checkliste **(Kapitel 1)** enthalten die Vorgaben und in den **Spalten 4 bis 7** können zu jeder Anhangangabe die im konkreten Fall jeweils zutreffenden Eintragungen vorgenommen werden.

Wird die Checkliste bei der **Prüfung des Anhangs** eingesetzt, so ist sie von dem für die Anhangprüfung zuständigen Prüfer insgesamt auszufüllen. Durch Ausfüllen der Checkliste **(Kapitel 1)** soll überprüft werden, ob sämtliche Pflichtangaben in den Anhang aufgenommen wurden. Der Prüfer kann hier seine individuellen Eintragungen (z.B. Hinweis auf Arbeitspapiere) vornehmen. Ferner ist hier speziell das **Kapitel 2** zu beachten. Die Checkliste zur Prüfung des Anhangs (Kapitel 2) berücksichtigt die nach §§ 316 ff. HGB erforderlichen Angaben/Punkte. Das abschließende Prüfungsergebnis und ggf. festgestellte Beanstandungen sind auf dem **Deckblatt** zusammenzufassen. Die ausgefüllte Checkliste samt Deckblatt ist in den Arbeitspapieren abzulegen.

Checkliste für die Aufstellung / Prüfung des Anhangs nach IFRS (Notes)
- Deckblatt -

Firma/Konzern: _____ Geschäftsjahr/Auftrag: _____

❑ IFRS Pflicht ❑ IRFS freiwillig ❑ Einzel-abschluss ❑ Konzern-abschluss ❑ Erst-abschluss

Aufsteller: _____ Datum der Aufstellung: _____

Prüfer/Team: _____ Datum der Prüfung: _____

WP/Prüfungsleiter: _____ Datum der Durchsicht: _____

Zur Prüfung hat vorgelegen ❑ Entwurf ❑ Endgültige Fassung

Prüfungsergebnis

Die Prüfung des Anhangs (Notes) führt zu folgendem Gesamturteil:

❑ Vorgelegter Anhang (Notes) ohne Beanstandungen durch die Prüfung

❑ Vorgelegter Anhang (Notes) im Rahmen der Prüfung richtig gestellt
(folgende Beanstandungen wurden mit der Geschäftsführung besprochen):

_____

_____

_____

❑ Geprüfter Anhang (Notes) mit Beanstandungen
(die Geschäftsführung hat sich den Änderungsvorschlägen des Prüfers aus folgenden Gründen nicht angeschlossen):

_____

_____

_____

Ausgewählte Abkürzungen

GJ	Geschäftsjahr(e)	IDW PS 450	Grundsätze ordnungsmäßiger Berichterstattung bei Abschlussprüfungen
GuV	Gewinn- und Verlustrechnung	IFRIC	International Financial Reporting Interpretations Commitee
HFA	Hauptfachausschuss des IDW		
IAS	International Accounting Standards	IFRS	International Financial Reporting Standards
IASB	International Accounting Standards Board	SIC	Standing Interpretations Commitee
IDW	Institut der Wirtschaftsprüfer in Deutschland e.V., Düsseldorf	VFE-Lage	Vermögens-, Finanz und Ertragslage
		VJ	Vorjahr
IDW PS 400	Grundsätze für die ordnungsmäßige Erteilung von Bestätigungsvermerken bei Abschlussprüfungen		

Checkliste für die Aufstellung / Prüfung des Anhangs nach IFRS (Notes)

Überblick über die IAS / IFRS	
IAS	Inhalt
1	Darstellung des Abschlusses
2	Vorräte
7	Kapitalflussrechnungen
8	Rechnungslegungsmethoden, Änderungen von rechnungslegungsbezogenen Schätzungen und Fehler
10	Ereignisse nach dem Bilanzstichtag
11	Fertigungsaufträge
12	Ertragsteuern
16	Sachanlagen
17	Leasingverhältnisse
18	Umsatzerlöse
19	Leistungen an Arbeitnehmer
20	Bilanzierung und Darstellung von Zuwendungen der öffentlichen Hand
21	Auswirkungen von Änderungen der Wechselkurse
23	Fremdkapitalkosten
24	Angaben über Beziehungen zu nahe stehenden Unternehmen und Personen
26*	Bilanzierung und Berichterstattung von Altersversorgungsplänen
27	Konzern- und Einzelabschlüsse
28	Anteile an assoziierten Unternehmen
29	Rechnungslegung in Hochinflationsländern
31	Anteile an Joint Ventures
32	Finanzinstrumente: Darstellung
33	Ergebnis je Aktie
34*	Zwischenberichterstattung
36	Wertminderung von Vermögenswerten
37	Rückstellungen, Eventualverbindlichkeiten und Eventualforderungen
38	Immaterielle Vermögenswerte
39	Finanzinstrumente: Ansatz und Bewertung
40	Als Finanzinvestition gehaltene Immobilien
41	Landwirtschaft

IFRS	Inhalt
1	Erstmalige Anwendung der IFRS
2	Anteilsbasierte Vergütung
3	Unternehmenszusammenschlüsse
4*	Versicherungsverträge
5	Zur Veräußerung gehaltene langfristige Vermögenswerte und aufgegebene Geschäftsbereiche
6	Exploration und Gewinnung von mineralischen Ressourcen
7	Finanzinstrumente: Angaben
8	Geschäftssegmente
9**	Finanzinstrumente
10**	Konzernabschluss
11**	Gemeinschaftliche Vereinbarung
12**	Angaben über Anteile an deren Unternehmen
13**	Fair-Value-Bewertung

* Vorschriften des IASB, die von EU bereits übernommen wurden, indes nicht Bestandteil der Checkliste sind
** Vorschriften des IASB, die von EU (noch) nicht übernommen wurden, und kein Bestandteil der Checkliste sind

Checkliste für die Aufstellung / Prüfung des Anhangs nach IFRS (Notes)

Überblick über die Interpretationen des SIC / IFRIC	
SIC	**Inhalt**
7	Einführung des Euro
10	Beihilfen der öffentlichen Hand – Kein spezifischer Zusammenhang mit betrieblichen Tätigkeiten
12	Konsolidierung – Zweckgesellschaften
13	Gemeinschaftlich geführte Einheiten – Nicht monetäre Einlagen durch Partnerunternehmen
15	Operating-Leasingverhältnisse – Anreizvereinbarungen
21	Ertragsteuern – Realisierung von neubewerteten, planmäßig abzuschreibenden Vermögenswerten
25	Ertragsteuern – Änderungen im Steuerstatus eines Unternehmens oder seiner Anteilseigner
27	Beurteilung des wirtschaftlichen Gehalts von Transaktionen in der rechtlichen Form von Leasingverhältnissen
29	Angabe – Vereinbarungen bei Dienstleistungslizenzen
31	Erträge – Tausch von Werbeleistungen
32	Immaterielle Vermögenswerte – Web-Site-Kosten
IFRIC	**Inhalt**
1	Änderung bestehender Rückstellungen für Entsorgungs-, Wiederherstellungs- und ähnliche Verpflichtungen
2	Geschäftsanteile an Genossenschaften und ähnliche Finanzinstrumente
4	Feststellung, ob eine Vereinbarung ein Leasinggeschäft enthält
5	Rechte auf Anteile an Fonds zur Entsorgung, Rekultivierung und Umweltsanierung
6	Verbindlichkeiten, die sich aus einer Teilnahme an einem spezifischen Markt ergeben – Elektro- und Elektronik-Altgeräte
7	Anwendung des Anpassungsansatzes unter IAS 29 Rechnungslegung in Hochinflationsländern
9	Neubeurteilung eingebetteter Derivate
10*	Zwischenberichterstattung und Wertminderung
12	Dienstleistungskonzessionsvereinbarungen
13	Kundenbindungsprogramme
14	IAS 19 – Die Begrenzung eines leistungsorientierten Vermögenswertes, Mindestdotierungsverpflichtungen und ihre Wechselwirkung
15	Verträge über die Errichtung von Immobilien
16	Absicherung einer Nettoinvestition in einen ausländischen Geschäftsbetrieb
17	Sachdividenden an Eigentümer
18	Übertragungen von Vermögenswerten durch Kunden
19	Tilgung finanzieller Verbindlichkeiten durch Eigenkapitalinstrumente

* Vorschriften des IASB, die von EU bereits übernommen wurden, indes nicht Bestandteil der Checkliste sind
** Vorschriften des IASB, die von EU (noch) nicht übernommen wurden und kein Bestandteil der Checkliste sind

Checkliste für die Aufstellung / Prüfung des Anhangs nach IFRS (Notes)

Gliederung der Checkliste

Kapitel 1: Aufstellung des Anhangs (Notes)

A. Allgemeine Angaben zum Unternehmen

B. Allgemeine Angaben zum Abschluss
　I. Grundsätzliches
　II. Angaben bei der erstmaligen Anwendung von IFRS
　III. Bilanzierungs- und Bewertungsmethoden/Schätzungen
　IV. Vergleichsinformationen
　V. Änderungen der Bilanzierungs-, Bewertungs- oder Darstellungsmethoden
　VI. Änderungen von Schätzungen und Fehler in Vorjahren
　VII. Angaben bei Zweifel an der Unternehmensfortführung

C. Angaben zu Konsolidierungskreis und Konsolidierungsmethoden
　I. Angaben bei Befreiung von der Konzernrechnungslegungspflicht im Einzelabschluss
　II. Angaben zu Tochterunternehmen und Konzernrechnungslegung gem. IAS 27
　III. Angaben zu Unternehmenszusammenschlüssen gem. IFRS 3
　IV. Angaben zu Joint Ventures
　V. Angaben zu assoziierten Unternehmen

D. Angaben zur Fremdwährungsumrechnung
　I. Grundsätzliches
　II. Angaben bei Hochinflation

E. Angaben zur Bilanz
　I. Grundsätzliches
　　1. Laufzeiten, Untergliederungen, Davon-Vermerke
　　2. Fremdkapitalkosten
　　3. Zuwendungen der öffentlichen Hand
　　4. Wertminderung
　　5. Latente und laufende Steueransprüche und -schulden
　II. Aktivposten
　　1. Geschäfts- oder Firmenwert
　　2. (Sonstige) immaterielle Vermögenswerte des Anlagevermögens
　　3. Sachanlagevermögen
　　4. Leasingverhältnisse
　　5. Als Finanzinvestition gehaltene Immobilien
　　6. Finanzinstrumente
　　7. Vorräte
　III. Passiva
　　1. Eigenkapital
　　2. Leistungen an Arbeitnehmer gem. IAS 19
　　3. Sonstige Rückstellungen
　　4. Finanzielle Schulden

F. Angaben zur Gesamtergebnisrechnung/Gewinn- und Verlustrechnung
　I. Grundsätzliches
　II. Umsatzerlöse/Erträge
　III. Zusätzliche Angaben bei Anwendung des Umsatzkostenverfahrens
　IV. Außerordentliches Ergebnis
　V. Steueraufwand (einschl. latente Steuern)
　VI. Angaben zum sonstigen Ergebnis der Periode

G. Angaben zur Kapitalflussrechnung

H. Angaben zur Eigenkapital-Veränderungsrechnung

I. Sonstige Anhangangaben
　I. Segmentberichterstattung
　II. Ergebnis je Aktie
　III. Angaben zu Eventualverbindlichkeiten und Eventualforderungen
　IV. Angaben zu Transaktionen mit nahe stehenden Unternehmen und Personen
　V. Angaben zu zur Veräußerung gehaltenen langfristigen Vermögenswerten und aufgegebenen Geschäftsbereichen
　VI. Angaben zu Vereinbarungen von Dienstleistungslizenzen
　VII. Angaben zu Ereignissen nach der Berichtsperiode
　VIII. Angaben im Zusammenhang mit landwirtschaftlicher Tätigkeit
　IX. Angaben zu anteilsbasierten Vergütungen
　X. Angaben zur Exploration und Evaluierung von mineralischen Ressourcen

J. Angaben für IFRS-Konzernabschlüsse nach § 315a HGB

K. Angaben für IFRS-Einzelabschlüsse nach § 325 Abs. 2a HGB

Kapitel 2: Prüfung des Anhangs (Notes)
(nur vom Abschlussprüfer zu beachten)

A. Prüfungsgegenstand und Prüfungsumfang (vgl. § 317 HGB)

B. Vollständigkeitserklärung und Arbeitspapiere

C. Prüfungsbericht (vgl. § 321 HGB) und Bestätigungsvermerk (vgl. § 322 HGB)

Legende für die Spalten der Checkliste bezüglich der Aufstellung des Anhangs (= Kapitel 1)

Spalte:
0　Laufende Nummer
1　Hinweis auf IAS / IFRS oder SIC / IFRIC / HGB
2　Nr./Tz. der IAS / IFRS bzw. SIC / IFRIC / HGB
3　Anhangangabe (Notes)
4　Angabe im Anhang enthalten
5　Angabe im Anhang nicht enthalten, da nicht relevant
6　Angabe im Anhang nicht enthalten, da unwesentlich
7　Bemerkungen (insbes. bei fehlender Anhangangabe) und Hinweise auf Arbeitspapiere

			Checkliste für die Aufstellung / Prüfung des Anhangs nach IFRS (Notes)				
0	1	2	3	4	5	6	7
Lfd. Nr.	IAS/ IFRS/ SIC/ IFRIC/ HGB	Nr./Tz. des IAS/IFRS/ bzw. SIC/ IFRIC/HGB	Anhangangabe (Notes)	ent- halten	nicht enthalten (nicht relevant)	nicht enthalten (unwesent- lich)	Bemerkungen/ Referenzen zu Arbeits- papieren
Kapitel 1: Aufstellung des Anhangs (Notes)							
A. Allgemeine Angaben zum Unternehmen							
1.	IAS	1.138 (a)	Sitz und Rechtsform des Unternehmens *(sofern nicht an anderer Stelle der Informationen dargestellt, die zusammen mit dem Abschluss veröffentlicht werden)*				
2.	IAS	1.138 (a)	Land, in dem das Unternehmen als juristische Person registriert ist *(sofern nicht an anderer Stelle der Informationen dargestellt, die zusammen mit dem Abschluss veröffentlicht werden)*				
3.	IAS	1.138 (a)	Adresse des eingetragenen Sitzes (oder des Hauptsitzes der Geschäftstätigkeit, wenn dieser vom eingetragenen Sitz abweicht) *(sofern nicht an anderer Stelle der Informationen dargestellt, die zusammen mit dem Abschluss veröffentlicht werden)*				
4.	IAS	1.138 (b)	Beschreibung der Art der Geschäftstätigkeit des Unternehmens und seiner Hauptaktivitäten *(sofern nicht an anderer Stelle der Informationen dargestellt, die zusammen mit dem Abschluss veröffentlicht werden)*				
5.	IAS	1.138 (c)	Name des Mutterunternehmens und des obersten Mutterunternehmens des Konzerns *(sofern nicht an anderer Stelle der Informationen dargestellt, die zusammen mit dem Abschluss veröffentlicht werden)*				
6.	IAS	1.138 (d)	Angabe der Lebensdauer des Unternehmens, wenn seine Lebensdauer begrenzt ist				
B. Allgemeine Angaben zum Abschluss							
I. Grundsätzliches							
7.	IAS	1.49	Ein Abschluss muss eindeutig als solcher bezeichnet sein und sich von anderen Informationen, die im gleichen Dokument veröffentlicht werden, unterscheiden lassen				
8.	IAS	1.51	Jeder Bestandteil des Abschlusses und die Anhangangaben sind eindeutig zu bezeichnen Zusätzlich sind folgende Informationen deutlich sichtbar darzustellen und zu wiederholen, falls es für das richtige Verständnis der dargestellten Informationen notwendig ist (vgl. hierzu auch IAS 1.51):				
9.	IAS	1.51 (a)	Name des berichtenden Unternehmens oder andere Mittel der Identifizierung sowie etwaige Änderungen dieser Angaben gegenüber dem letzten Bilanzstichtag				
10.	IAS	1.51 (b)	Angabe, ob Einzel- oder Konzernabschluss				

			Checkliste für die Aufstellung / Prüfung des Anhangs nach IFRS (Notes)				
0	1	2	3	4	5	6	7
Lfd. Nr.	IAS/ IFRS/ SIC/ IFRIC/ HGB	Nr./Tz. des IAS/IFRS/ bzw. SIC/ IFRIC/HGB	Anhangangabe (Notes)	ent- halten	nicht enthalten (nicht relevant)	nicht enthalten (unwesent- lich)	Bemerkungen/ Referenzen zu Arbeits- papieren
11.	IAS	1.51 (c)	Abschlussstichtag oder Berichtsperiode, auf die sich der Abschluss oder die Anhang- angaben beziehen				
12.	IAS	1.51 (d)	• Darstellungswährung gem. IAS 21 *(vgl. auch D. I.)*				
13.	IAS	1.51 (e)	• Wieweit bei der Darstellung von Beträgen im Abschluss gerundet wurde (vgl. hierzu auch IAS 1.53)				
	IAS	1.36	Ein vollständiger Abschluss (incl. Vergleichsinformationen) ist mindestens jährlich aufzustellen. Wenn sich der Abschlussstichtag ändert und der Abschluss für einen Zeitraum aufgestellt wird, der länger oder kürzer als 1 Jahr ist, hat das Unternehmen zusätzlich zur Berichtsperiode, auf die sich der Abschluss bezieht, anzugeben:				
14.	IAS	1.36 (a)	• Grund für die Verwendung einer längeren bzw. kürzeren Berichtsperiode				
15.	IAS	1.36 (b)	• Tatsache, dass Vergleichsbeträge des Abschlusses nicht vollständig vergleichbar sind				
16.	IAS	10.17	Zeitpunkt, an dem der Abschluss zur Ver- öffentlichung genehmigt wurde				
17.	IAS	10.17	Angabe, wer diese Genehmigung erteilt hat				
18.	IAS	10.17	Wenn die Eigentümer des Unternehmens oder andere Personen die Möglichkeit haben, den Abschluss nach der Veröffentlichung zu ändern, hat das Unternehmen diese Tatsache anzugeben				
19.	IAS	1.16	Angabe, dass Abschluss mit den IFRS in Einklang steht in einer ausdrücklichen und uneingeschränkten Erklärung im Anhang. Ein Abschluss darf nicht als mit den IFRS übereinstimmend bezeichnet werden, so- lange er nicht sämtliche Anforderungen der IFRS erfüllt				
	II. Angaben bei der erstmaligen Anwendung von IFRS **1. Erstmalige Anwendung einzelner IFRS** *(Bei erstmaliger Anwendung von einzelnen IFRS auf Grund des Neuerlasses der Standards/IFRICs vgl. auch Angabepflichten zur erstmaligen Anwendung bzw. Übergangsvorschriften in den jeweiligen Standard)*						
	IAS	8.28	Wenn die erstmalige Anwendung eines Standards oder einer Interpretation Auswirkungen auf die Berichtsperiode oder irgendeine frühere Periode hat oder derartige Auswirkungen haben könnte, es sei denn, die Ermittlung des Anpassungsbetrags wäre undurchführbar, oder wenn die Anwendung eventuell Auswirkungen auf zukünftige Perioden hätte, hat das Unternehmen folgendes anzugeben *(keine Wiederholung dieser Angaben in den Abschlüssen späterer Perioden)*:				
20.	IAS	8.28 (a)	• Titel des Standards bzw. der Interpretation				
21.	IAS	8.28 (b)	• falls zutreffend, dass die Änderung der Bilanzierungs- und Bewertungsmethode in Übereinstimmung mit den Übergangs- vorschriften durchgeführt wird				
22.	IAS	8.28 (c)	• Art der Änderung der Bilanzierungs- und Bewertungsmethoden				

Checkliste für die Aufstellung / Prüfung des Anhangs nach IFRS (Notes)

0	1	2	3	4	5	6	7
Lfd. Nr.	IAS/ IFRS/ SIC/ IFRIC/ HGB	Nr./Tz. des IAS/IFRS/ bzw. SIC/ IFRIC/HGB	Anhangangabe (Notes)	ent- halten	nicht enthalten (nicht relevant)	nicht enthalten (unwesent- lich)	Bemerkungen/ Referenzen zu Arbeits- papieren
23.	IAS	8.28 (d)	• falls zutreffend, Beschreibung der Übergangsvorschriften				
24.	IAS	8.28 (e)	• falls zutreffend, Übergangsvorschriften, die eventuell eine Auswirkung auf zukünftige Perioden haben könnten				
	IAS	8.28 (f)	• Anpassungsbetrag für die Berichtsperiode sowie, soweit durchführbar, für jede frühere dargestellte Periode:				
25.	IAS	8.28 (f) (i)	→ für jeden einzelnen betroffenen Posten des Abschlusses				
26.	IAS	8.28 (f) (ii)	→ sofern IAS 33 auf das Unternehmen anwendbar ist, für das unverwässerte und das verwässerte Ergebnis je Aktie				
27.	IAS	8.28 (g)	• Anpassungsbetrag, sofern durchführbar, im Hinblick auf Perioden vor denjenigen, die ausgewiesen werden				
28.	IAS	8.28 (h)	• sofern eine rückwirkende Anwendung nach IAS 8.19 (a) oder (b) für eine bestimmte frühere Periode, oder aber für Perioden, die vor den ausgewiesenen Perioden liegen, undurchführbar ist, so sind die Umstände aufzuzeigen, die zu jenem Zustand geführt haben, unter Angabe wie und ab wann die Änderung der Bilanzierungs- und Bewer- tungsmethode angewendet wurde				
	IAS	8.30	Wenn ein Unternehmen einen neuen Standard oder eine neue Interpretation nicht angewendet hat, der/die herausgegeben wurde, aber noch nicht in Kraft getreten ist, so hat das Unternehmen folgende Angaben zu machen:				
29.	IAS	8.30 (a)	• diese Tatsache				
30.	IAS	8.30 (b)	• bekannte bzw. einigermaßen zuverlässig einschätzbare Informationen, die zur Beur- teilung der möglichen Auswirkungen des neuen Standards/der neuen Interpretation auf den Abschluss des Unternehmens in der Periode der erstmaligen Anwendung relevant sind *(vgl. hierzu auch IAS 8.31)*				
2. Erstmalige Anwendung der IFRS Bitte beachten: Die vom IASB im Dezember 2010 verabschiedeten Änderungen des IFRS 1 sind in der Checkliste aufgrund des fehlenden EU-Endorsements nicht berücksichtigt. Die Änderungen sind allerdings bei erfolgtem EU-Endorsement für Abschlüsse, die am 1.7.2011 oder später beginnen relevant.							
31.	IFRS	1.20	Dieser IFRS enthält keine Befreiungen von den Darstellungs- und Angabepflichten anderer IFRS				
32.	IFRS	1.21	Um IAS 1 zu entsprechen, muss der erste IFRS-Abschluss mindestens drei Bilanzen, zwei Gesamtergebnisrechnungen, zwei gesonderte GuVs (falls erstellt), zwei Kapi- talflussrechnungen und zwei Eigenkapital- veränderungsrechnungen sowie die zuge- hörigen Anhangangaben, incl. Vergleichs- informationen, enthalten				

Checkliste für die Aufstellung / Prüfung des Anhangs nach IFRS (Notes)

0	1	2	3	4	5	6	7
Lfd. Nr.	IAS/ IFRS/ SIC/ IFRIC/ HGB	Nr./Tz. des IAS/IFRS/ bzw. SIC/ IFRIC/HGB	Anhangangabe (Notes)	ent- halten	nicht enthalten (nicht relevant)	nicht enthalten (unwesent- lich)	Bemerkungen/ Referenzen zu Arbeits- papieren
	IFRS	1.22	Einige Unternehmen veröffentlichen Zusammenfassungen ausgewählter historischer Daten für Perioden vor der ersten Periode, für die sie umfassende Vergleichsinformationen nach IFRS bekannt geben. Nach diesem IFRS brauchen solche Zusammenfassungen nicht die Ansatz- und Bewertungsvorschriften der IFRS zu erfüllen. Des Weiteren stellen einige Unternehmen Vergleichsinformationen nach vorherigen Rechnungslegungsgrundsätzen und nach IAS 1 vorgeschriebene Vergleichsinformationen dar. In Abschlüssen mit Zusammenfassungen historischer Daten oder Vergleichsinformationen nach vorherigen Rechnungslegungsgrundsätzen muss ein Unternehmen:				
33.	IFRS	1.22 (a)	• die vorherigen Rechnungslegungsgrundsätzen entsprechenden Informationen deutlich als nicht nach IFRS erstellt kennzeichnen und				
34.	IFRS	1.22 (b)	• die wichtigsten Anpassungen angeben, die für eine Übereinstimmung mit IFRS notwendig wären. Eine Quantifizierung dieser Anpassungen muss das Unternehmen nicht vornehmen				
35.	IFRS	1.23	Ein Unternehmen muss erläutern, wie sich der Übergang von vorherigen Rechnungslegungsgrundsätzen auf IFRS auf seine dargestellte Vermögens-, Finanz- und Ertragslage sowie auf seinen Cashflow ausgewirkt hat				
	IFRS	1.24	Um IFRS 1.23 zu entsprechen, muss der erste IFRS-Abschluss eines Unternehmens folgende Bestandteile enthalten:				
	IFRS	1.24 (a)	• Überleitungen des nach vorherigen Rechnungslegungsgrundsätzen ausgewiesenen Eigenkapitals auf das Eigenkapital nach IFRS für (zum Detailierungsgrad vgl. IFRS 1.25):				
36.	IFRS	1.24 (a) (i)	→ den Zeitpunkt des Übergangs auf IFRS				
37.	IFRS	1.24 (a) (ii)	→ das Ende der Periode, die in dem letzten, nach vorherigen Rechnungslegungsgrundsätzen aufgestellten Abschluss des Unternehmens dargestellt wurde				
38.	IFRS	1.24 (b)	• eine Überleitung des Gesamtergebnisses, das im letzten Abschluss nach vorherigen Rechnungslegungsgrundsätzen ausgewiesen wurde, auf das Gesamtergebnis derselben Periode nach IFRS. Den Ausgangspunkt der für diese Überleitung bildet das Gesamtergebnis nach vorherigen Rechnungslegungsgrundsätzen für die betreffende Periode bzw., wenn ein Unternehmen kein Gesamtergebnis ausgewiesen hat, der Gewinn oder Verlust nach vorherigen Rechnungslegungsgrundsätzen (zum Detailierungsgrad vgl. IFRS 1.25)				
39.	IFRS	1.24 (c)	• falls das Unternehmen bei der Erstellung seiner IFRS-Eröffnungsbilanz zum ersten Mal Wertminderungsaufwendungen erfasst oder aufgehoben hat, die Angaben nach IAS 36, die notwendig gewesen wären, falls das Unternehmen diese Wertminderungsaufwendungen oder Wertaufholungen in der Periode erfasst hätte, die mit dem Zeitpunkt des Übergangs auf IFRS beginnt				

	Checkliste für die Aufstellung / Prüfung des Anhangs nach IFRS (Notes)						
0	1	2	3	4	5	6	7
Lfd. Nr.	IAS/ IFRS/ SIC/ IFRIC/ HGB	Nr./Tz. des IAS/IFRS/ bzw. SIC/ IFRIC/HGB	Anhangangabe (Notes)	ent-halten	nicht enthalten (nicht relevant)	nicht enthalten (unwesent-lich)	Bemerkungen/ Referenzen zu Arbeits-papieren
40.	IFRS	1.25	Falls ein Unternehmen im Rahmen seiner vorherigen Rechnungslegungsgrundsätze eine Kapitalflussrechnung veröffentlicht hat, muss es auch die wesentlichen Anpassungen der Kapitalflussrechnung erläutern				
41.	IFRS	1.26	Falls ein Unternehmen auf Fehler aufmerksam wird, die im Rahmen der vorherigen Rechnungslegungsgrundsätze entstanden sind, ist in den nach IFRS 1.24 (a) und (b) vorgeschriebenen Überleitungsrechnungen die Korrektur solcher Fehler von Änderungen der Rechnungslegungsgrundsätze abzugrenzen				
42.	IFRS	1.27	IAS 8 gilt nicht für Änderungen an Rechnungslegungsmethoden, die ein Unternehmen bei erstmaliger Anwendung der IFRS oder vor der Vorlage seines ersten IFRS-Abschlusses vornimmt. Die Bestimmungen des IAS 8 zu Änderungen an Rechnungslegungsmethoden gelten für den ersten IFRS-Abschluss eines Unternehmens daher nicht				
43.	IFRS	1.27A	Ändert ein Unternehmen in der von seinem ersten IFRS-Abschluss erfassten Periode seine Rechnungslegungsmethoden oder die Inanspruchnahme der in diesem IFRS vorgesehenen Befreiungen, so hat es die zwischen seinem ersten IFRS-Zwischenbericht und seinem ersten IFRS-Abschluss vorgenommenen Änderungen gemäß Paragraph 23 zu erläutern und die in Paragraph 24 Buchstaben a und b vorgeschriebenen Überleitungsrechnungen zu aktualisieren				
44.	IFRS	1.28	Falls ein Unternehmen für frühere Perioden keine Abschlüsse veröffentlichte, hat es diese Tatsache in seinem ersten IFRS-Abschluss anzugeben				
45.	IFRS	1.29	Ein Unternehmen kann einen früher angesetzten finanziellen Vermögenswert oder eine finanzielle Verbindlichkeit als einen finanziellen Vermögenswert oder eine finanzielle Verbindlichkeit, der/die erfolgswirksam zum beizulegenden Zeitwert bewertet wird, oder einen finanziellen Vermögenswert als zur Veräußerung verfügbar gem. IFRS 1.D19 bestimmen. In diesem Fall hat das Unternehmen den beizulegenden Zeitwert der in jede Kategorie eingestuften finanziellen Vermögenswerte und finanziellen Verbindlichkeiten zum Zeitpunkt der Einstufung sowie deren Klassifizierung und den Buchwert aus den vorhergehenden Abschlüssen anzugeben				

Checkliste für die Aufstellung / Prüfung des Anhangs nach IFRS (Notes)

0	1	2	3	4	5	6	7
Lfd. Nr.	IAS/ IFRS/ SIC/ IFRIC/ HGB	Nr./Tz. des IAS/IFRS/ bzw. SIC/ IFRIC/HGB	Anhangangabe (Notes)	ent- halten	nicht enthalten (nicht relevant)	nicht enthalten (unwesent- lich)	Bemerkungen/ Referenzen zu Arbeits- papieren
	IFRS	1.30	Falls ein Unternehmen in seiner Eröffnungsbilanz für eine Sachanlage, eine als Finanzinves- tition gehaltene Immobilie oder einen immateriellen Vermögenswert (vgl. IFRS 1.D5 und D7) den beizulegenden Zeitwert als Ersatz für Anschaffungs- oder Herstellungskosten verwendet, sind in dem ersten IFRS-Abschluss des Unternehmens für jeden einzelnen Bilanzposten der IFRS-Eröffnungsbilanz folgende Angaben zu machen:				
46.	IFRS	1.30 (a)	• Summe dieser beizulegenden Zeitwerte				
47.	IFRS	1.30 (b)	• Gesamtanpassung der nach vorherigen Rechnungslegungsgrundsätzen ausgewie- senen Buchwerte				
	IFRS	1.31	Verwendet ein Unternehmen in seiner IFRS-Eröffnungsbilanz einen Ersatzwert für AK eines Anteils an einem Tochterunternehmen, gemeinschaftlich geführten Unternehmen oder assoziierten Unternehmen in seinem Einzelabschluss (siehe IFRS 1.D15), so sind im ersten IFRS-Einzelabschluss des Unternehmens folgende Angaben zu machen:				
48.	IFRS	1.31 (a)	• die Summe der als Ersatz für Anschaf- fungskosten angesetzten Werte der- jenigen Anteile, die nach den vorherigen Rechnungslegungsgrundsätzen als Buch- werte ausgewiesen wurden				
49.	IFRS	1.31 (b)	• die Summe der als Ersatz für Anschaf- fungskosten angesetzten Werte, die als beizulegender Zeitwert ausgewiesen werden				
50.	IFRS	1.31 (c)	• die Gesamtanpassung der nach vorheri- gen Rechnungslegungsgrundsätzen aus- gewiesenen Buchwerte				
51.	IFRS	1.31A	Nutzt ein Unternehmen die in Paragraph D8A(b) genannte Ausnahme für Erdöl- und Erdgasvorkommen, so hat es dies sowie die Grundlage anzugeben, auf der Buchwerte, die nach vorherigen Rechnungslegungs- grundsätzen ermittelt wurden, zugeordnet werden				
52.	IFRS	1.31B	Nimmt ein Unternehmen für preisre- gulierte Geschäftsbereiche die in IFRS 1. D8B vorgesehene Befreiung in Anspruch, hat es dies anzugeben und zu erläutern, auf welcher Grundlage die Buchwerte nach den früheren Rech- nungslegungsgrundsätzen bestimmt wurden				
53.	IFRS	1.D2	Alle gewährten Eigenkapitalinstrumente, auf die IFRS 2 keine Anwendung findet (also alle bis einschließlich 7. November 2002 zugeteilten Eigenkapitalinstrumente), unterliegen trotzdem den Angabepflich- ten gemäß den Paragraphen 44 und 45 des IFRS 2				

Checkliste für die Aufstellung / Prüfung des Anhangs nach IFRS (Notes)

0	1	2	3	4	5	6	7
Lfd. Nr.	IAS/ IFRS/ SIC/ IFRIC/ HGB	Nr./Tz. des IAS/IFRS/ bzw. SIC/ IFRIC/HGB	Anhangangabe (Notes)	ent- halten	nicht enthalten (nicht relevant)	nicht enthalten (unwesent- lich)	Bemerkungen/ Referenzen zu Arbeits- papieren
54.	IFRS	1.D11	Ein Unternehmen kann die gemäß IAS 19 120A(p) erforderlichen Beträge angeben, da die Beträge für jede Bilanzierungs- periode prospektiv seit dem Zeitpunkt des Übergangs auf IFRS ermittelt werden				
55.	IFRS	1.39C	Durch *Begrenzte Befreiung erstmaliger Anwender von Vergleichsangaben nach IFRS 7* (im Januar 2010 veröffentlichte Änderung an IFRS 1) wurde IFRS1.E3 hinzugefügt. Diese Änderung ist erstmals in der ersten Berichtsperiode eines am oder nach dem 1. Juli 2010 beginnenden Geschäftsjahres anzuwenden. Eine frühere Anwendung ist zulässig. Wendet ein Unternehmen die Änderung auf eine frühere Berichtsperiode an, hat es dies anzugeben				
56.	IFRS	1.E3	Ein erstmaliger Anwender kann die Übergangsvorschriften von IFRS 7 Paragraph 44G anwenden (Paragraph E3 wurde infolge der im Januar 2010 veröffentlichten Änderung an IFRS 1 *Begrenzte Befreiung erstmaliger Anwender von Vergleichsangaben nach IFRS 7* hinzugefügt. Um eine nachträgliche Anwendung zu verhindern und sicher- zustellen, dass erstmalige Anwender nicht gegenüber Unternehmen benachteiligt sind, die ihre Abschlüsse bereits nach den IFRS erstellen, hat der Board entschieden, dass auch erstmaligen Anwendern gestattet werden sollte, die in *Verbesserte Angaben zu Finanzinstrumenten* (Änderung an IFRS 7) enthaltenen Übergangsvorschriften in Anspruch zu nehmen.)				
III. Bilanzierungs- und Bewertungsmethoden/Schätzungen							
	IAS	1.117	Angaben bei der Zusammenfassung der maßgeblichen Bilanzierungs- und Bewertungsmethoden:				
57.	IAS	1.117 (a)	die bei der Erstellung des Abschlusses herangezogene(n) Bewertungsgrundlage(n)				
58.	IAS	1.117 (b)	sonstige angewandte Bilanzierungs- und Bewertungsmethoden, die für das Verständ- nis des Abschlusses relevant sind, insb.: • Ertragsrealisation (auch bei Auftragsfertigung; *vgl. F.II.*) • Konsolidierungsgrundsätze *(vgl. C.)* • Unternehmenszusammenschlüsse *(vgl. C.)* • Joint Ventures *(vgl. C.III.)* • Aktivierung und planmäßige Abschrei- bung/Wertminderung von materiellen/ immateriellen Vermögenswerten *(vgl. E.I.4.)* • Aktivierung von Fremdkapitalkosten und anderen Aufwendungen *(vgl. E.I.2.)*				

\multicolumn{8}{	c	}{**Checkliste für die Aufstellung / Prüfung des Anhangs nach IFRS (Notes)**}
0	1	2	3	4	5	6	7
Lfd. Nr.	IAS/ IFRS/ SIC/ IFRIC/ HGB	Nr./Tz. des IAS/IFRS/ bzw. SIC/ IFRIC/HGB	Anhangangabe (Notes)	ent-halten	nicht enthalten (nicht relevant)	nicht enthalten (unwesent-lich)	Bemerkungen/ Referenzen zu Arbeits-papieren
			• Fertigungsaufträge *(vgl. E.II.7.b)* • Als Finanzinvestition gehaltene Grundstücke und Bauten *(vgl. E.II.5.)* • Finanzinstrumente *(vgl. E.II.6.)* • Leasingverhältnisse *(vgl. E.II.4.)* • Forschungs- und Entwicklungskosten *(vgl. E.II.2.)* • Vorräte incl. der Zuordnungsverfahren *(vgl. E.II.7.a)* • Steuern, einschl. latenter Steuern *(vgl. F.V.)* • Rückstellungen *(vgl. E.III.3.)* • Zuwendungen an Arbeitnehmer *(vgl. E.III.2.)* • Fremdwährungsumrechnung und Sicherungsgeschäfte *(vgl. D.)* • Segmentberichterstattung *(vgl. I.I.)* • Definition von Zahlungsmitteln und Zahlungsmitteläquivalenten *(vgl. G.)* • Inflationsrechnungslegung *(vgl. D.II.)* • Zuwendungen der öffentlichen Hand *(vgl. E.I.3.)*				
59.	IAS	1.122	Das Unternehmen hat in der Zusammen-fassung der wesentlichen Bilanzierungs- und Bewertungsmethoden oder in den sonstigen Erläuterungen die Ermessensausübung (für Bsp. Vgl. IAS 1.123f.) des Manage-ment bei der Anwendung der Bilanzierungs- und Bewertungsmethoden – mit Ausnahme solcher, bei denen Schätzungen verwendet werden *(vgl. IAS 1.125)* – die die Beträge im Abschluss am wesentlichsten beeinflussen, anzugeben				
	IAS	1.125	Das Unternehmen hat im Anhang die wichtigsten zukunftsbezogenen Annahmen anzugeben, sowie Angaben über die sonstigen am Stichtag wesentlichen Quellen von Schätzungsunsicher-heiten zu machen, durch die ein beträchtliches Risiko entstehen kann, dass innerhalb des nächsten Geschäftsjahres eine wesentliche Anpassung der ausgewiesenen Vermögenswerte und Schulden erforderlich wird. Bezüglich solcher Vermögenswerte und Schulden ist im Anhang Folgendes anzugeben:				
60.	IAS	1.125 (a)	• ihre Art				
61.	IAS	1.125 (b)	• ihre Buchwerte am Bilanzstichtag *(vgl. hierzu IAS 1.126 ff.)*				

		Checkliste für die Aufstellung / Prüfung des Anhangs nach IFRS (Notes)					
0	1	2	3	4	5	6	7
Lfd. Nr.	IAS/ IFRS/ SIC/ IFRIC/ HGB	Nr./Tz. des IAS/IFRS/ bzw. SIC/ IFRIC/HGB	Anhangangabe (Notes)	ent-halten	nicht enthalten (nicht relevant)	nicht enthalten (unwesent-lich)	Bemerkungen/ Referenzen zu Arbeits-papieren
62.	IFRIC	14.10	Gemäß IAS1 hat ein Unternehmen Angaben zu den am Abschlussstichtag bestehenden Hauptquellen von Schätzungsunsicherheiten zu machen, die ein beträchtliches Risiko dahingehend enthalten, das eine wesentliche Anpassung des Buchwertes des Nettoveräußerungswerts oder der Nettoschuld, die in der Bilanz ausgewiesen, erforderlich wird. Hierzu können auch Angaben zu etwaigen Einschränkungen hinsichtlich der Realisierbarkeit des Überschusses gehören oder die Angabe, auf welcher Grundlage der verfügbare wirtschaftliche Nutzen bestimmt wurde				
	IAS	1.20	Angabe bei nicht IFRS-konformer Anwendung von Bilanzierungs- und Bewertungsmethoden *(nur in äußerst seltenen Fällen, gem. IAS 1.19)*:				
63.	IAS	1.20 (a)	• Angabe, dass das Management zu dem Schluss gekommen ist, dass der Abschluss die VFE-Lage sowie die Cashflows des Unternehmens den tatsächlichen Verhältnissen entsprechend darstellt				
64.	IAS	1.20 (b)	• Angabe, dass es den anzuwendenden IFRS nachgekommen ist, mit der Ausnahme, dass von einem spezifischen Erfordernis abgewichen wurde, um ein den tatsächlichen Verhältnissen entsprechendes Bild zu vermitteln				
65.	IAS	1.20 (c)	• Angabe des IFRS, von dem das Unternehmen abgewichen ist				
66.	IAS	1.20 (c)	• Art der Abweichung einschl. der Bilanzierungsweise, die der IFRS fordern würde				
67.	IAS	1.20 (c)	• Grund, warum diese Bilanzierungsweise unter den gegebenen Umständen so irreführend wäre, dass sie zu einem Konflikt mit den Zielen des Abschlusses gemäß dem Rahmenkonzept führen würde				
68.	IAS	1.20 (c)	• angewandte Bilanzierungsweise				
69.	IAS	1.20 (d)	• für jede dargestellte Periode die finanzielle Auswirkung der Abweichung auf jeden Abschlussposten, der bei Einhaltung des Erfordernisses berichtet worden wäre				
70.	IAS	1.21	• Ist ein Unternehmen in einer früheren Periode von den IFRS abgewichen und wirkt sich eine solche Abweichung auf Beträge im Abschluss der laufenden Periode aus, sind die in IAS 1.20 (c) und (d) vorgeschriebenen Angaben zu machen				

Checkliste für die Aufstellung / Prüfung des Anhangs nach IFRS (Notes)

0	1	2	3	4	5	6	7
Lfd. Nr.	IAS/ IFRS/ SIC/ IFRIC/ HGB	Nr./Tz. des IAS/IFRS/ bzw. SIC/ IFRIC/HGB	Anhangangabe (Notes)	ent- halten	nicht enthalten (nicht relevant)	nicht enthalten (unwesent- lich)	Bemerkungen/ Referenzen zu Arbeits- papieren
	IAS	1.23	In den äußerst seltenen Fällen, in denen das Management zu dem Ergebnis gelangt, dass die Einhaltung der IFRS so irreführend wäre, dass es zu einem Konflikt mit dem Ziel des Abschlusses gemäß dem Rahmenkonzept kommen würde, aber die geltenden gesetzlichen Rahmenbedingungen ein Abweichen von der Vorschrift verbieten, hat das Unternehmen die für irreführend erachteten Aspekte bestmöglich zu verringern, indem es Folgendes angibt:				
71.	IAS	1.23 (a)	• Bezeichnung der betreffenden IFRS, die Art der Anforderungen und den Grund, warum diese Anforderung so irreführend wäre, dass sie nach Ansicht des Managements zu einem Konflikt mit den Zielen des Abschlusses gemäß dem Rahmenkonzept führen würde				
72.	IAS	1.23 (b)	• für jede dargestellte Periode die Anpassungen, die bei jedem Posten im Abschluss vorzunehmen wären, die nach Ansicht des Managements zur Vermittlung eines den tatsächlichen Verhältnissen entsprechenden Bildes erforderlich wären				
IV. Vergleichsinformationen							
73.	IAS	1.38	Sofern die IFRS nichts anderes erlauben oder vorschreiben, sind im Abschluss Vergleichsinformationen hinsichtlich der vorangegangenen Periode für alle quantitativen Informationen anzugeben. Vergleichsinformationen sind in die verbalen und beschreibenden Informationen einzubeziehen, wenn sie für das Verständnis des Abschlusses der aktuellen Periode von Bedeutung sind				
74.	IAS	1.40	In manchen Fällen sind verbale Informationen, die in den Abschlüssen der vorangegangenen Periode(n) gemacht wurden, auch für die aktuelle Periode von Bedeutung. Beispielsweise hat ein Unternehmen die Einzelheiten eines Rechtsstreits anzugeben, dessen Ausgang am Ende der unmittelbar vorangegangenen Berichtsperiode unsicher war und der noch entschieden werden muss. Adressaten ziehen Nutzen aus der Information, dass am Ende der unmittelbar vorangegangenen Berichtsperiode eine Unsicherheit bestand, und über die Schritte, die unternommen worden sind, Unsicherheit zu beseitigen				
	IAS	1.41	Ändert ein Unternehmen die Darstellung oder Gliederung von Posten im Abschluss, hat es, außer wenn undurchführbar, auch die Vergleichsbeträge umzugliedern. Werden die Vergleichsbeträge umgegliedert, sind folgende Angaben zu machen:				
75.	IAS	1.41 (a)	• Art der Umgliederung				
76.	IAS	1.41 (b)	• Betrag jedes umgegliederten Postens bzw. jeder umgegliederten Postengruppe				
77.	IAS	1.41 (c)	• Grund für die Umgliederung				

Checkliste für die Aufstellung / Prüfung des Anhangs nach IFRS (Notes)

0	1	2	3	4	5	6	7
Lfd. Nr.	IAS/ IFRS/ SIC/ IFRIC/ HGB	Nr./Tz. des IAS/IFRS/ bzw. SIC/ IFRIC/HGB	Anhangangabe (Notes)	ent- halten	nicht enthalten (nicht relevant)	nicht enthalten (unwesent- lich)	Bemerkungen/ Referenzen zu Arbeits- papieren
	IAS	1.42	Ist die Umgliederung der Vergleichsbeträge undurchführbar, sind folgende Angaben zu machen:				
78.	IAS	1.42 (a)	• Grund für die unterlassene Umgliederung				
79.	IAS	1.42 (b)	• Art der Anpassungen, die bei einer Umgliederung erfolgt wären				
V. Änderungen der Bilanzierungs-, Bewertungs- oder Darstellungsmethoden							
	IAS	8.29	Bei freiwilligen Änderungen von Bilanzierungs- und Bewertungsmethoden, die Auswirkungen auf die Berichtsperiode bzw. irgendeine frühere Periode oder eventuell auf zukünftige Perioden haben oder haben könnten, hat das Unternehmen folgendes anzugeben, es sei denn, die Ermittlung des Anpassungsbetrages ist undurchführbar *(keine Wiederholung dieser Angaben in den Abschlüssen späterer Perioden)*:				
80.	IAS	8.29 (a)	• Art der Änderung der Bilanzierungs- und Bewertungsmethoden				
81.	IAS	8.29 (b)	• Gründe, weswegen die Anwendung der neuen Bilanzierungs- und Bewertungsmethode zuverlässige und relevantere Informationen vermittelt				
	IAS	8.29 (c)	• Anpassungsbetrag für die Berichtsperiode und für jede frühere dargestellte Periode *(soweit durchführbar)*:				
82.	IAS	8.29 (c) (i)	→ für jeden einzelnen betroffenen Posten des Abschlusses				
83.	IAS	8.29 (c) (ii)	→ sofern IAS 33 auf das Unternehmen zutrifft, für das unverwässerte und das verwässerte Ergebnis je Aktie				
84.	IAS	8.29 (d)	• Anpassungsbetrag, der sich auf frühere Perioden als diejenigen, die ausgewiesen werden, bezieht *(sofern durchführbar)*				
85.	IAS	8.29 (e)	• sofern eine rückwirkende Änderung für eine bestimmte frühere Periode, oder aber für Perioden, die vor den ausgewiesenen Perioden liegen, undurchführbar ist, so sind die Umstände aufzuzeigen, die zu jenem Zustand geführt haben, unter Angabe wie und ab wann die Änderung der Bilanzierungs- und Bewertungsmethoden angewendet wurde				
VI. Änderungen von Schätzungen und Fehler in Vorjahren							
	IAS	8.39	Bei einer Änderung von Schätzungen, die Auswirkungen in der Berichtsperiode hat oder von der erwartet wird, dass sie Auswirkungen in zukünftigen Perioden hat (es sei denn, dass die Angabe der Schätzung dieser Auswirkung auf zukünftige Perioden undurchführbar ist) (für Bsp. vgl. IAS 17.76):				
86.	IAS	8.39	• Art der Änderung				
87.	IAS	8.39	• Betrag der Änderung				
88.	IAS	8.40	Erfolgt die Angabe des Betrags der Auswirkung auf zukünftige Perioden nicht, weil die Schätzung dieser Auswirkung undurchführbar ist, so hat das Unternehmen auf diesen Umstand hinzuweisen				

\multicolumn{8}{c}{**Checkliste für die Aufstellung / Prüfung des Anhangs nach IFRS (Notes)**}
0	1	2	3	4	5	6	7
Lfd. Nr.	IAS/ IFRS/ SIC/ IFRIC/ HGB	Nr./Tz. des IAS/IFRS/ bzw. SIC/ IFRIC/HGB	Anhangangabe (Notes)	ent-halten	nicht enthalten (nicht relevant)	nicht enthalten (unwesent-lich)	Bemerkungen/ Referenzen zu Arbeits-papieren
	IAS	8.49	Bei Verrechnung von wesentlichen Fehlern aus früheren Perioden nach IAS 8.42 hat ein Unternehmen folgendes anzugeben *(keine Wiederholung dieser Angaben in den Abschlüssen späterer Perioden)*:				
89.	IAS	8.49 (a)	• Art des Fehlers aus einer früheren Periode				
	IAS	8.49 (b)	• betragsmäßige Korrektur, soweit durchführbar, für jede frühere dargestellte Periode:				
90.	IAS	8.49 (b) (i)	→ für jeden einzelnen betroffenen Posten des Abschlusses				
91.	IAS	8.49 (b) (ii)	→ sofern IAS 33 auf das Unternehmen anwendbar ist, für das unverwässerte und das verwässerte Ergebnis je Aktie				
92.	IAS	8.49 (c)	• betragsmäßige Korrektur am Anfang der frühesten dargestellten Periode				
93.	IAS	8.49 (d)	• wenn eine rückwirkende Anpassung für eine bestimmte frühere Periode nicht durchführbar ist, so sind die Umstände aufzuzeigen, die zu diesem Zustand geführt haben, unter Angabe, wie und ab wann der Fehler beseitigt wurde				
\multicolumn{8}{l}{**VII. Angaben bei Zweifel an der Unternehmensfortführung**}
\multicolumn{8}{l}{(Bei der Aufstellung eines Abschlusses hat das Management eine Einschätzung über die Fähigkeit des Unternehmens vorzunehmen, den Geschäftsbetrieb fortzuführen. Ein Abschluss ist solange auf der Grundlage der Annahme der Unternehmensfortführung aufzustellen, bis das Management entweder beabsichtigt, das Unternehmen aufzulösen, das Geschäft einzustellen oder keine realistische Alternative mehr hat, als so zu handeln (IAS 1.25, vgl. auch IAS 10.16))}
94.	IAS	1.25	Angabe der Unsicherheiten, wenn das Management bei ihrer Einschätzung wesentliche Unsicherheiten i.V. m. Ereignissen und Bedingungen bekannt sind, die erhebliche Zweifel an der Fortführungsfähigkeit des Unternehmens aufwerfen				
95.	IAS	1.25	Werden die Abschlüsse nicht auf der Grundlage der Annahme der Unternehmensfortführung aufgestellt, ist diese Tatsache gemeinsam mit den Grundlagen anzugeben, auf denen der Abschluss basiert, unter Angabe der Gründe, warum von einer Fortführung des Unternehmens nicht ausgegangen wird				
\multicolumn{8}{l}{**C. Angaben zu Konsolidierungskreis und Konsolidierungsmethoden**}
\multicolumn{8}{l}{**I. Angaben bei Befreiung von der Konzernrechnungslegungspflicht im Einzelabschluss**}
	IAS	27.42	Werden Einzelabschlüsse nach IFRS für ein Mutterunternehmen aufgestellt, das sich in Übereinstimmung mit IAS 27.10 entschließt, keinen Konzernabschluss aufzustellen, dann müssen die Einzelabschlüsse nach IFRS folgende Angaben enthalten:				

			Checkliste für die Aufstellung / Prüfung des Anhangs nach IFRS (Notes)				
0	1	2	3	4	5	6	7
Lfd. Nr.	IAS/ IFRS/ SIC/ IFRIC/ HGB	Nr./Tz. des IAS/IFRS/ bzw. SIC/ IFRIC/HGB	Anhangangabe (Notes)	ent-halten	nicht enthalten (nicht relevant)	nicht enthalten (unwesent-lich)	Bemerkungen/ Referenzen zu Arbeits-papieren
96.	IAS	27.42 (a)	• Tatsache, dass es sich bei den Abschlüssen um Einzelabschlüsse nach IFRS handelt; dass von der Befreiung von der Konsolidierung Gebrauch gemacht wurde, Name und Gründungs- oder Sitzland des Unternehmens, dessen Konzernabschluss nach den Regeln der IFRS zu Veröffentlichungszwecken erstellt wurde und die Anschrift, unter welcher der Konzernabschluss erhältlich ist				
97.	IAS	27.42 (b)	• Auflistung wesentlicher Anteile an Tochterunternehmen, gemeinsam geführten Unternehmen und assoziierten Unternehmen unter Angabe des Namens, des Sitzlandes, der Beteiligungsquote und, soweit abweichend, der Stimmrechtsquote				
98.	IAS	27.42 (c)	• Beschreibung der Bilanzierungsmethode der unter IAS 27.42 (b) aufgeführten Anteile				
	IAS	27.43	Werden Einzelabschlüsse nach IFRS für ein Mutterunternehmen (ausgenommen ein Mutterunternehmen nach IAS 27.41), Partnerunternehmen mit Beteiligung an einem gemeinsam geführten Unternehmen oder einen Anteilseigner an einem assoziierten Unternehmen aufgestellt, dann müssen die Einzelabschlüsse nach IFRS folgende Angaben enthalten (sowie die Angabe, welche Abschlüsse, auf die sie sich beziehen, gemäß IAS 27.9, IAS 28 und IAS 31 aufgestellt werden):				
99.	IAS	27.43 (a)	• Tatsache, dass es sich bei den Abschlüssen um Einzelabschlüsse nach IFRS handelt und die Gründe, warum die Abschlüsse aufgestellt wurden, sofern nicht gesetzlich vorgeschrieben				
100.	IAS	27.43 (b)	• Auflistung wesentlicher Anteile an Tochterunternehmen, gemeinsam geführten Unternehmen und assoziierten Unternehmen unter Angabe des Namens, des Sitzlandes, der Beteiligungsquote und, soweit abweichend, der Stimmrechtsquote				
101.	IAS	27.43 (c)	• Beschreibung der Bilanzierungsmethode der unter IAS 27.43 (b) aufgeführten Anteile				
II. Angaben zu Tochterunternehmen und Konzernrechnungslegung gem. IAS 27							
	IAS	27.41	Erforderliche Angaben im Konzernabschluss:				
102.	IAS	27.41 (a)	• Art der Beziehung zwischen Mutterunternehmen und einem Tochterunternehmen, wenn dem Mutterunternehmen, direkt oder indirekt über Tochterunternehmen, nicht mehr als die Hälfte der Stimmrechte gehört				
103.	IAS	27.41 (b)	• Begründung, warum der Besitz unmittelbar oder mittelbar durch Tochtergesellschaften von mehr als der Hälfte der Stimmrechte oder potenziellen Stimmrechte keine Beherrschung darstellt				

Checkliste für die Aufstellung / Prüfung des Anhangs nach IFRS (Notes)							
0	1	2	3	4	5	6	7
Lfd. Nr.	IAS/ IFRS/ SIC/ IFRIC/ HGB	Nr./Tz. des IAS/IFRS/ bzw. SIC/ IFRIC/HGB	Anhangangabe (Notes)	ent- halten	nicht enthalten (nicht relevant)	nicht enthalten (unwesent- lich)	Bemerkungen/ Referenzen zu Arbeits- papieren
104.	IAS	27.41 (c)	• Abschlussstichtag eines Tochterunter- nehmens, wenn der Abschluss zur Auf- stellung eines Konzernabschlusses ver- wendet wird und dieser Stichtag oder die Berichtsperiode von denen des Mutter- unternehmens abweichen, sowie die Gründe für die Verwendung unterschied- licher Stichtage oder Perioden				
105.	IAS	27.41 (d)	• Art und Umfang erheblicher Beschrän- kungen (z.B. aus Darlehensvereinbarungen oder aufsichtsrechtlichen Bestimmungen) seiner Fähigkeit zum Mitteltransfer in Form von Bardividenden oder Darlehens- und Vorschusstilgungen an das Mutter- unternehmen				
106.	IAS	27.41 (e)	• eine Aufstellung, aus der Auswirkungen aller Änderungen der Beteiligungsquote eines Mutterunternehmens an einem Tochterunternehmen sichtbar sind, die nicht zu einem Verlust der Beherrschung über das den Eigentümern des Mutter- unternehmens zurechenbaren Eigenkapitals führen *(Angabe ist grds. erst für nach dem 1.7.2009 oder danach beginnende Geschäftsjahre zu machen vgl. IAS 27.45)*				
107.	IAS	27.41 (f)	• Angabe über den etwaigen Gewinn bzw. Verlust, der im Falle eines Verlustes der Beherrschung über das Tochterunter- nehmen gemäß IAS 27.34 erfasst wird *(Angabe ist grds. erst für nach dem 1.7.2009 oder danach beginnende Geschäftsjahre zu machen vgl. IAS 27.45)*				
108.	IAS	27.41 (f) (i)	• Den Anteil dieses Gewinns bzw. Verlustes, der dem Ansatz zum beizulegenden Zeit- wert aller ehemaligen Tochterunternehmen einbehaltenen Anteile zum Zeitpunkt des Verlustes der Beherrschung zurechenbar ist *(Angabe ist grds. erst für nach dem 1.7.2009 oder danach beginnende Geschäftsjahre zu machen vgl. IAS 27.45)*				
109.	IAS	27.41 (f) (ii)	• Den/die Posten der Gesamtergebnisrech- nung, in dem/denen dieser Gewinn bzw. Verlust erfasst wird (sofern er in der Gesamtergebnisrechnung nicht separat ausgewiesen wird) *(Angabe ist grds. erst für nach dem 1.7.2009 oder danach be- ginnende Geschäftsjahre zu machen vgl. IAS 27.45)*				

Checkliste für die Aufstellung / Prüfung des Anhangs nach IFRS (Notes)

0	1	2	3	4	5	6	7
Lfd. Nr.	IAS/ IFRS/ SIC/ IFRIC/ HGB	Nr./Tz. des IAS/IFRS/ bzw. SIC/ IFRIC/HGB	Anhangangabe (Notes)	ent- halten	nicht enthalten (nicht relevant)	nicht enthalten (unwesent- lich)	Bemerkungen/ Referenzen zu Arbeits- papieren

III. Angaben zu Unternehmenszusammenschlüssen gem. IFRS 3

Lfd. Nr.	IAS/IFRS	Nr./Tz.	Anhangangabe (Notes)				
	IFRS	3.59	Ein Erwerber hat Informationen offen zu legen, durch die die Abschlussadressaten die Art und finanziellen Auswirkungen der Unternehmenszusammenschlüsse beurteilen können, die entweder:				
110.	IFRS	3.59 (a)	• während der aktuellen Berichtsperiode, oder *(vgl. hierzu IFRS 3.B64 ff.)*				
111.	IFRS	3.59 (b)	• nach dem Ende der Berichtsperiode, jedoch vor der Genehmigung zur Veröfftlichung des Abschlusses erfolgten *(vgl. hierzu IFRS 3.B66)*				
	IFRS	3.B64	Zur Erfüllung der Zielsetzung des IFRS 3.59 (a) hat der Erwerber für jeden in der betreffenden Berichtperiode erfolgten Unternehmenszusammenschluss die folgenden Angaben zu machen:				
112.	IFRS	3.B64 (a)	• Name und Beschreibungen des erworbenen Unternehmens				
113.	IFRS	3.B64 (b)	• Erwerbeszeitpunkt				
114.	IFRS	3.B64 (c)	• Prozentsatz der erworbenen Eigenkapitalanteile mit Stimmrecht				
115.	IFRS	3.B64 (d)	• Hauptgründe für den Unternehmenszusammenschluss und Beschreibung der Art und Weise, wie der Erwerber die Beherrschung über das erworbene Unternehmen erlangt hat				
116.	IFRS	3.B64 (e)	• eine qualitative Beschreibung der Faktoren, die zur Erfassung des Geschäfts- oder Firmenwerts führen, wie beispielsweise die erwarteten Synergien aus gemeinschaftlichen Tätigkeiten des erworbenen Unternehmens und dem Erwerber, immateriellen Vermögenswerten, die nicht für einen gesonderten Ansatz eingestuft sind oder sonstige Faktoren				
	IFRS	3.B64 (f)	• Der zum Erwerbszeitpunkt gültige beizulegende Zeitwert der gesamten übertragenen Gegenleistung und der zum Erwerbszeitpunkt gültige beizulegende Zeitwerrt jeder Hauptgruppe von Gegenleistungen, wie:				
117.	IFRS	3.B64 (f) (i)	→ Zahlungsmittel				
118.	IFRS	3.B64 (f) (ii)	→ sonstige materielle oder immaterielle Vermögenswerte, einschließlich eines Geschäftsbetriebs oder Tochterunternehmens des Erwerbers				
119.	IFRS	3.B64 (f) (iii)	→ eingegangene Schulden, zum Beispiel eine Schuld für eine bedingte Gegenleistung; und				

Lfd. Nr.	IAS/ IFRS/ SIC/ IFRIC/ HGB	Nr./Tz. des IAS/IFRS/ bzw. SIC/ IFRIC/HGB	Anhangangabe (Notes)	enthalten	nicht enthalten (nicht relevant)	nicht enthalten (unwesentlich)	Bemerkungen/ Referenzen zu Arbeitspapieren
0	1	2	3	4	5	6	7
120.	IFRS	3.B64 (f) (iv)	→ Eigenkapitalanteile des Erwerbers, einschließlich der Anzahl der ausgegebenen oder noch auszugebenden Instrumente oder Anteile sowie der Methode zur Ermittlung des beizulegenden Zeitwerts dieser Instrumente und Anteile				
	IFRS	3.B64 (g)	• für Vereinbarungen über eine bedingte Gegenleistung und Vermögenswerte für Entschädigungsleistungen:				
121.	IFRS	3.B64 (g) (i)	→ der zum Erwerbszeitpunkt erfasste Betrag				
122.	IFRS	3.B64 (g) (ii)	→ eine Beschreibung der Vereinbarung und die Grundlage für die Ermittlung des Zahlungsbetrags; sowie				
123.	IFRS	3.B64 (g) (iii)	→ eine Schätzung der Bandbreite der Ergebnisse (nicht abgezinst) oder, falls eine Bandbreite nicht geschätzt werden kann, die Tatsache und die Gründe, warum eine Bandbreite nicht geschätzt werden kann. Wenn der Höchstbetrag der Zahlung unbegrenzt ist, hat der Erwerber diese Tatsache anzugeben				
	IFRS	3.B64 (h)	• für erworbene Forderungen (Die Angaben sind für die Hauptgruppen der Forderungen, wie Kredite, direkte Finanzierungs-Leasingverhältnisse und alle sonstigen Gruppen von Forderungen zu machen):				
124.	IFRS	3.B64 (h) (i)	→ den beizulegenden Zeitwert der Forderungen				
125.	IFRS	3.B64 (h) (ii)	→ die Bruttobeträge der vertraglichen Forderungen; und				
126.	IFRS	3.B64 (h) (iii)	→ die zum Erwerbszeitpunkt bestmögliche Schätzung der vertraglichen Cashflows, die voraussichtlich uneinbringlich sein werden				
127.	IFRS	3.B64 (i)	• die zum Erwerbszeitpunkt für jede Hauptgruppe von erworbenen Vermögenswerten und übernommenen Schulden erfassten Beträge				
128.	IFRS	3.B64 (j)	• für jede gemäß IFRS.23 angesetzte Eventualverbindlichkeit die in IAS 37.85 verlangten Angaben				
	IFRS	3.B64 (j)	• Falls eine Eventualverbindlichkeit nicht angesetzt wurde, da ihr beizulegender Zeitwert nicht verlässlich bestimmt werden kann, hat der Erwerber folgende Angaben zu machen:				
129.	IFRS	3.B64 (j) (i)	→ die in IAS 37.86 geforderten Angaben; und				
130.	IFRS	3.B64 (j) (ii)	→ die Gründe, warum die Verbindlichkeit nicht verlässlich bewertet werden kann				
131.	IFRS	3.B64 (k)	• die Gesamtsumme des Geschäfts- oder Firmenwerts, der erwartungsgemäß für Steuerzwecke anzugsfähig ist				

			Checkliste für die Aufstellung / Prüfung des Anhangs nach IFRS (Notes)				
0	1	2	3	4	5	6	7
Lfd. Nr.	IAS/ IFRS/ SIC/ IFRIC/ HGB	Nr./Tz. des IAS/IFRS/ bzw. SIC/ IFRIC/HGB	Anhangangabe (Notes)	ent-halten	nicht enthalten (nicht relevant)	nicht enthalten (unwesent-lich)	Bemerkungen/ Referenzen zu Arbeits-papieren
	IFRS	3.B64 (l)	• für Transaktionen, die gemäß IFRS 3.51 getrennt vom Erwerb der Vermögenswerte oder der Übernahme der Schulden bei einem Unternehmenszusammenschluss ausgewiesen werden:				
132.	IFRS	3.B64 (l) (i)	→ eine Beschreibung jeder Transaktion				
133.	IFRS	3.B64 (l) (ii)	→ wie der Erwerber jede Transaktion bilanziert				
134.	IFRS	3.B64 (l) (iii)	→ die für jede Transaktion ausgewiesenen Beträge und die Posten im Abschluss, in denen jeder Betrag erfasst ist; und				
135.	IFRS	3.B64 (l) (iv)	→ falls die Transaktion die tatsächliche Erfüllung der zuvor bestehenden Beziehung ist, die für die Ermittlung des Erfüllungsbetrags eingesetzte Methode				
136.	IFRS	3.B64 (m)	• Die unter (l) geforderten Angaben zu den getrennt ausgewiesenen Transaktionen haben auch den Betrag der zugehörigen Abschlusskosten und separat dazu diejenigen Kosten, die als Aufwand erfasst wurden, sowie den oder die Posten der Gesamtergebnisrechnung, in dem oder in denen diese Aufwendungen erfasst wurden, einzubeziehen. Der Betrag der Ausgabekosten, der nicht als Aufwand erfasst wurde, sowie die Art dessen Erfassung sind ebenso anzugeben				
	IFRS	3.B64 (n)	• bei einem Erwerb zu einem Preis unter dem Marktwert (siehe IFRS 3.34 – 36):				
137.	IFRS	3.B64 (n) (i)	→ der Betrag eines gemäß IFRS 3.34 erfassten Gewinns sowie der Posten der Gesamtergebnisrechnung, in dem dieser Gewinn erfasst wurde; und				
138.	IFRS	3.B64 (n) (ii)	→ eine Beschreibung der Gründe, weshalb die Transaktion zu einem Gewinn führte				
	IFRS	3.B64 (o)	• für jeden Unternehmenszusammenschluss, bei dem der Erwerber zum Erwerbszeitpunkt weniger als 100 Prozent der Eigenkapitalanteile an dem erworbenen Unternehmen hält:				
139.	IFRS	3.B64 (o) (i)	→ der zum Erwerbszeitpunkt angesetzte Be-trag des nicht beherrschenden Anteils an dem erworbenen Unternehmen und die Be-wertungsgrundlage für diesen Betrag; und				
140.	IFRS	3.B64 (o) (ii)	→ für jeden nicht beherrschenden Anteil an dem erworbenen Unternehmen, der zum beizulegenden Zeitwert bestimmt wurde, die Bewertungstechniken und die in das Hauptmodell einfließenden Parameter zur Ermittlung dieses Werts				
	IFRS	3.B64 (p)	• bei einem sukzessiven Unternehmenszusammenschluss:				
141.	IFRS	3.B64 (p) (i)	→ der zum Erwerbszeitpunkt geltende beizu-legende Zeitwert des Eigenkapitalanteils an dem erworbenen Unternehmen, der unmittelbar vor dem Erwerbszeitpunkt vom Erwerber gehalten wurde; und				

			Checkliste für die Aufstellung / Prüfung des Anhangs nach IFRS (Notes)				
0	1	2	3	4	5	6	7
Lfd. Nr.	IAS/ IFRS/ SIC/ IFRIC/ HGB	Nr./Tz. des IAS/IFRS/ bzw. SIC/ IFRIC/HGB	Anhangangabe (Notes)	ent- halten	nicht enthalten (nicht relevant)	nicht enthalten (unwesent- lich)	Bemerkungen/ Referenzen zu Arbeits- papieren
142.	IFRS	3.B64 (p) (ii)	→ der Betrag jeglichen Gewinns bzw. Verlusts, der aufgrund einer Neube- wertung des Eigenkapitalanteils an dem erworbenen Unternehmen, das vor dem Unternehmenszusammenschluss vom Erwerber gehalten wurde (siehe Paragraph 42), mit dem beizulegenden Zeitwert erfasst wurde und der Posten der Gesamtergebnisrechnung, in dem dieser Gewinn bzw. Verlust erfasst wurde				
	IFRS	3.B64 (q)	• die folgenden Angaben:				
143.	IFRS	3.B64 (q) (i)	→ die Erlöse sowie der Gewinn oder Verlust des erworbenen Unternehmens seit dem Erwerbszeitpunkt, welche in der Konzerngesamtergebnisrechnung für die betreffende Periode enthalten sind; und				
144.	IFRS	3.B64 (q) (ii)	→ die Erlöse und der Gewinn oder Verlust des zusammengeschlossenen Unternehmens für die aktuelle Periode als ob der Erwerbszeitpunkt für alle Unternehmenszusammenschlüsse, die während des Geschäftsjahres stattfanden, am Anfang der Periode des laufenden Geschäftsjahres gewesen wäre				
145.	IFRS	3.B64 (q) (iii)	→ Wenn die Offenlegung der in diesem Unterparagraphen geforderten Angaben undurchführbar ist, hat der Erwerber diese Tatsache anzugeben und zu erklären, warum diese Angaben undurchführbar sind. Dieser IFRS verwendet den Begriff „undurchführbar" mit derselben Bedeu- tung wie IAS 8 Rechnungslegungs- methoden, Änderungen von rechnungs- legungsbezogenen Schätzungen und Fehler				
146.	IFRS	3.B65	Für die Unternehmenszusammenschlüsse der Periode, die einzeln betrachtet unwesentlich, zusammen betrachtet jedoch wesentlich sind, hat der Erwerber die in IFRS 3.B64 (e) – (q) vorgeschrie- benen Angaben zusammengefasst zu machen				

			Checkliste für die Aufstellung / Prüfung des Anhangs nach IFRS (Notes)				
0	1	2	3	4	5	6	7
Lfd. Nr.	IAS/ IFRS/ SIC/ IFRIC/ HGB	Nr./Tz. des IAS/IFRS/ bzw. SIC/ IFRIC/HGB	Anhangangabe (Notes)	ent- halten	nicht enthalten (nicht relevant)	nicht enthalten (unwesent- lich)	Bemerkungen/ Referenzen zu Arbeits- papieren
147.	IFRS	3.B66	Wenn der Erwerbszeitpunkt eines Unter- nehmenszusammenschlusses nach dem Ende der Berichtsperiode jedoch vor der Genehmigung zur Veröffentlichung des Abschlusses liegt, hat der Erwerber die in IFRS 3.B64 vorgeschriebenen Angaben zu machen, es sei denn die erstmalige Bilan- zierung des Unternehmenszusammen- schlusses ist zum Zeitpunkt der Genehmi- gung des Abschlusses zur Veröffentlichung nicht vollständig. In deisem Fall hat der Erwerber zu beschreiben, welche Angaben nicht gemacht werden konnten und die Gründe, die dazu geführt haben				
	IFRS	3.61	Der Erwerber hat Angaben zu machen, durch die die Abschlussadressaten die finanziellen Auswirkun- gen der in der aktuellen Berichtsperiode erfassten Berichtigungen in Bezug auf Unternehmenszusam- menschlüsse, die in dieser Periode oder einer früheren Berichtsperiode stattfanden, beurteilen können.				
	IFRS	3.B67	Zur Erfüllung der Zielsetzung in IFRS 3.61 hat der Erwerber für jeden wesentlichen Unterneh- menszusammenschluss oder zusammengefasst für einzeln betrachtet unwesentliche Unter- nehmenszusammenschlüsse, die gemeinsam wesentlich sind, folgende Angaben zu machen:				
	IFRS	3.B67 (a)	• wenn die erstmalige Bilanzierung eines Unternehmenszusammenschlusses unvollständig ist (siehe IFRS 3.45) im Hinblick auf gewisse Vermögenswerte, Schulden, nicht beherrschende Anteile oder zu berücksichtigende Posten und die im Abschluss für den Unternehmenszusam- menschluss ausgewiesenen Beträge nur voläufig ermittelt wurden:				
148.	IFRS	3.B67 (a) (i)	→ die Gründe, weshalb die erstmalige Bilanzierung des Unternehmens- zusammenschlusses unvollständig ist				
149.	IFRS	3.B67 (a) (ii)	→ die Vermögenswerte, Schulden, Eigen- kapitalanteile oder zu berücksichtigende Posten, für welche die erstmalige Bilan- zierung unvollständig ist; sowie				
150.	IFRS	3.B67 (a) (iii)	→ die Art und der Betrag aller Berichti- gungen im Bewertungszeitraum, die gemäß IFRS 3.49 in der Periode erfasst wurden				
	IFRS	3.B67 (b)	• für jede Periode nach dem Erwerbszeitpunkt bis das Unternehmen einen Vermögenswert einer bedingten Gegenleistung vereinnahmt, veräußert oder anderweitig den Anspruch darauf verliert oder bis das Unternehmen eine Schuld als bedingte Gegenleistung erfüllt oder bis diese Schuld aufgehoben oder erloschen ist:				
151.	IFRS	3.B67 (b) (i)	→ alle Änderungen der angesetzten Beträge, einschließlich der Differenzen, die sich aus der Erfüllung ergeben				
152.	IFRS	3.B67 (b) (ii)	→ alle Änderungen der Bandbreite der Ergebnisse (nicht abgezinst) sowie die Gründe für diese Änderungen; und				
153.	IFRS	3.B67 (b) (iii)	→ die Bewertungstechniken und die in das Hauptmodell einfließenden Parameter zur Bewertung der bedingten Gegen- leistung				

			Checkliste für die Aufstellung / Prüfung des Anhangs nach IFRS (Notes)				
0	1	2	3	4	5	6	7
Lfd. Nr.	IAS/ IFRS/ SIC/ IFRIC/ HGB	Nr./Tz. des IAS/IFRS/ bzw. SIC/ IFRIC/HGB	Anhangangabe (Notes)	ent- halten	nicht enthalten (nicht relevant)	nicht enthalten (unwesent- lich)	Bemerkungen/ Referenzen zu Arbeits- papieren
154.	IFRS	3.B67 (c)	• für bei einem Unternehmenszusammenschluss angesetzte Eventualverbindlichkeiten hat der Erwerber für jede Gruppe von Rückstellungen die in IAS 37.84 und 85 vorgeschriebenen Angaben zu machen				
	IFRS	3.B67 (d)	• eine Überleitung des Buchwerts des Geschäfts- oder Firmenwerts zu Beginn und zum Ende der Berichtsperiode unter gesonderter Angabe:				
155.	IFRS	3.B67 (d) (i)	→ des Bruttobetrags und der kumulierten Wertminderungsaufwendungen zu Beginn der Periode				
156.	IFRS	3.B67 (d) (ii)	→ des zusätzlichen Geschäfts- oder Firmenwerts, der während der Periode angestzt wird, mit Ausnahme von dem Geschäfts- oder Firmenwert, der in einer Veräußerungsgruppe enthalten ist, die beim Erwerb die Kriterien zur Einstufung „als zur Veräußerung gehalten" gemäß IFRS 5 Zur Veräußerung gehaltene langfristige Vermögenswerte und aufgegebene Geschäftsbereiche erfüllt				
157.	IFRS	3.B67 (d) (iii)	→ der Berichtigungen aufgrund nachträglich gemäß IFRS 3.67 erfasster latenter Steueransprüche während der Periode				
158.	IFRS	3.B67 (d) (iv)	→ des Geschäfts- oder Firmenwerts, der in einer gemäß IFRS 5 als „zur Veräußerung gehalten" eingestuften Veräußerungsgruppe enthalten ist, und des Geschäfts- oder Firmenwerts, der während der Periode ausgebucht wurde, ohne vorher zu einer als „zur Veräußerung gehalten" eingestuften Veräußerungsgruppe gehört zu haben				
159.	IFRS	3.B67 (d) (v)	→ der Wertminderungsaufwendungen, die während der Periode gemäß IAS 36 erfasst wurden (IAS 36 verlangt zusätzlich zu dieser Anforderung Angaben über den erzielbaren Betrag und die Wertminderung des Geschäfts- oder Firmenwerts)				
160.	IFRS	3.B67 (d) (vi)	→ der Nettoumrechnungsdifferenezn, die während der Periode gemäß IAS 21 Auswirkungen von Wechselkursänderungen entstanden				
161.	IFRS	3.B67 (d) (vii)	→ aller anderen Veränderungen des Buchwerts während der Periode				
162.	IFRS	3.B67 (d) (viii)	→ des Bruttobetrags und der kumulierten Wertminderungsaufwendungen zum Ende der Berichtsperiode				

Checkliste für die Aufstellung / Prüfung des Anhangs nach IFRS (Notes)

0	1	2	3	4	5	6	7
Lfd. Nr.	IAS/ IFRS/ SIC/ IFRIC/ HGB	Nr./Tz. des IAS/IFRS/ bzw. SIC/ IFRIC/HGB	Anhangangabe (Notes)	ent- halten	nicht enthalten (nicht relevant)	nicht enthalten (unwesent- lich)	Bemerkungen/ Referenzen zu Arbeits- papieren
163.	IFRS	3.B67 (e)	• des Betrags jedes in der laufenden Periode erfassten Gewinnes oder Verlustes mit einer Erläuterung, der sich auf die in einem Unternehmenszusammenschluss, der in der laufenden oder in einer früheren Periode stattfand, erworbenen identifizierbaren Vermögenswerte oder übernommenen Schulden bezieht und von solchem Umfang, Art oder Häufigkeit ist, dass diese Angabe für das Verständnis des Abschlus- ses des zusammengeschlossenen Unter- nehmens relevant ist				
164.	IFRS	3.63	Wenn die von diesem IFRS und anderen IFRS geforderten spezifischen Angaben nicht die in den Paragraphen 59 und 61 dargelegten Ziel- setzungen erfüllen, hat der Erwerber alle erforderlichen zusätzlichen Informationen an- zugeben, um diese Zielsetzungen zu erreichen				
IV. Angaben zu Joint Ventures							
165.	IAS	31.57	Ein Partnerunternehmen hat die Bilan- zierungsmethode für seine Anteile an gemeinschaftlich geführten Unternehmen anzugeben				
	IAS	31.54	Ein Partnerunternehmen hat die Summe der im Folgenden angeführten Eventualverbindlichkeiten getrennt vom Betrag anderer Eventualverbindlichkeiten anzugeben, es sei denn, die Wahr- scheinlichkeit eines Verlustes ist äußerst gering:				
166.	IAS	31.54 (a)	• Eventualverbindlichkeiten eines Partner- unternehmens auf Grund von gemein- schaftlich eingegangenen Verpflichtungen aller Partnerunter- nehmen zu Gunsten des Joint Ventures				
167.	IAS	31.54 (a)	• seinen Anteil an gemeinschaftlich mit anderen Partnerunternehmen einge- gangenen Eventualverbindlichkeiten				
168.	IAS	31.54 (b)	• seinen Anteil an den Eventualverbind- lichkeiten des Joint Ventures, für den es ggf. haftet				
169.	IAS	31.54 (c)	• jene Eventualverbindlichkeiten, welche aus der Haftung des Partnerunterneh- mens für die Schulden der anderen Partnerunternehmen des Joint Ventures entstehen				
	IAS	31.55	Ein Partnerunternehmen hat die Summe der im Folgenden angeführten Verpflichtungen in Bezug auf seine Anteile an Joint Ventures getrennt von anderen Verpflichtungen anzugeben:				
170.	IAS	31.55 (a)	• alle Kapitalverpflichtungen des Partner- unternehmens in Bezug auf seine Anteile an Joint Ventures und seinen Anteil an den Kapitalverpflichtungen, welche gemeinschaftlich mit anderen Partner- unternehmen eingegangen wurden				

\multicolumn{8}{c}{**Checkliste für die Aufstellung / Prüfung des Anhangs nach IFRS (Notes)**}
0	1	2	3	4	5	6	7
Lfd. Nr.	IAS/ IFRS/ SIC/ IFRIC/ HGB	Nr./Tz. des IAS/IFRS/ bzw. SIC/ IFRIC/HGB	Anhangangabe (Notes)	ent- halten	nicht enthalten (nicht relevant)	nicht enthalten (unwesent- lich)	Bemerkungen/ Referenzen zu Arbeits- papieren
171.	IAS	31.55 (b)	• seinen Anteil an den Kapitalverpflich- tungen des Joint Ventures selbst				
172.	IAS	31.56	Ein Partnerunternehmen hat eine Auf- listung und Beschreibung von Anteilen an maßgeblichen Joint Ventures sowie die Anteilsquote an gemeinschaftlich geführten Unternehmen anzugeben				
173.	IAS	31.56	Ein Partnerunternehmen, welches seine Anteile an gemeinschaftlich geführten Unternehmen mit Hilfe der Quotenkon- solidierung der entsprechenden Posten oder der Equity-Methode bilanziert, hat die Summe aller kurz- und langfristigen Vermögenswerte, der kurz- und lang- fristigen Schulden, Erträge und Aufwen- dungen in Bezug auf seine Anteile am Joint Venture anzugeben				
\multicolumn{8}{l}{**V. Angaben zu assoziierten Unternehmen**}
	IAS	28.37	Folgende Angaben sind erforderlich:				
174.	IAS	28.37 (a)	• beizulegender Zeitwert von Anteilen an assoziierten Unternehmen, für die öffentlich notierte Marktpreise existieren				
175.	IAS	28.37 (b)	• zusammenfassende Finanzinformationen über die assoziierten Unternehmen, einschließl. der aggregierten Beträge der Vermögenswerte, Schulden, Erlöse, Periodengewinne oder -verluste				
176.	IAS	28.37 (c)	• Gründe, weshalb die Annahme, dass ein Anteilseigner keinen maßgeblichen Einfluss ausübt, wenn er direkt oder indirekt durch ein Tochterunternehmen weniger als 20% der Stimmrechte oder potenziellen Stimmrechte am Betei- ligungsunternehmen hält, widerlegt wird, und statt dessen auf das Vorlie- gen eines maßgeblichen Einflusses des Anteilseigner geschlossen wird				
177.	IAS	28.37 (d)	• Gründe, weshalb die Annahme, dass ein Anteilseigner einen maßgeblichen Einfluss ausübt, wenn er direkt oder indirekt durch ein Tochterunternehmen mindestens 20% der Stimmrechte oder potenziellen Stimmrechte am Beteili- gungsunternehmen hält, widerlegt wird, und statt dessen auf das Nichtvorliegen eines maßgeblichen Einflusses ge- schlossen wird				

Checkliste für die Aufstellung / Prüfung des Anhangs nach IFRS (Notes)

0	1	2	3	4	5	6	7
Lfd. Nr.	IAS/ IFRS/ SIC/ IFRIC/ HGB	Nr./Tz. des IAS/IFRS/ bzw. SIC/ IFRIC/HGB	Anhangangabe (Notes)	ent- halten	nicht enthalten (nicht relevant)	nicht enthalten (unwesent- lich)	Bemerkungen/ Referenzen zu Arbeits- papieren
178.	IAS	28.37 (e)	• Abschlussstichtag eines assoziierten Unternehmens, wenn der Stichtag oder die Berichtsperiode des Abschlusses, der zur Anwendung der Equity-Methode verwendet wird, vom Stichtag oder der Berichtsperiode des Abschlusses des Anteilseigners abweichen, sowie die Gründe für die Verwendung unterschied- licher Stichtage oder Berichtsperioden				
179.	IAS	28.37 (f)	• Art und Umfang erheblicher Beschrän- kungen (z.B. aus Darlehensverein- barungen oder aufsichtsrechtlichen Bestimmungen) der Fähigkeit des assoziierten Unternehmens, Finanz- mittel in Form von Bardividenden oder Darlehens- und Vorschusstilgungen an den Anteilseigner zu transferieren				
180.	IAS	28.37 (g)	• nicht erfasster anteiliger Verlust eines Anteilseigners an den Verlusten des assoziierten Unternehmens, sowohl für die Periode als auch kumuliert, wenn der Anteilseigner Verlustanteile an einem assoziierten Unternehmen nicht mehr erfasst				
181.	IAS	28.37 (h)	• Tatsache, dass ein assoziiertes Unter- nehmen in Übereinstimmung mit IAS 28.13 nicht nach der Equity- Methode bilanziert wird				
182.	IAS	28.37 (i)	• zusammenfassende Finanzinforma- tionen über assoziierte Unternehmen, entweder einzeln oder in Gruppen, die nicht nach der Equity-Methode bilanziert werden, einschließl. der Höhe der gesamten Vermögenswerte und Schulden, der Erlöse und Perioden- gewinne oder -verluste				
183.	IAS	28.38	• Anteile an assoziierten Unternehmen, die nach der Equity-Methode bilanziert werden, sind als langfristige Vermögens- werte zu klassifizieren				
184.	IAS	28.38	• Der Anteil des Anteilseigners an den Gewinnen oder Verlusten und der Buch- wert dieser assoziierten Unternehmen sind gesondert anzugeben				
185.	IAS	28.38	Der Anteil des Anteilseigners an allen aufgegebenen Geschäftsbereichen der assoziierten Unternehmen ist ebenfalls gesondert anzugeben				
186.	IAS	28.33	Im Fall der Wertminderungen eines An- teils an einem assoziierten Unternehmen gem. IAS 36 sind auch die entsprechenden Angaben gem. IAS 36 zu machen				

		Checkliste für die Aufstellung / Prüfung des Anhangs nach IFRS (Notes)					
0	1	2	3	4	5	6	7
Lfd. Nr.	IAS/ IFRS/ SIC/ IFRIC/ HGB	Nr./Tz. des IAS/IFRS/ bzw. SIC/ IFRIC/HGB	Anhangangabe (Notes)	ent- halten	nicht enthalten (nicht relevant)	nicht enthalten (unwesent- lich)	Bemerkungen/ Referenzen zu Arbeits- papieren
187.	IAS	28.39	Der Anteil des Anteilseigners an im sonstigen Ergebnis des assoziierten Unternehmens ausgewiesenen Verän- derungen ist im sonstigen Ergebnis des Anteileigners zu erfassen				
	IAS	28.40	Der Anteilseigner hat in Übereinstimmung mit IAS 37 folgendes anzugeben:				
188.	IAS	28.40 (a)	• seinen Anteil an den gemeinschaftlich mit anderen Anteilseignern eingegan- genen Eventualschulden eines assoziierten Unternehmens				
189.	IAS	28.40 (b)	• solche Eventualverbindlichkeiten, die entstehen, weil der Anteilseigner getrennt für alle oder einzelne Schulden des assoziierten Unternehmens haftet				
D. Angaben zur Fremdwährungsumrechnung **I. Grundsätzliches** *(Im Falle einer Unternehmensgruppe beziehen sich die Bestimmungen des IAS 21.53 und IAS 21.55-57 auf die funktionale Währung des Mutterunternehmens)*							
190.	IAS	21.52 (a)	Betrag der Umrechnungsdifferenzen, die im Ergebnis erfasst wurden. Ausnahme: Umrechnungsdifferenzen aus Finanz- instrumenten, die gem. IAS 39 über das Ergebnis zu ihrem beizulegenden Zeitwert bewertet wurden				
191.	IAS	21.52 (b)	Saldo der Umrechnungsdifferenzen, der im sonstigen Ergebnis erfasst und in einem separaten Bestandteil des Eigen- kapitals kumuliert wurde, und eine Über- leitungsrechnung des Betrages solcher Umrechnungsdifferenzen zum Beginn und zum Ende der Berichtsperiode				
192.	IAS	21.53	Wenn die Darstellungswährung nicht der funktionalen Währung entspricht, ist dieser Umstand zusammen mit der Nennung der funktionalen Währung und einer Begründung für die Verwendung einer abweichenden Währung anzugeben				
193.	IAS	21.54	Bei einem Wechsel der funktionalen Wäh- rung des berichtenden Unternehmens oder eines wesentlichen ausländischen Geschäfts- betriebs sind dieser Umstand und die Gründe anzugeben, die zur Umstellung der funktionalen Währung geführt haben				
194.	IAS	21.55	Veröffentlicht ein Unternehmen seinen Abschluss in einer anderen Währung als seiner funktionalen Währung, darf es den Abschluss nur dann als mit den IFRS über- einstimmend bezeichnen, wenn er sämt- liche Anforderungen jedes anzuwendenden IFRS einschl. die in den IAS 21.39 und 42 dargelegte Umrechnungsmethode, erfüllt				

			Checkliste für die Aufstellung / Prüfung des Anhangs nach IFRS (Notes)				
0	1	2	3	4	5	6	7
Lfd. Nr.	IAS/ IFRS/ SIC/ IFRIC/ HGB	Nr./Tz. des IAS/IFRS/ bzw. SIC/ IFRIC/HGB	Anhangangabe (Notes)	ent- halten	nicht enthalten (nicht relevant)	nicht enthalten (unwesent- lich)	Bemerkungen/ Referenzen zu Arbeits- papieren
195.	IAS	21.56	Ein Unternehmen stellt seinen Abschluss oder andere Finanzinformationen manchmal in einer anderen Währung als seiner funktionalen Währung dar, ohne die Anforderungen des IAS 21.55 zu erfüllen (Bsp.: nur ausgewählte Positionen des Abschlusses werden umgerechnet; Unternehmen, dessen funktionale Währung nicht die Währung eines Hochinflationslandes ist, rechnet seinen Abschluss in eine andere Währung um, indem es für alle Posten den letzten Stichtagskurs verwendet). Derartige Umrechnungen entsprechen nicht den IFRS und den in IAS 21.57 genannten erforderlichen Angaben				
	IAS	21.57	Stellt ein Unternehmen seinen Abschluss oder andere Finanzinformationen in einer anderen Währung als seiner funktionalen Währung oder seiner Darstellungswährung dar und werden die Anforderungen von IAS 21.55 nicht erfüllt, so hat das Unternehmen:				
196.	IAS	21.57 (a)	• die Informationen deutlich als zusätzliche Informationen zu kennzeichnen, um sie von den Informationen zu unterscheiden, die mit den IFRS übereinstimmen				
197.	IAS	21.57 (b)	• die Währung anzugeben, in der die zusätzlichen Informationen dargestellt werden				
198.	IAS	21.57 (c)	• die funktionale Währung des Unternehmens und die verwendete Umrechnungsmethode zur Ermittlung der zusätzlichen Informationen anzugeben				
	II. Angaben bei Hochinflation						
199.	IAS	29.9	Der Gewinn oder Verlust aus der Nettoposition der monetären Posten ist in den Gewinn oder Verlust einzubeziehen und gesondert anzugeben				
200.	IAS	29.25	Am Ende der ersten Periode und in den folgenden Perioden werden sämtliche Bestandteile des Eigenkapitals jeweils vom Beginn der Periode oder vom Zeitpunkt einer ggf. späteren Zuführung an durch Anwendung eines allgemeinen Preisindexes angepasst. Die Änderungen des Eigenkapitals in der Periode werden gem. IAS 1 angegeben *(vgl. auch H.)*				
201.	IAS	29.39 (a)	Angabe der Tatsache, dass der Abschluss und die Vergleichszahlen für die vorherigen Perioden auf Grund von Änderungen der allgemeinen Kaufkraft in der funktionalen Währung angepasst wurden und daher in der am Bilanzstichtag geltenden Maßeinheit angegeben sind				

Checkliste für die Aufstellung / Prüfung des Anhangs nach IFRS (Notes)

0	1	2	3	4	5	6	7
Lfd. Nr.	IAS/ IFRS/ SIC/ IFRIC/ HGB	Nr./Tz. des IAS/IFRS/ bzw. SIC/ IFRIC/HGB	Anhangangabe (Notes)	enthalten	nicht enthalten (nicht relevant)	nicht enthalten (unwesentlich)	Bemerkungen/ Referenzen zu Arbeitspapieren
202.	IAS	29.39 (b)	Angabe, ob der Abschluss auf dem Konzept historischer Anschaffungs- und Herstellungskosten oder dem Konzept der Tageswerte basiert				
203.	IAS	29.39 (c)	Art sowie Höhe des Preisindexes am Bilanzstichtag sowie Veränderungen des Indexes während der aktuellen und der vorherigen Periode				
204.	IAS	29.40	Die von IAS 29 geforderten Angaben sind notwendig, um die Grundlage für die Behandlung der Inflationsauswirkungen im Abschluss zu verdeutlichen. Ferner sind sie dazu bestimmt, weitere Informationen zu geben, die für das Verständnis dieser Grundlage und der daraus resultierenden Beträge notwendig sind				
205.	IFRIC	7.5	Nachdem ein Unternehmen seinen Abschluss angepasst hat, werden alle Vergleichszahlen einschl. der latenten Steuern im Abschluss für einen späteren Berichtszeitraum angepasst, indem nur der angepasste Abschluss für den späteren Berichtszeitraum um die Änderung der Maßeinheit für diesen folgenden Berichtszeitraum geändert wird				

E. Angaben zur Bilanz
(z.T. können die hier aufgeführten Anhangangaben auch bei den Erläuterungen zur Gesamtergebnisrechnung gemacht werden, vgl. hierzu auch F.)

Zum Aufbau/Gliederung einer Bilanz sowie Ausweisfragen vgl. insb. IAS 1.54ff.

I. Grundsätzliches
1. Laufzeiten, Untergliederungen, Davon-Vermerke

206.	IAS	1.61	Unabhängig davon, welche Methode der Darstellung gewählt wird, hat ein Unternehmen für jeden Vermögens- und Schuldposten, der Beträge zusammenfasst, von denen erwartet wird, dass sie (a) innerhalb eines Zeitraums von 12 Monaten nach dem Bilanzstichtag und (b) außerhalb eines Zeitraums von 12 Monaten nach dem Bilanzstichtag realisiert oder erfüllt werden, den Betrag anzugeben, von dem erwartet wird, dass er nach mehr als 12 Monaten realisiert oder erfüllt wird (vgl. dazu auch IAS 1.65)				
207.	IAS	1.77	Angabe weiterer Unterposten entweder in der Bilanz oder im Anhang zur Bilanz in einer der Geschäftstätigkeit des Unternehmens geeigneten Weise				

			Checkliste für die Aufstellung / Prüfung des Anhangs nach IFRS (Notes)				
0	1	2	3	4	5	6	7
Lfd. Nr.	IAS/ IFRS/ SIC/ IFRIC/ HGB	Nr./Tz. des IAS/IFRS/ bzw. SIC/ IFRIC/HGB	Anhangangabe (Notes)	ent- halten	nicht enthalten (nicht relevant)	nicht enthalten (unwesent- lich)	Bemerkungen/ Referenzen zu Arbeits- papieren
			2. Fremdkapitalkosten				
208.	IAS	23.26 (a)	• Betrag der in der Periode aktivierten Fremdkapitalkosten				
209.	IAS	23.26 (b)	• Finanzierungskostensatz, der bei der Bestimmung der aktivierbaren Fremdkapitalkosten zu Grunde gelegt worden ist				
			3. Zuwendungen der öffentlichen Hand				
210.	IAS	20.39 (a)	Bilanzierungs- und Bewertungsmethode einschl. der im Abschluss angewandten Darstellungsmethoden, die auf Zuwendungen der öffentlichen Hand angewendet werden				
211.	IAS	20.39 (b)	Art und Umfang der im Abschluss erfassten Zuwendungen der öffentlichen Hand und ein Hinweis auf andere Formen von Beihilfen der öffentlichen Hand, von denen das Unternehmen unmittelbar begünstigt wurde				
212.	IAS	20.39 (c)	Unerfüllte Bedingungen und andere Erfolgsunsicherheiten im Zusammenhang mit im Abschluss erfassten Beihilfen der öffentlichen Hand				
			4. Wertminderung				
	IAS	36.126	Ein Unternehmen hat für jede Gruppe von Vermögenswerten die folgenden Angaben zu machen *(ggf. im Anlagespiegel integriert)*:				
213.	IAS	36.126 (a)	• Höhe der im Gewinn oder Verlust während der Berichtsperiode erfassten Wertminderungsaufwendungen und der/die Posten der Gesamtergebnisrechnung, in dem/denen jene Wertminderungsaufwendungen enthalten sind				
214.	IAS	36.126 (b)	• Höhe der im Gewinn oder Verlust während der Berichtsperiode erfassten Wertaufholungen und der/die Posten der Gesamtergebnisrechnung, in dem/denen solche Wertminderungsaufwendungen aufgehoben wurden				
215.	IAS	36.126 (c)	• Höhe der Wertminderungsaufwendungen bei neu bewerteten Vermögenswerten, die während der Berichtsperiode im sonstigen Ergebnis erfasst wurden				
216.	IAS	36.126 (d)	• Höhe der Wertaufholungen bei neu bewerteten Vermögenswerten, die während der Berichtsperiode im sonstigen Ergebnis erfasst wurden				

Checkliste für die Aufstellung / Prüfung des Anhangs nach IFRS (Notes)

0	1	2	3	4	5	6	7
Lfd. Nr.	IAS/ IFRS/ SIC/ IFRIC/ HGB	Nr./Tz. des IAS/IFRS/ bzw. SIC/ IFRIC/HGB	Anhangangabe (Notes)	ent- halten	nicht enthalten (nicht relevant)	nicht enthalten (unwesent- lich)	Bemerkungen/ Referenzen zu Arbeits- papieren
	IAS	36.129	Ein Unternehmen, das gem. IFRS 8 Informationen für Segmente darstellt, hat für jedes berichtspflichtige Segment, folgende Angaben zu machen: *(vgl. auch I.I.)*:				
217.	IAS	36.129 (a)	• Höhe des Wertminderungsaufwands, der während der Berichtsperiode im Gewinn oder Verlust und im sonstigen Ergebnis erfasst wurde				
218.	IAS	36.129 (b)	• Höhe der Wertaufholung, die während der Berichtsperiode im Gewinn oder Verlust und im sonstigen Ergebnis erfasst wurde				
	IAS	36.130	Ein Unternehmen hat für jeden wesentlichen Wertminderungsaufwand, der für einen einzelnen Vermögenswert, einschl. Geschäfts- oder Firmenwert, oder eine zahlungsmittelgenerierende Einheit während der Berichtsperiode erfasst oder aufgehoben wurde, folgende Angaben zu machen:				
219.	IAS	36.130 (a)	• Ereignisse und Umstände, die zu der Erfas- sung oder der Wertaufholungen geführt haben				
220.	IAS	36.130 (b)	• Höhe des erfassten oder aufgehobenen Wertminderungsaufwands				
	IAS	36.130 (c)	für einen einzelnen Vermögenswert:				
221.	IAS	36.130 (c) (i)	→ Art des Vermögenswerts				
222.	IAS	36.130 (c) (ii)	→ falls das Unternehmen gem. IFRS 8 Informationen für Segmente darstellt, das berichtspflichtige Segment, zu dem der Vermögenswert gehört				
	IAS	36.130 (d)	• für eine zahlungsmittelgenerierende Einheit:				
223.	IAS	36.130 (d) (i)	→ Beschreibung der zahlungsmittelgene- rierenden Einheit (bspw., ob es sich dabei um eine Produktlinie, ein Werk, eine Geschäftstätigkeit, einen geographischen Bereich oder ein berichtspflichtiges Segment, wie in IFRS 8 definiert, handelt)				
224.	IAS	36.130 (d) (ii)	→ Höhe des erfassten oder aufgehobenen Wertminderungsaufwands bei der Gruppe von Vermögenswerten und, falls das Unternehmen gem. IFRS 8 Informationen für Segmente darstellt, bei dem berichts- pflichtigen Segment				
225.	IAS	36.130 (d) (iii)	→ wenn sich die Zusammenfassung von Vermögenswerten für die Identifizierung der zahlungsmittelgenerierenden Einheit seit der vorhergehenden Schätzung des etwaig erzielbaren Betrages der zahlungs- mittelgenerierenden Einheit geändert hat, Beschreibung der gegenwärtigen und der früheren Art der Zusammenfassung der Vermögenswerte sowie der Gründe für die Änderung der Art, wie die zahlungsmittel- generierende Einheit identifiziert wird				
226.	IAS	36.130 (e)	• ob der für den Vermögenswert (die zah- lungsmittelgenerierende Einheit) erzielbare Betrag dessen (deren) beizulegendem Zeitwert abzüglich der Verkaufskosten oder dessen (deren) Nutzungswert entspricht				

			Checkliste für die Aufstellung / Prüfung des Anhangs nach IFRS (Notes)				
0	1	2	3	4	5	6	7
Lfd. Nr.	IAS/ IFRS/ SIC/ IFRIC/ HGB	Nr./Tz. des IAS/IFRS/ bzw. SIC/ IFRIC/HGB	Anhangangabe (Notes)	ent- halten	nicht enthalten (nicht relevant)	nicht enthalten (unwesent- lich)	Bemerkungen/ Referenzen zu Arbeits- papieren
227.	IAS	36.130 (f)	• wenn der erzielbare Betrag dem beizu- legenden Zeitwert abzüglich der Verkaufs- kosten entspricht, die Grundlage, die benutzt wurde, um den beizulegenden Zeit- wert abzüglich der Verkaufskosten zu bestimmen (bspw., ob der beizulegende Zeit- wert durch die Bezugnahme eines aktiven Marktes bestimmt wurde)				
228.	IAS	36.130 (g)	• wenn der erzielbare Betrag der Nutzungs- wert ist, der Abzinsungssatz (-sätze), der bei der gegenwärtigen und der vorher- gehenden Schätzung (sofern vorhanden) des Nutzungswertes benutzt wurde				
	IAS	36.131	Ein Unternehmen hat für die Summe der Wertminderungsaufwendungen und die Summe der Wertaufholungen, die während der Berichtsperiode erfasst wurden, und für die keine Angaben gem. IAS 36.130 gemacht wurden, die folgenden Informationen anzugeben:				
229.	IAS	36.131 (a)	• die wichtigsten Gruppen von Vermögens- werten, die von Wertminderungsaufwen- dungen betroffen sind, sowie die wichtigsten Gruppen von Vermögenswerten, die von Wertaufholungen betroffen sind				
230.	IAS	36.131 (b)	• die wichtigsten Ereignisse und Umstände, die zu der Erfassung dieser Wertminderungs- aufwendungen und Wertaufholungen ge- führt haben				
231.	IAS	36.132	*Freiw. Angabe*: Einem Unternehmen wird empfohlen, die während der Berichtsperiode be- nutzten Annahmen zur Bestimmung des erziel- baren Betrages der Vermögenswerte (der zah- lungsmittelgenerierenden Einheiten) anzugeben. IAS 36.134 verlangt indes von einem Unter- nehmen, Angaben über die Schätzungen zu machen, die für die Bewertung des erzielbaren Betrages einer zahlungsmittelgenerierenden Einheit benutzt werden, wenn ein Geschäfts- oder Firmenwert oder ein immaterieller Vermögens- wert mit einer unbegrenzten Nutzungsdauer in dem Buchwert dieser Einheit enthalten ist				
232.	IAS	36.133	Wenn gem. IAS 36.85 irgendein Teil eines Geschäfts- oder Firmenwertes, der während der Berichtsperiode bei einem Unternehmenszu- sammenschluss erworben wurde, zum Berichts- stichtag nicht zu einer zahlungsgenerierenden Einheit (Gruppe von Einheiten) zugeordnet worden ist, muss der Betrag des nicht zugeord- neten Geschäfts- oder Firmenwertes zusammen mit den Gründen, warum dieser Betrag nicht zugeordnet worden ist, angegeben werden				
	IAS	36.134	Ein Unternehmen hat für jede zahlungsmittelgenerierende Einheit (Gruppe von Einheiten), für die der Buchwert des Geschäfts- oder Firmenwertes oder der immateriellen Vermögenswerte mit unbegrenzter Nutzungsdauer, die dieser Einheit (Gruppe von Einheiten) zugeordnet sind, signifikant ist im Vergleich zum Gesamtbuchwert des Geschäfts- oder Firmenwertes oder der immateriellen Vermögenswerte mit unbegrenzter Nutzungsdauer des Unternehmens, die folgenden Angaben zu machen (vgl. auch Beispiel 9 im Anhang zu IAS 36):				

| \multicolumn{8}{c}{**Checkliste für die Aufstellung / Prüfung des Anhangs nach IFRS (Notes)**} |
0	1	2	3	4	5	6	7
Lfd. Nr.	IAS/ IFRS/ SIC/ IFRIC/ HGB	Nr./Tz. des IAS/IFRS/ bzw. SIC/ IFRIC/HGB	Anhangangabe (Notes)	ent-halten	nicht enthalten (nicht relevant)	nicht enthalten (unwesent-lich)	Bemerkungen/ Referenzen zu Arbeits-papieren
233.	IAS	36.134 (a)	• Buchwert des der Einheit (Gruppe von Einheiten) zugeordneten Geschäfts- oder Firmenwertes				
234.	IAS	36.134 (b)	• Buchwert der der Einheit (Gruppe von Einheiten) zugeordneten immateriellen Vermögenswerte mit unbegrenzter Nutzungsdauer				
235.	IAS	36.134 (c)	• Grundlage, auf der der erzielbare Betrag der Einheit (Gruppe von Einheiten) bestimmt worden ist (d.h. der Nutzungswert oder der beizulegende Zeitwert abzüglich der Verkaufskosten)				
	IAS	36.134 (d)	• wenn der erzielbare Betrag der Einheit (Gruppe von Einheiten) auf dem Nutzungswert basiert:				
236.	IAS	36.134 (d) (i)	→ Beschreibung jeder wesentlichen Annahme, auf der das Management seine Cashflow-Prognosen für den durch die jüngsten Finanzpläne/Vorhersagen abgedeckten Zeitraum aufgebaut hat. Die wesentlichen Annahmen sind diejenigen, auf die der erzielbare Betrag der Einheit (Gruppe von Einheiten) am sensibelsten reagiert				
237.	IAS	36.134 (d) (ii)	→ Beschreibung des Managementansatzes zur Bestimmung der (des) zu jeder wesentlichen Annahme zugewiesenen Werte(s), ob diese Werte vergangene Erfahrungen widerspiegeln, oder ob sie ggf. mit externen Informationsquellen übereinstimmen und wenn nicht, auf welche Art und aus welchem Grund sie sich von vergangenen Erfahrungen oder externen Informationsquellen unterscheiden				
238.	IAS	36.134 (d) (iii)	→ Zeitraum, für den das Management die Cashflows geplant hat, die auf den vom Management genehmigten Finanzplänen/Vorhersagen beruhen, und wenn für eine zahlungsmittelgenerierende Einheit (Gruppe von Einheiten) ein Zeitraum von mehr als fünf Jahren benutzt wird, eine Erklärung über den Grund, der diesen längeren Zeitraum rechtfertigt				
239.	IAS	36.134 (d) (iv)	→ Wachstumsrate, die zur Extrapolation der Cashflow-Prognosen jenseits des Zeitraums benutzt wird, auf den sich die jüngsten Finanzpläne/Vorhersagen beziehen, und die Rechtfertigung für die Anwendung jeglicher Wachstumsrate, die die langfristige durchschnittliche Wachstumsrate für die Produkte, Industriezweige oder Land bzw. Länder, in welchen das Unternehmen tätig ist oder für den Markt, für den die Einheit (Gruppe von Einheiten) bestimmt ist, übersteigt				
240.	IAS	36.134 (d) (v)	→ der/die auf die Cashflow-Prognosen angewendete Abzinsungssatz (-sätze)				

Checkliste für die Aufstellung / Prüfung des Anhangs nach IFRS (Notes)							
0	1	2	3	4	5	6	7
Lfd. Nr.	IAS/ IFRS/ SIC/ IFRIC/ HGB	Nr./Tz. des IAS/IFRS/ bzw. SIC/ IFRIC/HGB	Anhangangabe (Notes)	ent- halten	nicht enthalten (nicht relevant)	nicht enthalten (unwesent- lich)	Bemerkungen/ Referenzen zu Arbeits- papieren
	IAS	36.134 (e)	• falls der erzielbare Betrag der Einheit (Gruppe von Einheiten) auf dem beizulegenden Zeit- wert abzüglich der Veräußerungskosten basiert, die für die Bestimmung des beizulegenden Zeitwertes abzüglich der Veräußerungskosten verwendeten Methode. Wenn für eine Einheit (Gruppe von Einheiten) der beizulegende Zeitwert abzüglich der Veräußerungskosten nicht anhand eines direkt beobachteten Marktpreises bestimmt wird, sind auch folgende Angaben zu machen:				
241.	IAS	36.134 (e) (i)	→ Beschreibung jeder wesentlichen Annahme, nach der das Management den beizu- legenden Zeitwert abzüglich der Veräuße- rungskosten bestimmt. Die wesentlichen Annahmen sind diejenigen, auf die der erzielbare Betrag der Einheit (Gruppe von Einheiten) am sensibelsten reagiert				
242.	IAS	36.134 (e) (ii)	→ Beschreibung des Managementansatzes zur Bestimmung der (des) zu jeder wesent- lichen Annahme zugewiesenen Werte(s), ob diese Werte vergangene Erfahrungen widerspiegeln, oder ob sie ggf. mit externen Informationsquellen übereinstimmen, und wenn nicht, auf welche Art und aus welchem Grund sie sich von vergangenen Erfahrungen oder externen Informations- quellen unterscheiden				
	IAS	36.134 (e)	• Wird der beizulegende Zeitwert abzüglich Veräußerungskosten bestimmt, indem diskontierte Cashflow-Prognosen zugrunde gelegt werden, sind auch die folgenden Angaben zu machen:				
243.	IAS	36.134 (e) (iii)	→ die Perioden, für die das Management Cashflows prognostiziert hat				
244.	IAS	36.134 (e) (iv)	→ die Wachstumsrate, die zur Extrapolation der Cashflow-Prognosen verwendet wurde				
245.	IAS	36.134 (e) (v)	→ Der (die) auf die Cashflow-Prognosen angewandte(n) Abzinsungssatz (-sätze)				
	IAS	36.134 (f)	• wenn eine für möglich gehaltene Änderung einer wesentlichen Annahme, auf der das Management seine Bestimmung des erzielbaren Betrages der Einheit (Gruppe von Einheiten) aufgebaut hat, verursachen würde, dass der Buchwert der Einheit (Gruppe von Einheiten) deren erzielbaren Betrag übersteigt:				
246.	IAS	36.134 (f) (i)	→ Betrag, mit dem der erzielbare Betrag der Einheit (Gruppe von Einheiten) deren Buchwert übersteigt				
247.	IAS	36.134 (f) (ii)	→ der der wesentlichen Annahme zu- gewiesene Wert				
248.	IAS	36.134 (f) (iii)	→ Betrag, der die Änderung des Wertes der wesentlichen Annahme hervorruft, nach Einbezug aller nachfolgenden Auswir- kungen dieser Änderung auf die anderen Variablen, die zur Bewertung des erziel- baren Betrages eingesetzt werden, damit der erzielbar Betrag der Einheit (Gruppe von Einheiten) gleich deren Buchwert ist				

Checkliste für die Aufstellung / Prüfung des Anhangs nach IFRS (Notes)

Lfd. Nr.	IAS/ IFRS/ SIC/ IFRIC/ HGB	Nr./Tz. des IAS/IFRS/ bzw. SIC/ IFRIC/HGB	Anhangangabe (Notes)	ent- halten	nicht enthalten (nicht relevant)	nicht enthalten (unwesent- lich)	Bemerkungen/ Referenzen zu Arbeits- papieren
0	1	2	3	4	5	6	7
	IAS	36.135	Wenn ein Teil oder der gesamte Buchwert eines Geschäfts- oder Firmenwertes oder eines immateriellen Vermögenswertes mit unbegrenzter Nutzungsdauer mehreren zahlungsmittel- generierenden Einheiten (Gruppen von Einheiten) zugeordnet ist, und der auf diese Weise jeder einzelnen Einheit (Gruppe von Einheiten) zugeordnete Betrag nicht signifikant ist, im Vergleich zu dem Gesamtbuchwert des Geschäfts- oder Firmenwertes oder des immateriellen Vermögenswertes mit unbegrenzter Nutzungsdauer des Unternehmens, ist diese Tatsache zusammen mit der Summe der Buchwerte des Geschäfts- oder Firmenwertes oder der imma- teriellen Vermögenswerte mit unbegrenzter Nutzungsdauer, die diesen Einheiten (Gruppen von Einheiten) zugeordnet sind, anzugeben. Wenn darüber hinaus die erzielbaren Beträge, irgendeiner dieser Einheiten (Gruppen von Einheiten) auf denselben wesentlichen Annahmen beruhen und die Summe der Buchwerte des Geschäfts- oder Firmenwertes oder der immateriellen Vermögenswerte mit unbegrenzter Nutzungsdauer, die diesen Einheiten zugeordnet sind, signifikant ist im Vergleich zum Gesamt- buchwert des Geschäfts- oder Firmenwertes oder der immateriellen Vermögenswerte mit unbegrenzter Nutzungsdauer des Unternehmens, so hat ein Unternehmen Angaben über diese und die folgenden Tatsachen zu machen (vgl. auch Beispiel 9 im Anhang zu IAS 36):				
249.	IAS	36.135 (a)	• Summe der Buchwerte des diesen Einheiten (Gruppen von Einheiten) zugeordneten Geschäfts- oder Firmenwertes				
250.	IAS	36.135 (b)	• Summe der Buchwerte der diesen Einheiten (Gruppen von Einheiten) zugeordneten immateriellen Vermögenswerte mit unbe- grenzter Nutzungsdauer				
251.	IAS	36.135 (c)	• Beschreibung der wesentlichen Annahme(n)				
252.	IAS	36.135 (d)	• Beschreibung des Managementansatzes zur Bestimmung der (des) zu der (den) wesent- lichen Annahme(n) zugewiesenen Werte(s), ob diese Werte vergangene Erfahrungen widerspiegeln, oder ob sie ggf. mit externen Informationsquellen übereinstimmen, und wenn nicht, auf welche Art und aus welchem Grund sie sich von vergangenen Erfah- rungen oder externen Informationsquellen unterscheiden				
	IAS	36.135 (e)	• wenn eine für möglich gehaltene Änderung der wesentlichen Annahme(n), verursachen würde, dass die Summe der Buchwerte der Einheiten (Gruppen von Einheiten) die Summe der erzielbaren Beträge übersteigen würde:				
253.	IAS	36.135 (e) (i)	→ Betrag, mit dem die Summe der erziel- baren Beträge der Einheiten (Gruppen von Einheiten) die Summe der Buchwerte übersteigt				
254.	IAS	36.135 (e) (ii)	→ der (die) der (den) wesentlichen Annahme(n) zugewiesene(n) Wert(e)				
255.	IAS	36.135 (e) (iii)	→ Betrag, der die Änderung des (der) Werte(s) der wesentlichen Annahme(n) hervorruft, nach Einbezug aller nach- folgenden Auswirkungen dieser Änderung auf die anderen Variablen, die zur Bewer- tung des erzielbaren Betrages eingesetzt werden, damit die Summe der erzielbaren Beträge der Einheiten (Gruppen von Einheiten) gleich der Summe der Buch- werte ist				

Lfd. Nr.	IAS/ IFRS/ SIC/ IFRIC/ HGB	Nr./Tz. des IAS/IFRS/ bzw. SIC/ IFRIC/HGB	Anhangangabe (Notes)	ent- halten	nicht enthalten (nicht relevant)	nicht enthalten (unwesent- lich)	Bemerkungen/ Referenzen zu Arbeits- papieren
0	1	2	3	4	5	6	7

Checkliste für die Aufstellung / Prüfung des Anhangs nach IFRS (Notes)

5. Latente und laufende Steueransprüche und -schulden *(vgl. F.V.)*

II. Aktivposten

1. Geschäfts- oder Firmenwert

(vgl. Angaben in C. III.)

2. (Sonstige) immaterielle Vermögenswerte des Anlagevermögens

Lfd. Nr.	IAS/IFRS	Nr./Tz.	Anhangangabe	enthalten	nicht relevant	unwesentlich	Bemerkungen
	IAS	38.118	Für jede Gruppe immaterieller Vermögenswerte (vgl. dazu IAS 38.119) sind vom Unternehmen folgende Angaben zu machen, wobei zwischen selbst geschaffenen immateriellen Vermögenswerten und sonstigen immateriellen Vermögenswerten zu unterscheiden ist:				
256.	IAS	38.118 (a)	• ob die Nutzungsdauern unbegrenzt oder begrenzt sind, und wenn begrenzt, die zu Grunde gelegten Nutzungsdauern und die angewandten Abschreibungssätze				
257.	IAS	38.118 (b)	• die für immaterielle Vermögenswerte mit begrenzten Nutzungsdauern verwendeten Abschreibungsmethoden				
258.	IAS	38.118 (c)	• Bruttobuchwert und kumulierte Abschrei- bung (zusammengefasst mit den kumulierten Wertminderungsaufwendungen) zu Beginn und zum Ende der Periode				
259.	IAS	38.118 (d)	• Posten der Gesamtergebnisrechnung, in dem/ denen die Abschreibungen auf immaterielle Vermögenswerte enthalten sind				
	IAS	38.118 (e)	• Überleitung des Buchwertes zu Beginn und zum Ende der Periode unter gesonderter Angabe der:				
260.	IAS	38.118 (e) (i)	→ Zugänge, wobei solche aus unternehmens- interner Entwicklung, solche aus gesonder- tem Erwerb und solche aus Unternehmens- zusammenschlüssen separat zu bezeichnen sind				
261.	IAS	38.118 (e) (ii)	→ Vermögenswerte, die gem. IFRS 5 als zur Veräußerung gehalten eingestuft oder Teil einer als zur Veräußerung gehaltenen Gruppe sind und andere Abgänge				
262.	IAS	38.118 (e) (iii)	→ Erhöhungen oder Verminderungen während der Berichtsperiode auf Grund von Neubewertungen gem. IAS 38.75, 85 und 86 und von im sonstigen Ergebnis erfassten oder aufgehobenen Wertmin- derungsaufwendungen gem. IAS 36 *(falls vorhanden)*				
263.	IAS	38.118 (e) (iv)	→ Wertminderungsaufwendungen, die während der Berichtsperiode im Gewinn oder Verlust gem. IAS 36 erfasst wurden *(falls vorhanden)*				
264.	IAS	38.118 (e) (v)	→ Wertminderungsaufwendungen, die während der Berichtsperiode im Gewinn oder Verlust gem. IAS 36 rückgängig gemacht wurden *(falls vorhanden)*				
265.	IAS	38.118 (e) (vi)	→ jede Abschreibung, die während der Berichtsperiode erfasst wurde				

			Checkliste für die Aufstellung / Prüfung des Anhangs nach IFRS (Notes)				
0	1	2	3	4	5	6	7
Lfd. Nr.	IAS/ IFRS/ SIC/ IFRIC/ HGB	Nr./Tz. des IAS/IFRS/ bzw. SIC/ IFRIC/HGB	Anhangangabe (Notes)	ent- halten	nicht enthalten (nicht relevant)	nicht enthalten (unwesent- lich)	Bemerkungen/ Referenzen zu Arbeits- papieren
266.	IAS	38.118 (e) (vii)	→ Nettoumrechnungsdifferenzen auf Grund der Umrechnung von Abschlüssen in die Darstellungswährung und der Umrechnung einer ausländischen Betriebsstätte in die Darstellungswährung des Unternehmens				
267.	IAS	38.118 (e) (viii)	→ Sonstige Buchwertänderungen während der Periode				
268.	IAS	38.120	Zusätzlich zu den in IAS 38.118 (e) (iii)-(v) geforderten Informationen veröffentlicht ein Unternehmen Informationen über im Wert geminderte immaterielle Vermögenswerte gem. IAS 36				
	IAS	38.121	IAS 8 verlangt vom Unternehmen die Angabe der Art und des Betrags einer Änderung der Schätzung, die entweder eine wesentliche Auswirkung auf die Berichtsperiode hat oder von der angenommen wird, dass sie eine wesentliche Auswirkung auf nachfolgende Berichtsperioden haben wird. Derartige Angaben resultieren möglicherweise aus Änderungen in Bezug auf:				
269.	IAS	38.121 (a)	• Einschätzung der Nutzungsdauer eines immateriellen Vermögenswertes				
270.	IAS	38.121 (b)	• Abschreibungsmethode				
271.	IAS	38.121 (c)	• Restwerte				
272.	IAS	38.122 (a)	Für einen immateriellen Vermögenswert, dessen Nutzungsdauer als unbegrenzt eingeschätzt wurde, sind der Buchwert dieses Vermögenswertes und die Gründe für die Einschätzung seiner unbegrenzten Nutzungs- dauer anzugeben. Im Rahmen der Begrün- dung muss das Unternehmen den/die Faktor(en) beschreiben, der/die bei der Ermittlung der unbegrenzten Nutzungsdauer des Vermögenswertes eine wesentliche Rolle spielte(n)				
273.	IAS	38.122 (b)	Beschreibung, Buchwert und verbleibenden Abschreibungszeitraum eines jeden einzelnen immateriellen Vermögenswertes, der für den Abschluss des Unternehmens von wesent- licher Bedeutung ist				
	IAS	38.122 (c)	Für immaterielle Vermögenswerte, die durch eine Zuwendung der öffentlichen Hand erworben und zunächst mit dem beizulegenden Zeitwert angesetzt wurden (vgl. IAS 38.44):				
274.	IAS	38.122 (c) (i)	• beizulegender Zeitwert, der für diese Vermögenswerte zunächst angesetzt wurde				
275.	IAS	38.122 (c) (ii)	• ihren Buchwert				
276.	IAS	38.122 (c) (iii)	• ob sie in der Folgebewertung nach dem Anschaffungskostenmodell oder nach dem Neubewertungsmodell bewertet werden				
277.	IAS	38.122 (d)	Bestehen und Buchwerte immaterieller Ver- mögenswerte, mit denen ein beschränktes Eigentumsrecht verbunden ist, und Buch- werte immaterieller Vermögenswerte, die als Sicherheit für Verbindlichkeiten begeben sind				

Checkliste für die Aufstellung / Prüfung des Anhangs nach IFRS (Notes)							
0	1	2	3	4	5	6	7
Lfd. Nr.	IAS/ IFRS/ SIC/ IFRIC/ HGB	Nr./Tz. des IAS/IFRS/ bzw. SIC/ IFRIC/HGB	Anhangangabe (Notes)	ent-halten	nicht enthalten (nicht relevant)	nicht enthalten (unwesent-lich)	Bemerkungen/ Referenzen zu Arbeits-papieren
278.	IAS	38.122 (e)	Betrag für vertragliche Verpflichtungen für den Erwerb immaterieller Vermögenswerte				
	IAS	38.124	Bei Ansatz immaterieller Vermögenswerte zu ihrem Neubewertungsbetrag:				
279.	IAS	38.124 (a) (i)	• Stichtag der Neubewertung *(für jede Gruppe immaterieller Vermögenswerte)*				
280.	IAS	38.124 (a) (ii)	• Buchwert der neu bewerteten imma- teriellen Vermögenswerte *(für jede Gruppe immaterieller Vermögenswerte)*				
281.	IAS	38.124 (a) (iii)	• Buchwert, der angesetzt worden wäre, wenn die neu bewertete Gruppe von immateriellen Vermögenswerten nach dem Anschaffungs-kostenmodell in IAS 38.74 bewertet worden wäre *(für jede Gruppe immaterieller Vermögenswerte)*				
282.	IAS	38.124 (b)	• Betrag der sich auf immaterielle Ver- mögenswerte beziehenden Neubewertungs-rücklage zu Beginn und zum Ende der Berichtsperiode unter Angabe der Ände-rungen während der Periode und jeglicher Ausschüttungsbeschränkungen an die Anteilseigner				
283.	IAS	38.124 (c)	• Methoden und wesentliche Annahmen, die zur Schätzung des beizulegenden Zeitwertes der Vermögenswerte geführt haben				
284.	IAS	38.126	Summe der Ausgaben für Forschung und Entwicklung, die während der Berichts-periode als Aufwand erfasst wurden (vgl. auch IAS 38.127)				
285.	IAS	38.128 (a)	*Freiw. Angabe*: Beschreibung jedes voll-ständig abgeschriebenen, aber noch genutzten immateriellen Vermögenswertes				
286.	IAS	38.128 (b)	*Freiw. Angabe*: Kurze Beschreibung wesent-licher immaterieller Vermögenswerte, die vom Unternehmen beherrscht werden, je-doch nicht als Vermögenswerte angesetzt sind, da sie die Ansatzkriterien in IAS 38 nicht erfüllen oder weil sie vor Inkrafttreten der im Jahr 1998 herausgegebenen Fassung von IAS 38 erworben oder geschaffen wurden				
3. Sachanlagevermögen						
287.	IAS	1.78 (a)	Sachanlagen werden gem. IAS 16 in Gruppen aufgegliedert				
	IAS	16.73	Für jede Gruppe von Sachanlagen sind im Abschluss folgende Angaben erforderlich:				
288.	IAS	16.73 (a)	• Bewertungsgrundlagen für die Bestimmung des Bruttobuchwertes der Anschaffungs- oder Herstellungskosten				
289.	IAS	16.73 (b)	• verwendete Abschreibungsmethoden				
290.	IAS	16.73 (c)	• zu Grunde gelegte Nutzungsdauern oder Abschreibungssätze				

Checkliste für die Aufstellung / Prüfung des Anhangs nach IFRS (Notes)

Lfd. Nr.	IAS/ IFRS/ SIC/ IFRIC/ HGB	Nr./Tz. des IAS/IFRS/ bzw. SIC/ IFRIC/HGB	Anhangangabe (Notes)	ent- halten	nicht enthalten (nicht relevant)	nicht enthalten (unwesent- lich)	Bemerkungen/ Referenzen zu Arbeits- papieren
0	1	2	3	4	5	6	7
291.	IAS	16.73 (d)	• Bruttobuchwert und kumulierte Abschrei- bungen (zusammengefasst mit den kumu- lierten Wertminderungsaufwendungen) zu Beginn und zum Ende der Periode				
	IAS	16.73 (e)	• Überleitung des Buchwertes zu Beginn und zum Ende der Periode unter gesonderter Angabe folgender Sachverhalte:				
292.	IAS	16.73 (e) (i)	→ Zugänge				
293.	IAS	16.73 (e) (ii)	→ Vermögenswerte, die gem. IFRS 5 als zur Veräußerung gehalten klassifiziert werden oder zu einer als zur Veräußerung gehal- tenen klassifizierten Veräußerungsgruppe gehören, und andere Abgänge				
294.	IAS	16.73 (e) (iii)	→ Erwerbe durch Unternehmenszusammen- schlüsse				
295.	IAS	16.73 (e) (iv)	→ Erhöhungen oder Verminderungen auf Grund von Neubewertungen gem. IAS 16.31, 39 und 40 und von im sons- tigen Ergebnis erfassten oder aufge- hobenen Wertminderungsaufwendun- gen gem. IAS 36				
296.	IAS	16.73 (e) (v)	→ bei Gewinnen bzw. Verlusten gem. IAS 36 erfasste Wertminderungsaufwendungen				
297.	IAS	16.73 (e) (vi)	→ bei Gewinnen bzw. Verlusten gem. IAS 36 aufgehobene Wertminderungs- aufwendungen				
298.	IAS	16.73 (e) (vii)	→ Abschreibungen				
299.	IAS	16.73 (e) (viii)	→ Nettoumrechnungsdifferenzen auf Grund der Umrechnung von Abschlüssen von der funktionalen Währung in eine andere Darstellungswährung, einschließl. der Umrechnung einer ausländischen Betriebs- stätte in die Darstellungswährung des berichtenden Unternehmens				
300.	IAS	16.73 (e) (ix)	→ andere Änderungen				
301.	IAS	16.74 (a)	Vorhandensein und Beträge von Beschrän- kungen von Verfügungsrechten sowie als Sicherheiten für Schulden verpfändete Sachanlagen				
302.	IAS	16.74 (b)	Betrag an Ausgaben, der im Buchwert einer Sachanlage während ihrer Erstellung erfasst wird				
303.	IAS	16.74 (c)	Betrag für vertragliche Verpflichtungen für den Erwerb von Sachanlagen				
304.	IAS	16.74 (d)	im Gewinn oder Verlust erfasste Entschä- digungsbetrag von Dritten für Sachanlagen, die wertgemindert, untergegangen oder außer Betrieb genommen wurden, wenn er nicht separat in der Gesamtergebnisrech- nung dargestellt wird				

Checkliste für die Aufstellung / Prüfung des Anhangs nach IFRS (Notes)

0	1	2	3	4	5	6	7
Lfd. Nr.	IAS/ IFRS/ SIC/ IFRIC/ HGB	Nr./Tz. des IAS/IFRS/ bzw. SIC/ IFRIC/HGB	Anhangangabe (Notes)	ent- halten	nicht enthalten (nicht relevant)	nicht enthalten (unwesent- lich)	Bemerkungen/ Referenzen zu Arbeits- papieren
	IAS	16.77	Bei Neubewertung von Sachanlagen sind folgende Angaben erforderlich:				
305.	IAS	16.77 (a)	• Stichtag der Neubewertung				
306.	IAS	16.77 (b)	• ob bei der Neubewertung ein unabhängiger Gutachter hinzugezogen wurde				
307.	IAS	16.77 (c)	• Methoden und wesentliche Annahmen, die zur Schätzung des beizulegenden Zeitwerts der Gegenstände geführt haben				
308.	IAS	16.77 (d)	• Umfang, in dem die beizulegenden Zeit- werte der Gegenstände unter Bezugnahme auf die in einem aktiven Markt beobach- teten Preise oder auf kürzlich zu markt- üblichen Bedingungen getätigte Transak- tionen direkt ermittelt wurden, oder ob andere Bewertungsmethoden zur Schätzung benutzt wurden				
309.	IAS	16.77 (e)	• für jede neu bewertete Gruppe von Sach- anlagen: Buchwert, der angesetzt worden wäre, wenn die Vermögenswerte nach dem Anschaffungskostenmodell bewertet worden wären				
310.	IAS	16.77 (f)	• Neubewertungsrücklage, mit Angabe der Veränderung in der Periode und evtl. bestehender Ausschüttungsbeschränkungen an die Anteilseigner				
311.	IAS	16.78	• Angaben über wertgeminderte Sachanlagen gem. IAS 36 zusätzlich zu den gem. IAS 16.73 (e) (iv)-(vi) erforderlichen Informationen *(vgl. hierzu Abschnitt E. I.4.)*				
312.	IAS	16.79 (a)	*Freiw. Angabe*: Buchwert vorübergehend ungenutzter Sachanlagen				
313.	IAS	16.79 (b)	*Freiw. Angabe*: Bruttobuchwert voll abge- schriebener, aber noch genutzter Sachanlagen				
314.	IAS	16.79 (c)	*Freiw. Angabe*: Buchwert von Sachanlagen, die nicht mehr genutzt werden und die nicht gem. IFRS 5 als zur Veräußerung gehalten klassifiziert werden				
315.	IAS	16.79 (d)	*Freiw. Angabe*: Bei Anwendung des Anschaf- fungskostenmodells: Beizulegender Zeitwert der Sachanlagen, sofern dieser wesentlich vom Buchwert abweicht				
4. Leasingverhältnisse							
a) Angaben zu geleasten Vermögenswerten beim Leasingnehmer im Fall von Finanzierungsleasing (zusätzlich zu IFRS 7)							
316.	IAS	17.31 (a)	Nettobuchwert zum Bilanzstichtag für jede Gruppe von geleasten Vermögenswerten				
317.	IAS	17.31 (b)	Überleitungsrechnung von der Summe der künftigen Mindestleasingzahlungen zum Bilanzstichtag zu deren Barwert				

| \multicolumn{8}{c}{**Checkliste für die Aufstellung / Prüfung des Anhangs nach IFRS (Notes)**} |
0	1	2	3	4	5	6	7
Lfd. Nr.	IAS/ IFRS/ SIC/ IFRIC/ HGB	Nr./Tz. des IAS/IFRS/ bzw. SIC/ IFRIC/HGB	Anhangangabe (Notes)	ent-halten	nicht enthalten (nicht relevant)	nicht enthalten (unwesent-lich)	Bemerkungen/ Referenzen zu Arbeits-papieren
	IAS	17.31 (b)	Summe der künftigen Mindestleasingzahlungen zum Bilanzstichtag und deren Barwert für jede der folgenden Perioden:				
318.	IAS	17.31 (b) (i)	• bis zu einem Jahr				
319.	IAS	17.31 (b) (ii)	• länger als ein Jahr und bis zu fünf Jahren				
320.	IAS	17.31 (b) (iii)	• länger als fünf Jahre				
321.	IAS	17.31 (c)	in der Periode als Aufwand erfasste bedingte Mietzahlungen				
322.	IAS	17.31 (d)	Summe der künftigen Mindestzahlungen aus Untermietverhältnissen zum Bilanz-stichtag, deren Erhalt auf Grund von unkündbaren Untermietverhältnissen er-wartet wird				
	IAS	17.31 (e)	Allgemeine Beschreibung der wesentlichen Leasingvereinbarungen des Leasingnehmers, einschl. der Folgenden, aber nicht darauf beschränkt:				
323.	IAS	17.31 (e) (i)	• Grundlage, auf der bedingte Mietzahlungen festgelegt sind				
324.	IAS	17.31 (e) (ii)	• Bestehen und die Bestimmungen von Verlängerungs- oder Kaufoptionen und Preisanpassungsklauseln				
325.	IAS	17.31 (e) (iii)	• durch Leasingvereinbarungen auferlegte Beschränkungen, wie solche, die Divi-denden, zusätzliche Schulden und weitere Leasingverhältnisse betreffen				
326.	IAS	17.32	Außerdem finden für Leasingnehmer von im Rahmen von Finanzierungsleasingver-hältnissen geleaste Vermögenswerte die Angabepflichten gem. IAS 16, IAS 36, IAS 40 und IAS 41 Anwendung				
\multicolumn{8}{l}{b) Angaben des Leasingnehmers für Operating-Leasingverhältnisse (zusätzlich zu IFRS 7)}
	IAS	17.35 (a)	Summe der künftigen Mindestleasingzahlungen auf Grund von unkündbaren Operating-Leasingverhältnissen für jede der folgenden Perioden:				
327.	IAS	17.35 (a) (i)	• bis zu einem Jahr				
328.	IAS	17.35 (a) (ii)	• länger als ein Jahr und bis zu fünf Jahren				
329.	IAS	17.35 (a) (iii)	• länger als fünf Jahre				
330.	IAS	17.35 (b)	Summe der künftigen Mindestzahlungen aus Untermietverhältnissen zum Bilanz-stichtag, deren Erhalt auf Grund von unkündbaren Untermietverhältnissen er-wartet wird				
331.	IAS	17.35 (c)	Zahlungen aus Leasingverhältnissen und Untermietverhältnissen, die in der Berichts-periode als Aufwand erfasst sind, getrennt nach Beträgen für Mindestleasingzahlungen, bedingte Mietzahlungen und Zahlungen aus Untermietverhältnissen				

Checkliste für die Aufstellung / Prüfung des Anhangs nach IFRS (Notes)

Lfd. Nr.	IAS/IFRS/SIC/IFRIC/HGB	Nr./Tz. des IAS/IFRS/ bzw. SIC/IFRIC/HGB	Anhangangabe (Notes)	enthalten	nicht enthalten (nicht relevant)	nicht enthalten (unwesentlich)	Bemerkungen/ Referenzen zu Arbeitspapieren
0	1	2	3	4	5	6	7
	IAS	17.35 (d)	Allgemeine Beschreibung der wesentlichen Leasingvereinbarungen des Leasingnehmers, einschl. der Folgenden, aber nicht darauf beschränkt:				
332.	IAS	17.35 (d) (i)	• Grundlage, auf der bedingte Mietzahlungen festgelegt sind				
333.	IAS	17.35 (d) (ii)	• Bestehen und die Bestimmungen von Verlängerungs- oder Kaufoptionen und Preisanpassungsklauseln				
334.	IAS	17.35 (d) (iii)	• durch Leasingvereinbarungen auferlegte Beschränkungen, wie solche, die Dividenden, zusätzliche Schulden und weitere Leasingverhältnisse betreffen				
	IFRIC	4.15 (b)	Wenn ein Käufer zu dem Ergebnis gelangt, dass es praktisch unmöglich ist, die Zahlungen verlässlich zu trennen, so hat er im Fall eines Operating-Leasingverhältnisses alle Zahlungen bezüglich dieser Vereinbarung als Leasingzahlung zu behandeln, um die Angabepflichten von IAS 17 zu erfüllen, jedoch:				
335.	IFRIC	4.15 (b) (i)	• jene Zahlungen von den Mindestleasingzahlungen anderer Vereinbarung, die keine Zahlungen für nicht zu einem Leasingverhältnis gehörende Posten beinhalten, getrennt anzugeben				
336.	IFRIC	4.15 (b) (ii)	• zu erklären, dass die angegebenen Zahlungen auch Zahlungen für nicht zum Leasingverhältnis gehörende Bestandteile der Vereinbarung beinhalten				
	c) Angaben des Leasinggebers bei Finanzierungs-Leasingverhältnissen (zusätzlich zu IFRS 7)						
337.	IAS	17.47 (a)	Überleitung von der Bruttoinvestition in das Leasingverhältnis am Bilanzstichtag zum Barwert der am Bilanzstichtag ausstehenden Mindestleasingzahlungen				
	IAS	17.47 (a)	Bruttoinvestition in das Leasingverhältnis und Barwert der am Bilanzstichtag ausstehenden Mindestleasingzahlungen für jede der folgenden Perioden:				
338.	IAS	17.47 (a) (i)	• bis zu einem Jahr				
339.	IAS	17.47 (a) (ii)	• länger als ein Jahr und bis zu fünf Jahren				
340.	IAS	17.47 (a) (iii)	• länger als fünf Jahre				
341.	IAS	17.47 (b)	• noch nicht realisierter Finanzertrag				
342.	IAS	17.47 (c)	• nicht garantierte Restwerte, die zu Gunsten des Leasinggebers anfallen				
343.	IAS	17.47 (d)	• kumulierte Wertberichtigungen für uneinbringliche ausstehende Mindestleasingzahlungen (außerplanmäßige Abschreibung)				
344.	IAS	17.47 (e)	• in der Berichtsperiode als Ertrag erfasste bedingte Mietzahlungen				
345.	IAS	17.47 (f)	• allgemeine Beschreibung der wesentlichen Leasingvereinbarungen des Leasinggebers				

Checkliste für die Aufstellung / Prüfung des Anhangs nach IFRS (Notes)							
0	1	2	3	4	5	6	7
Lfd. Nr.	IAS/ IFRS/ SIC/ IFRIC/ HGB	Nr./Tz. des IAS/IFRS/ bzw. SIC/ IFRIC/HGB	Anhangangabe (Notes)	ent- halten	nicht enthalten (nicht relevant)	nicht enthalten (unwesent- lich)	Bemerkungen/ Referenzen zu Arbeits- papieren
346.	IAS	17.48	*Freiw. Angabe*: Bruttoinvestition, vermindert um die noch nicht realisierten Erträge, aus in der Berichtsperiode abgeschlossenem Neu- geschäft, nach Abzug der entsprechenden Beträge für gekündigte Leasingverhältnisse, als Wachstumsindikator				
d) Angaben des Leasinggebers bei Operating-Leasingverhältnissen (zusätzlich zu IFRS 7)							
	IAS	17.56 (a)	Summe der künftigen Mindestleasingzahlungen aus unkündbaren Operating-Leasing- verhältnissen als Gesamtbetrag und für jede der folgenden Perioden:				
347.	IAS	17.56 (a) (i)	• bis zu einem Jahr				
348.	IAS	17.56 (a) (ii)	• länger als ein Jahr und bis zu fünf Jahren				
349.	IAS	17.56 (a) (iii)	• länger als fünf Jahre				
350.	IAS	17.56 (b)	• Summe der in der Berichtsperiode als Ertrag erfassten bedingten Mietzahlungen				
351.	IAS	17.56 (c)	• allgemeine Beschreibung der Leasing- vereinbarungen des Leasinggebers				
352.	IAS	17.57	Außerdem finden für Leasinggeber von im Rahmen von Operatingleasingverhältnissen vermietete Vermögenswerte die Angabe- pflichten gem. IAS 16, IAS 36, IAS 40 und IAS 41 Anwendung				
e) Sale-and-lease-back-Transaktionen							
353.	IAS	17.65	Angabepflichten für Leasingnehmer und Leasinggeber sind genauso auf Sale-and- lease-back-Transaktionen anzuwenden. Die erforderliche Beschreibung der wesentlichen Leasingvereinbarungen führt zu der Angabe von einzigartigen oder ungewöhnlichen Be- stimmungen des Vertrags oder der Bedingun- gen der Sale-and-lease-back-Transaktionen				
f) Vereinbarungen, die rechtliche Aspekte des Leasings beinhalten, jedoch nicht gem. IAS 17 zu bilanzieren sind							
	SIC	27.10/11	Bei der Bestimmung der für das Verständnis einer Vereinbarung, die nach ihrem wirtschaft- lichen Gehalt nicht ein Leasingverhältnis gem. IAS 17 darstellt, und das Verständnis der angewandten Bilanzierungsmethode erforderlichen Angaben sind alle Aspekte der Vereinbarung zu berücksichtigen. Ein Unternehmen hat für jeden Zeitraum, in dem eine derartige Verein- barung besteht, die folgenden Angaben zu machen *(Individuell für jede Vereinbarung oder zu- sammengefasst für jede Gruppe von Vereinbarungen; in einer Gruppe werden Vereinbarungen über Vermögenswerte ähnlicher Art (z.B. Kraftwerke) zusammengefasst)*:				
354.	SIC	27.10 (a)	• Beschreibung der Vereinbarung, einschl.:				
355.	SIC	27.10 (a) (i)	→ des betreffenden Vermögenswertes und etwaiger Beschränkungen seiner Nutzung				
356.	SIC	27.10 (a) (ii)	→ Laufzeit und anderer wichtiger Bedin- gungen der Vereinbarung				
357.	SIC	27.10 (a) (iii)	→ miteinander verknüpfter Transaktionen, einschl. aller Optionen				
358.	SIC	27.10 (b)	• Bilanzierungsmethode, die auf erhaltene Entgelte angewendet wurde				

			Checkliste für die Aufstellung / Prüfung des Anhangs nach IFRS (Notes)				
0	1	2	3	4	5	6	7
Lfd. Nr.	IAS/ IFRS/ SIC/ IFRIC/ HGB	Nr./Tz. des IAS/IFRS/ bzw. SIC/ IFRIC/HGB	Anhangangabe (Notes)	ent-halten	nicht enthalten (nicht relevant)	nicht enthalten (unwesent-lich)	Bemerkungen/ Referenzen zu Arbeits-papieren
359.	SIC	27.10 (b)	• Betrag, der in der Berichtsperiode als Ertrag erfasst wurde				
360.	SIC	27.10 (b)	• Posten der Gesamtergebnisrechnung, in welchem der Betrag enthalten ist				
			5. Als Finanzinvestition gehaltene Immobilien				
361.	IAS	40.74	Die unten aufgeführten Angaben sind zusätz-lich zu denen nach IAS 17 zu machen *(vgl. E.II.4.)*. Gem. IAS 17 gelten für den Eigen-tümer einer als Finanzinvestition gehaltenen Immobilie die Angabepflichten für einen Leasinggeber zu den von ihm abgeschlossenen Leasingverhältnissen. Ein Unternehmen, welches eine Immobilie im Rahmen eines Finanzierungs- oder Operating-Leasing-verhältnisses als Finanzinvestition hält, macht die Angaben eines Leasingnehmers zu den Finanzierungsleasingverhältnissen sowie die Angaben eines Leasinggebers zu allen Operating-Leasingverhältnissen, die das Unternehmen abgeschlossen hat				
362.	IAS	40.75 (a)	Angabe, ob das Unternehmen das Modell des beizulegenden Zeitwertes oder das Anschaffungskostenmodell anwendet				
363.	IAS	40.75 (b)	Bei Anwendung des Modells des beizulegen-den Zeitwertes, Angabe ob und unter welchen Umständen die im Rahmen von Operating-Leasingverhältnissen gehaltenen Immobilien als Finanzinvestitionen klassifiziert und bilanziert werden				
364.	IAS	40.75 (c)	Sofern eine Zuordnung Schwierigkeiten bereitet (vgl. IAS 40.14), die vom Unter-nehmen verwendeten Kriterien, nach denen zwischen Finanzinvestition gehaltenen, vom Eigentümer selbstgenutzten und Immo-bilien, die zum Verkauf im Rahmen der gewöhnlichen Geschäftstätigkeit gehalten werden, unterschieden wird				
365.	IAS	40.75 (d)	Methoden und wesentliche Annahmen, die bei der Bestimmung des beizulegenden Zeit-werts der als Finanzinvestition gehaltenen Immobilien angewendet wurden, einschl. einer Aussage, ob die Bestimmung des bei-zulegenden Zeitwerts durch Marktdaten unterlegt wurde oder auf Grund der Art der Immobilien und in Ermangelung vergleich-barer Marktdaten überwiegend auf anderen Faktoren (die das Unternehmen anzugeben hat) beruhte				

\multicolumn{8}{c}{**Checkliste für die Aufstellung / Prüfung des Anhangs nach IFRS (Notes)**}
0	1	2	3	4	5	6	7
Lfd. Nr.	IAS/ IFRS/ SIC/ IFRIC/ HGB	Nr./Tz. des IAS/IFRS/ bzw. SIC/ IFRIC/HGB	Anhangangabe (Notes)	ent- halten	nicht enthalten (nicht relevant)	nicht enthalten (unwesent- lich)	Bemerkungen/ Referenzen zu Arbeits- papieren
366.	IAS	40.75 (e)	Ausmaß, in dem der beizulegende Zeitwert der als Finanzinvestition gehaltenen Immo- bilien (wie in den Abschlüssen bewertet oder angegeben) auf der Grundlage einer Bewertung durch einen unabhängigen Gutachter basiert, der eine entsprechende berufliche Qualifikation und aktuelle Erfahrungen mit der Lage und der Art der zu bewertenden, als Finanzinvestition gehaltenen Immobilien hat. Hat eine solche Bewertung nicht stattgefunden, ist diese Tatsache anzugeben				
	IAS	40.75 (f)	im Ergebnis erfasste Beträge für:				
367.	IAS	40.75 (f) (i)	• Mieteinnahmen aus als Finanzinvestition gehaltenen Immobilien				
368.	IAS	40.75 (f) (ii)	• betriebliche Aufwendungen (einschl. Reparaturen und Instandhaltung), die diejenigen als Finanzinvestition gehalte- nen Immobilien direkt zurechenbar sind, mit denen während der Berichtsperiode Mieteinnahmen erzielt wurden				
369.	IAS	40.75 (f) (iii)	• betriebliche Aufwendungen (einschl. Reparaturen und Instandhaltung), die die- jenigen als Finanzinvestitionen gehaltenen Immobilien direkt zurechenbar sind, mit denen während der Berichtsperiode keine Mieteinnahmen erzielt wurden				
370.	IAS	40.75 (f) (iv)	• kumulierte Änderung des beizulegenden Zeitwertes, die beim Verkauf einer als Finanzinvestition gehaltenen Immobilie von einem Bestand von Vermögenswerten, in dem das Anschaffungskostenmodell ver- wendet wird, an einen Bestand, in dem das Modell des beizulegenden Zeitwertes ver- wendet wird, im Gewinn oder Verlust erfasst wird (vgl. IAS 40.32 C)				
371.	IAS	40.75 (g)	Existenz und Höhe von Beschränkungen hinsichtlich der Veräußerbarkeit von als Finanzinvestition gehaltenen Immobilien oder der Überweisung von Erträgen und Veräußerungserlösen				
372.	IAS	40.75 (h)	Vertragliche Verpflichtungen, als Finanz- investitionen gehaltene Immobilien zu kaufen, zu erstellen oder zu entwickeln, oder solche für Reparaturen, Instandhaltung oder Verbesserungen				
	IAS	40.76	Zusätzlich zu den nach IAS 40.75 erforderlichen Angaben hat ein Unternehmen, welches das Modell des beizulegenden Zeitwerts gem. IAS 40.33-55 anwendet, eine Überleitungsrech- nung zu erstellen, die die Entwicklung des Buchwertes der als Finanzinvestition gehaltenen Immobilien zu Beginn und zum Ende der Berichtsperiode zeigt und dabei Folgendes darstellt:				

Checkliste für die Aufstellung / Prüfung des Anhangs nach IFRS (Notes)							
0	1	2	3	4	5	6	7
Lfd. Nr.	IAS/ IFRS/ SIC/ IFRIC/ HGB	Nr./Tz. des IAS/IFRS/ bzw. SIC/ IFRIC/HGB	Anhangangabe (Notes)	ent- halten	nicht enthalten (nicht relevant)	nicht enthalten (unwesent- lich)	Bemerkungen/ Referenzen zu Arbeits- papieren
373.	IAS	40.76 (a)	• Zugänge, wobei diejenigen Zugänge gesondert anzugeben sind, die auf einen Erwerb und die auf nachträgliche im Buchwert eines Vermögenswertes erfasste Anschaffungskosten entfallen				
374.	IAS	40.76 (b)	• Zugänge, die aus dem Erwerb im Rahmen von Unternehmenszusammenschlüssen resultieren				
375.	IAS	40.76 (c)	• Vermögenswerte, die gem. IFRS 5 als zur Veräußerung gehalten klassifiziert werden oder zu einer als zur Veräußerung klassi- fizierten Veräußerungsgruppe gehören, und andere Abgänge				
376.	IAS	40.76 (d)	• Nettogewinne oder -verluste aus der Anpassung des beizulegenden Zeitwerts				
377.	IAS	40.76 (e)	• Nettoumrechnungsdifferenzen aus der Um- rechnung von Abschlüssen in eine andere Darstellungswährung und aus der Umrech- nung eines ausländischen Geschäftsbetriebs in die Darstellungswährung des berichtenden Unternehmens				
378.	IAS	40.76 (f)	• Übertragungen in den bzw. aus dem Bestand der Vorräte und der vom Eigentümer selbst genutzten Immobilien				
379.	IAS	40.76 (g)	• andere Änderungen				
380.	IAS	40.77	Wird die Bewertung einer als Finanz- investition gehaltenen Immobilie für die Abschlüsse erheblich angepasst, bspw. um, wie in IAS 40.50 beschrieben, einen erneuten Ansatz von Vermögenswerten oder Schulden zu vermeiden, die bereits als gesonderte Vermögenswerte und Schulden erfasst wurden, hat das Unternehmen eine Überleitungsrechnung zwischen der ursprüng- lichen Bewertung und der in den Abschlüssen enthaltenen angepassten Bewertung zu er- stellen, in der der Gesamtbetrag aller erfassten zurückaddierten Leasingverpflichtungen und alle anderen wesentlichen Anpassungen gesondert dargestellt ist				
	IAS	40.78	In den in IAS 40.53 beschriebenen Ausnahmefällen, in denen ein Unternehmen als Finanz- investition gehaltene Immobilien nach dem Anschaffungskostenmodell gem. IAS 16 bewertet, hat die in IAS 40.76 vorgeschriebene Überleitungsrechnung die Beträge dieser als Finanz- investition gehaltenen Immobilien getrennt von den Beträgen der anderen als Finanzinvestition gehaltenen Immobilien auszuweisen. Zusätzlich hat ein Unternehmen Folgendes anzugeben:				
381.	IAS	40.78 (a)	• Beschreibung der als Finanzinvestition gehaltenen Immobilien				
382.	IAS	40.78 (b)	• Erklärung, warum der beizulegende Zeit- wert nicht verlässlich bestimmt werden kann				

			Checkliste für die Aufstellung / Prüfung des Anhangs nach IFRS (Notes)				
0	1	2	3	4	5	6	7
Lfd. Nr.	IAS/ IFRS/ SIC/ IFRIC/ HGB	Nr./Tz. des IAS/IFRS/ bzw. SIC/ IFRIC/HGB	Anhangangabe (Notes)	ent- halten	nicht enthalten (nicht relevant)	nicht enthalten (unwesent- lich)	Bemerkungen/ Referenzen zu Arbeits- papieren
383.	IAS	40.78 (c)	• wenn möglich, die Schätzungsbandbreite, innerhalb derer der beizulegende Zeitwert höchstwahrscheinlich liegt				
	IAS	40.78 (d)	• bei Abgang der als Finanzinvestition gehaltenen Immobilien, die nicht zum beizulegenden Zeitwert bewertet wurden:				
384.	IAS	40.78 (d) (i)	→ Umstand, dass das Unternehmen als Finanzinvestition gehaltene Immobilien veräußert hat, die nicht zum beizu- legenden Zeitwert bewertet wurden				
385.	IAS	40.78 (d) (ii)	→ Buchwert dieser als Finanzinvestition gehaltenen Immobilien zum Zeitpunkt des Verkaufs				
386.	IAS	40.78 (d) (iii)	→ als Gewinn oder Verlust erfasster Betrag				
	IAS	40.79	Zusätzlich zu den nach IAS 40.75 erforderlichen Angaben, hat das Unternehmen, welches das Anschaffungskostenmodell gem. IAS 40.56 anwendet, Folgendes anzugeben:				
387.	IAS	40.79 (a)	• verwendete Abschreibungsmethoden				
388.	IAS	40.79 (b)	• zugrunde gelegte Nutzungsdauern oder Abschreibungssätze				
389.	IAS	40.79 (c)	• Bruttobuchwert und kumulierte Abschrei- bungen (zusammengefasst mit den kumu- lierten Wertminderungsaufwendungen) zu Beginn und zum Ende der Periode				
	IAS	40.79 (d)	• Überleitungsrechnung, welche die Entwicklung des Buchwerts der als Finanzinvestition gehaltenen Immobilien zu Beginn und zum Ende der gesamten Berichtsperiode zeigt und dabei Folgendes darstellt:				
390.	IAS	40.79 (d) (i)	→ Zugänge, wobei diejenigen Zugänge gesondert anzugeben sind, welche auf einen Erwerb und welche auf als Ver- mögenswert erfasste nachträgliche Anschaffungskosten entfallen				
391.	IAS	40.79 (d) (ii)	→ Zugänge, die aus dem Erwerb im Rahmen von Unternehmenszusammenschlüssen resultieren				
392.	IAS	40.79 (d) (iii)	→ Vermögenswerte, die gem. IFRS 5 als zur Veräußerung gehalten klassifiziert werden oder zu einer als zur Veräußerung gehalten klassifizierten Veräußerungsgruppe ge- hören, und andere Abgänge				
393.	IAS	40.79 (d) (iv)	→ Abschreibungen				
394.	IAS	40.79 (d) (v)	→ Betrag der Wertminderungsaufwendungen, der während der Berichtsperiode gem. IAS 36 erfasst wurde, und den Betrag an wieder aufgehobenen Wertminderungs- aufwendungen				

Checkliste für die Aufstellung / Prüfung des Anhangs nach IFRS (Notes)							
0	1	2	3	4	5	6	7
Lfd. Nr.	IAS/ IFRS/ SIC/ IFRIC/ HGB	Nr./Tz. des IAS/IFRS/ bzw. SIC/ IFRIC/HGB	Anhangangabe (Notes)	ent- halten	nicht enthalten (nicht relevant)	nicht enthalten (unwesent- lich)	Bemerkungen/ Referenzen zu Arbeits- papieren
395.	IAS	40.79 (d) (vi)	→ Nettoumrechnungsdifferenzen aus der Umrechnung von Abschlüssen in eine andere Darstellungswährung und aus der Umrechnung eines ausländischen Geschäftsbetriebs in die Darstellungswährung des berichtenden Unternehmens				
396.	IAS	40.79 (d) (vii)	→ Übertragungen in den bzw. aus dem Bestand der Vorräte und der vom Eigentümer selbstgenutzten Immobilien				
397.	IAS	40.79 (d) (viii)	→ sonstige Änderungen				
	IAS	40.79 (e)	→ beizulegender Zeitwert der als Finanzinvestition gehaltenen Immobilien. In den in IAS 40.53 beschriebenen Ausnahmefällen, in denen ein Unternehmen den beizulegenden Zeitwert der als Finanzinvestition gehaltenen Immobilien nicht verlässlich bestimmen kann, hat es Folgendes anzugeben:				
398.	IAS	40.79 (e)(i)	→ Beschreibung der als Finanzinvestition gehaltenen Immobilien				
399.	IAS	40.79 (e) (ii)	→ Erklärung, warum der beizulegende Zeitwert nicht verlässlich bestimmt werden kann				
400.	IAS	40.79 (e) (iii)	→ wenn möglich, die Schätzungsbandbreite, innerhalb derer der beizulegende Zeitwert höchstwahrscheinlich liegt				
6. Finanzinstrumente *Die folgenden Angaben beziehen sich auf finanzielle Vermögenswerte, finanzielle Schulden und Eigenkapitalinstrumente. Da diese Angaben gem. IFRS 7 häufig gemeinsam in einem Abschnitt im Anhang angegeben werden, werden im Folgenden die Angaben für alle Finanzinstrumente aufgeführt (d.h. auch für die finanziellen Schulden etc.) (Vgl. für die Angaben zu assoziierten Unternehmen, Joint Ventures und Tochterunternehmen insb. auch unter C; die folgenden Angaben sind ggf. auch für nicht vollkonsolidierte Tochterunternehmen, nicht quotalkonsolidierte Gemeinschaftsunternehmen sowie nicht at equity bewertete assoziierte Unternehmen oder Gemeinschaftsunternehmen zu machen. Vgl. zum Anwendungsbereich IFRS 7.3)* Bitte beachten: Die vom IASB im Oktober 2010 verabschiedeten Änderungen des IFRS 7 sind in der Checkliste aufgrund des fehlenden EU-Endorsements nicht berücksichtigt. Die Änderungen sind allerdings bei erfolgten EU-Endorsement für Abschlüsse, die am 1.7.2011 oder später beginnen, relevant.							
401.	IFRS	7.6	Wenn in diesem IFRS Angaben zu einzelnen Klassen von Finanzinstrumenten verlangt werden, hat ein Unternehmen Finanzinstrumente so in Klassen einzuordnen, dass diese der Art der geforderte Informationen angemessen sind und den Eigenschaften dieser Finanzinstrumente Rechnung tragen. Ein Unternehmen hat genügend Informationen zu liefern, um eine Überleitungsrechnung auf die in der Bilanz dargestellten Posten zu ermöglichen				

			Checkliste für die Aufstellung / Prüfung des Anhangs nach IFRS (Notes)				
0	1	2	3	4	5	6	7
Lfd. Nr.	IAS/ IFRS/ SIC/ IFRIC/ HGB	Nr./Tz. des IAS/IFRS/ bzw. SIC/ IFRIC/HGB	Anhangangabe (Notes)	enthalten	nicht enthalten (nicht relevant)	nicht enthalten (unwesentlich)	Bemerkungen/ Referenzen zu Arbeitspapieren
402.	IFRS	7.B1	Wenn IFRS 7 Angaben je nach Kategorie des Finanzinstruments vorschreibt, so fasst ein Unternehmen die Finanzinstrumente in Kategorien zusammen, die der Wesensart der anzugebenden Informationen Rechnung tragen und die Charakteristika dieser Finanzinstrumente berücksichtigen. Ein Unternehmen bringt Informationen bei, die so ausreichend sind, dass eine Überleitungsrechnung zu den in der Bilanz ausgewiesenen Posten möglich ist				
403.	IFRS	7.B2	Bei der Bestimmung von Klassen von Finanzinstrumenten hat ein Unternehmen zumindest: a) zwischen den Finanzinstrumenten, die zu fortgeführten Anschaffungskosten, und denen, die mit dem beizulegenden Zeitwert bewertet werden, zu unterscheiden; b) die nicht in den Anwendungsbereich dieses IFRS fallenden Finanzinstrumente als gesonderte Klasse(n) zu behandeln				
404.	IFRS	7.B3	Ein Unternehmen entscheidet angesichts der individuellen Umstände, wie viele Details es angibt, um den Anforderungen dieses IFRS gerecht zu werden, wie viel Gewicht es auf verschiedene Aspekte dieser Vorschriften legt und wie es Informationen zusammenfasst, um das Gesamtbild darzustellen, ohne dabei Informationen mit unterschiedlichen Eigenschaften zu kombinieren. Es ist notwendig abzuwägen zwischen einem überladenen Bericht mit ausschweifenden Ausführungen zu Details, die dem Abschlussadressaten möglicherweise wenig nützen, und der Verschleierung wichtiger Informationen durch zu weit gehende Verdichtung. So darf ein Unternehmen beispielsweise wichtige Informationen nicht dadurch verschleiern, das es sie unter zahlreichen unbedeutenden Details aufführt. Ein Unternehmen darf Informationen auch nicht so zusammenfassen, dass wichtige Unterschiede zwischen einzelnen Geschäftsvorfällen oder damit verbundenen Risiken verschleiert werden				
405.	IFRS	7.7	Informationen, die die Abschlussnutzer benötigen, um die Bedeutung der Finanzinstrumente für die Finanzlage und den Erfolg des Unternehmens bewerten zu können				

Checkliste für die Aufstellung / Prüfung des Anhangs nach IFRS (Notes)							
0	1	2	3	4	5	6	7
Lfd. Nr.	IAS/ IFRS/ SIC/ IFRIC/ HGB	Nr./Tz. des IAS/IFRS/ bzw. SIC/ IFRIC/HGB	Anhangangabe (Notes)	ent- halten	nicht enthalten (nicht relevant)	nicht enthalten (unwesent- lich)	Bemerkungen/ Referenzen zu Arbeits- papieren
a) Kategorien von finanziellen Vermögenswerten und finanziellen Verbindlichkeiten							
	IFRS	7.8	Für jede der folgenden Kategorien gemäß IAS 39 ist in der Bilanz oder im Anhang der Buchwert anzugeben:				
406.	IFRS	7.8 (a)	• finanziellen Vermögenswerte, die erfolgs- wirksam zum beizulegenden Zeitwert bewer- tet werden, wobei diejenigen, die (i) beim erstmaligen Ansatz als solche eingestuft werden, und diejenigen, die (ii) gem. IAS 39 als zu Handelszwecken gehalten eingestuft werden, getrennt voneinander aufzuführen sind				
407.	IFRS	7.8 (b)	• bis zur Endfälligkeit zu haltende Finanz- investitionen				
408.	IFRS	7.8 (c)	• Kredite und Forderungen				
409.	IFRS	7.8 (d)	• zur Veräußerung verfügbare finanzielle Vermögenswerte				
410.	IFRS	7.8 (e)	• finanziellen Verbindlichkeiten, die erfolgs- wirksam zum beizulegenden Zeitwert bewerteten werden, wobei diejenigen, die (i) beim erstmaligen Ansatz als solche eingestuft werden, und diejenigen, die (ii) gem. IAS 39 als zu Handelszwecken gehalten eingestuft werden, getrennt voneinander aufzuführen sind; sowie				
411.	IFRS	7.8 (f)	• finanzielle Verbindlichkeiten, die zu fort- geführten Anschaffungskosten bewertet werden				
b) Erfolgswirksam zum beizulegenden Zeitwert bewertete finanzielle Vermögenswerte oder finanzielle Verbindlichkeiten							
	IFRS	7.9	Hat ein Unternehmen einen Kredit oder eine Forderung (bzw. eine Gruppe von Krediten oder Forderungen) als erfolgswirksam zum beizulegenden Zeitwert bewertet eingestuft, so sind folgende Angaben erforderlich:				
412.	IFRS	7.9 (a)	• das maximale Ausfallrisiko (siehe IFRS 7.36 (a)) des Kredits oder der Forderung (oder der Gruppe von Krediten oder Forderungen) zum Berichtsstichtag				
413.	IFRS	7.9 (b)	• Der Betrag, um den ein zugehöriges Kredit- derivat oder ähnliches Instrument dieses maximale Ausfallrisiko abschwächt				
	IFRS	7.9 (c)	• der Betrag, um den sich der beizulegende Zeitwert des Kredits oder der Forderung (oder der Gruppe von Krediten oder Forderungen) während der Berichtsperiode und kumuliert geändert hat, soweit dies auf Änderungen beim Ausfallrisiko des finanziellen Vermögenswerts zurückzuführen ist. Dieser Betrag wird entweder:				
414.	IFRS	7.9 (c) (i)	→ als Änderung des beizulegenden Zeitwerts bestimmt, soweit diese nicht auf solche Änderungen der Marktbedingungen zurückzuführen ist, die das Marktrisiko beeinflussen; oder				

Checkliste für die Aufstellung / Prüfung des Anhangs nach IFRS (Notes)

0	1	2	3	4	5	6	7
Lfd. Nr.	IAS/ IFRS/ SIC/ IFRIC/ HGB	Nr./Tz. des IAS/IFRS/ bzw. SIC/ IFRIC/HGB	Anhangangabe (Notes)	ent- halten	nicht enthalten (nicht relevant)	nicht enthalten (unwesent- lich)	Bemerkungen/ Referenzen zu Arbeits- papieren
415.	IFRS	7.9 (c) (ii)	→ mithilfe einer alternativen Methode bestimmt, mit der nach Ansicht des Unternehmens genauer bestimmt werden kann, in welchem Umfang sich der beizulegende Zeitwert durch das geänderte Ausfallrisiko ändert				
416.	IFRS	7.9 (c)	→ zu den Änderungen der Marktbedingun- gen, die ein Marktrisiko bewirken, zählen Änderungen eines zu beobachtenden (Referenz-) Zinssatzes, Rohstoffpreises, Wechselkurses oder Preis- bzw. Zinsindexes				
417.	IFRS	7.9 (d)	• die Höhe der Änderung des beizulegenden Zeitwerts jedes zugehörigen Kreditderivats oder ähnlicher Instrumente, die während des Berichtszeitraums und kumulativ seit der Einstufung des Kredits oder der Forderung eingetreten ist				
	IFRS	7.10	Hat ein Unternehmen eine finanzielle Verbindlichkeit als Finanzinstrument eingestuft, das gemäß IAS 39.9 erfolgswirksam zum beizulegenden Zeitwert bewertet wird, sind folgende Angaben erforderlich:				
	IFRS	7.10 (a)	• der Betrag, um den sich der beizulegende Zeitwert der finanziellen Verbindlichkeit während der Berichtsperiode und kumuliert geändert hat, soweit dies auf Änderungen beim Ausfall- risiko der finanziellen Verbindlichkeit zurückzuführen ist. Dieser Betrag wird entweder:				
418.	IFRS	7.10 (a) (i)	→ als Änderung des beizulegenden Zeitwerts bestimmt, soweit diese nicht auf solche Änderungen der Marktbedingungen zurückzuführen ist, die das Marktrisiko beeinflussen (siehe IFRS 7.B4); oder zu den Änderungen der Marktbedingugen, die das Marktrisiko beeinflussen, gehören Änderungen eines Referenzzinssatzes, des Preises eines Finanzinstrument eines anderen Unternehmens, eines Rohstoff- preises, Wechselkurses oder Preis- oder Zinsindexes. Bei Verträgen mit fondsge- bundenen Merkmalen umfassen Änderun- gen der Marktbedingungen auch Ände- rungen in der Wertentwicklung eines ver- bundenen internen oder externen Invest- mentfonds				
419.	IFRS	7.10 (a) (ii)	→ mithilfe einer alternativen Methode bestimmt, mit der nach Ansicht des Unternehmen genauer bestimmt werden kann, in welchem Umfang sich der bei- zulegende Zeitwert durch das geänderte Ausfallrisiko ändert				
420.	IFRS	7.10 (b)	• die Differenz zwischen dem Buchwert der finanziellen Verbindlichkeit und dem Betrag, den das Unternehmen vertrags- gemäß bei Fälligkeit an den Gläubiger zahlen müsste				

Checkliste für die Aufstellung / Prüfung des Anhangs nach IFRS (Notes)

0	1	2	3	4	5	6	7
Lfd. Nr.	IAS/ IFRS/ SIC/ IFRIC/ HGB	Nr./Tz. des IAS/IFRS/ bzw. SIC/ IFRIC/HGB	Anhangangabe (Notes)	ent-halten	nicht enthalten (nicht relevant)	nicht enthalten (unwesent-lich)	Bemerkungen/ Referenzen zu Arbeits-papieren
	IFRS	7.11	Ein Unternehmen hat anzugeben:				
421.	IFRS	7.11 (a)	• welche Methoden es zur Erfüllung der Vorschriften in IFRS 7.9(c) und 10(a) angewandt hat				
422.	IFRS	7.11 (b)	• warum es gegebenenfalls zu der Auffassung gelangt ist, dass die Angaben, die es gemäß IFRS 7.9(c) und 10(a) gemacht hat, die durch das geänderte Ausfallrisiko bedingte Änderung des beizulegenden Zeitwerts des finanziellen Vermögenswerts bzw. der finanziellen Verbindlichkeit nicht glaub-würdig darstellt, und welche Faktoren seiner Meinung nach hierfür verantwortlich sind				
c) Umgliederungen							
	IFRS	7.12	Hat ein Unternehmen einen finanziellen Vermögenswert (gemäß IAS 39.51-54) umgegliedert in einen, der folgenden Fälle, so sind der umgegliederte Betrag für jede Kategorie sowie die Gründe für diese Umgliederung anzugeben				
423.	IFRS	7.12 (a)	• anstatt zum beizulegenden Zeitwert nun-mehr mit den Anschaffungskosten oder fortgeführten Anschaffungskosten bewertet wird, oder der				
424.	IFRS	7.12 (b)	• anstatt mit den Anschaffungskosten oder fortgeführten Anschaffungskosten nunmehr zum beizulegenden Zeitwert bewertet wird,				
	IFRS	7.12A	Hat ein Unternehmen einen finanziellen Vermögenswert gemäß IAS 39.50B oder 50D aus der Kategorie der erfolgswirksam zum beizulegenden Zeitwert zu bewertenden Finanzinstrumente oder gemäß IAS 39.50E aus der Kategorie zur Veräußerung verfügbar umgegliedert, so hat es folgende Angaben zu machen:				
425.	IFRS	7.12A (a)	• den umgegliederten Betrag für jede Kate-gorie				
426.	IFRS	7.12A (b)	• für jede Berichtsperiode bis zur Aus-buchung die Buchwerte und die beizu-legenden Zeitwerte aller finanziellen ver-mögenswerte, die in der aktuellen und in früheren Perioden umgegliedert wurden				
427.	IFRS	7.12A (c)	• für den Fall, dass ein finanzieller Ver-mögenswert gemäß IAS 39.50B umge-gliedert wird, die außergewöhnliche Situa-tion sowie die Fakten und Umstände, aus denen hervorgeht, dass die Situation außer-gewöhnlich war				
428.	IFRS	7.12A (d)	• für die Berichtsperiode, in der der finan-zielle Vermögenswert umgegliedert wurde, den durch die Bewertung zum beizulegen-den Zeitwert verursachten Gewinn oder Verlust in Bezug auf den finanziellen Ver-mögenswert, der im Gewinn oder Verlust oder im sonstigen Gesamtergebnis in dieser und in der vorhergehenden Berichtsperiode erfasst ist				

Checkliste für die Aufstellung / Prüfung des Anhangs nach IFRS (Notes)							
0	1	2	3	4	5	6	7
Lfd. Nr.	IAS/ IFRS/ SIC/ IFRIC/ HGB	Nr./Tz. des IAS/IFRS/ bzw. SIC/ IFRIC/HGB	Anhangangabe (Notes)	ent- halten	nicht enthalten (nicht relevant)	nicht enthalten (unwesent- lich)	Bemerkungen/ Referenzen zu Arbeits- papieren
429.	IFRS	7.12A (e)	• für jede Berichtsperiode nach der Umglie- derung (einschließlich der Berichtsperiode, in der der finanzielle Vermögenswert umgegliedert wurde) bis zur Ausbuchung des finanziellen Vermögenswertes den durch eine Bewertung zum beizulegenden Zeitwert verursachten Gewinn oder Verlust, der im Gewinn oder Verlust oder im sons- tigen Gesamtergebnis ausgewiesen worden wäre, wäre der finanzielle Vermögenswert nicht umgegliedert worden, sowie der Gewinn, Verlust, Ertrag und Aufwand, der im Gewinn oder Verlust erfasst wurde; sowie				
430.	IFRS	7.12A (f)	• den Effektivzinssatz und die geschätzten Beträge der Cashflows, die das Unterneh- men zum Zeitpunkt der Umgliederung des finanziellen Vermögenswerts zu erzielen hofft				
d) Ausbuchung von finanziellen Vermögenswerten							
	IFRS	7.13	Ein Unternehmen kann finanzielle Vermögenswerte so übertragen haben, dass keiner von ihnen oder nur ein Teil die Kriterien für eine Ausbuchung erfüllt (vgl. IAS 39.15-37). Das Unternehmen hat für jede Klasse derartiger finanzieller Vermögenswerte folgende Angaben zu machen:				
431.	IFRS	7.13 (a)	• Art der Vermögenswerte				
432.	IFRS	7.13 (b)	• Art der mit dem Eigentum verbundenen Risiken und Chancen, die für das Unter- nehmen weiterhin bestehen				
433.	IFRS	7.13 (c)	• wenn das Unternehmen weiterhin alle Ver- mögenswerte ansetzt, die Buchwerte dieser Vermögenswerte und der dazugehörigen Verbindlichkeiten; und				
434.	IFRS	7.13 (d)	• wenn das Unternehmen weiterhin die Ver- mögenswerte nach Maßgabe seines anhaltenden Engagements ansetzt, den Gesamtbetrag der ursprünglichen Ver- mögenswerte, den Betrag der weiterhin angesetzten Vermögenswerte sowie den Buchwert der dazugehörigen Verbind- lichkeiten				
e) Sicherheiten							
	IFRS	7.14	Das Unternehmen hat Folgendes anzugeben:				
435.	IFRS	7.14 (a)	• den Buchwert der finanziellen Vermögens- werte, die das Unternehmen als Sicherheit für Verbindlichkeiten oder Eventual- verbindlichkeiten gestellt hat, einschl. der Beträge, die gem. IAS 39.37 (a) umgeglie- dert wurden; und				
436.	IFRS	7.14 (b)	• die Vertragsbedingungen für diese Besiche- rung				

Checkliste für die Aufstellung / Prüfung des Anhangs nach IFRS (Notes)

0	1	2	3	4	5	6	7
Lfd. Nr.	IAS/ IFRS/ SIC/ IFRIC/ HGB	Nr./Tz. des IAS/IFRS/ bzw. SIC/ IFRIC/HGB	Anhangangabe (Notes)	ent- halten	nicht enthalten (nicht relevant)	nicht enthalten (unwesent- lich)	Bemerkungen/ Referenzen zu Arbeits- papieren
	IFRS	7.15	Sofern ein Unternehmen Sicherheiten hält (finanzielle oder nicht-finanzielle Vermögenswerte) und diese ohne Vorliegen eines Zahlungsverzugs ihres Eigentümers verkaufen oder als Sicher- heit weiterreichen darf, hat es Folgendes anzugeben:				
437.	IFRS	7.15 (a)	• beizulegender Zeitwert der gehaltenen Sicherheit				
438.	IFRS	7.15 (b)	• beizulegender Zeitwert aller verkauften oder weitergereichten Sicherheiten, und ob das Unternehmen zur Rückgabe an den Eigen- tümer verpflichtet ist; und				
439.	IFRS	7.15 (c)	• die Vertragsbedingungen, die mit der Nut- zung dieser Sicherheiten verbunden sind				
f) Wertberichtigungsposten für Kreditausfälle							
440.	IFRS	7.16	Werden finanzielle Vermögenswerte durch Kreditausfälle wertgemindert und das Unter- nehmen verbucht diese Minderung auf einem getrennten Konto (z.B. einem Wertberichti- gungskonto zur Verbuchung einzelner Wert- minderungen oder einem ähnlichen Konto zur Buchung von Sammelwertminderungen von Vermögenswerten), anstatt direkt den Buch- wert des Vermögenswerts zu mindern, so hat es für die einzelnen Klassen von finanziellen Vermögenswerten in Bezug auf die Ände- rungen, die in der berichtsperiode auf diesem Konto eingetreten sind, eine Überleitungs- rechnung vorzulegen				
g) Zusammengesetzte Finanzinstrumente mit mehreren eingebetteten Derivaten							
441.	IFRS	7.17	Hat ein Unternehmen ein Instrument emittiert, das sowohl eine Fremd- als auch eine Eigen- kapitalkomponente enthält (vgl. IAS 32.28), und sind in das Instrument mehrere Derivate eingebettet, deren Werte voneinander abhän- gen (wie etwa ein kündbares wandelbares Schuldinstrument), so ist dieser Umsatnd anzu- geben				
h) Forderungsausfälle oder Verletzungen von Zahlungsvereinbarungen							
	IFRS	7.18	Für am Berichtsstichtag angesetzte Darlehensverbindlcihkeiten sind folgende Angaben zu machen:				
442.	IFRS	7.18 (a)	• Einzelheiten zu allen in der Berichtsperiode eingetretenen Zahlungsverzögerungen bzw. -ausfällen, welche den Tilgungs- oder Zinszahlungen, den Tilgungsfonds oder die Tilgungsbedingungen der Darlehensver- bindlichkeiten betreffen				
443.	IFRS	7.18 (b)	• der am Berichtsstichtag angesetzte Buch- wert der Darlehensverbindlichkeiten, bei denen die Zahlungsverzögerungen bzw. -ausfälle aufgetreten sind; und				

Checkliste für die Aufstellung / Prüfung des Anhangs nach IFRS (Notes)							
0	1	2	3	4	5	6	7
Lfd. Nr.	IAS/ IFRS/ SIC/ IFRIC/ HGB	Nr./Tz. des IAS/IFRS/ bzw. SIC/ IFRIC/HGB	Anhangangabe (Notes)	ent- halten	nicht enthalten (nicht relevant)	nicht enthalten (unwesent- lich)	Bemerkungen/ Referenzen zu Arbeits- papieren
444.	IFRS	7.18 (c)	• ob die Zahlungsverzögerungen bzw. -ausfälle behoben oder die Bedingungen für die Darlehensverindlichkeiten neu ausgehandelt wurden, bevor die Veröffentlichung des Abschlusses genehmigt wurde				
445.	IFRS	7.19	Ist es in der Berichtsperiode neben den in IFRS 7.18 beschriebenen Verstößen noch zu anderen Verletzungen von Darlehensverträgen gekommen, hat ein Unternehmen auch in Bezug auf diese in Paragraph 18 geforderten Angaben zu machen, sofern die Vertragsverletzungen den Kreditgeber berechtigen, eine vorzeitige Rückzahlung zu fordern (sofern die Verletzungen am oder vor dem Berichtsstichtag nicht behoben oder die Darlehenskonditionen neu verhandelt wurden)				
	i) Ertrags- und Aufwands-, Gewinn- und Verlustposten							
	IFRS	7.20	Ertrags- und Aufwandsposten, Gewinn- und Verlustposten (in Gesamtergebnisrechnung oder Anhang):				
	IFRS	7.20 (a)	• Nettogewinne oder -verluste in Bezug auf:				
446.	IFRS	7.20 (a) (i)	→ erfolgswirksam zum beizulegenden Zeitwert bewerteten finanziellen Vermögenswerten oder finanziellen Verbindlichkeiten, wobei diejenigen, die in Bezug auf finanzielle Vermögenswerte oder finanzielle Verbindlichkeiten beim erstmaligen Ansatz als solche eingestuft wurden, von jenen in Bezug auf finanzielle Vermögenswerte oder finanzielle Verbindlichkeiten zu trennen sind, die zu Handelszwecken im Sinne von IAS 39 gehalten werden				
447.	IFRS	7.20 (a) (ii)	→ zur Veräußerung verfügbaren finanziellen Vermögenswerten, wobei die Gewinne oder Verluste, die in der Berichtsperiode im sonstigen Ergebnis und der vom Eigenkapital in den Gewinn oder Verlust umgegliederte Betrag getrennt auszuweisen sind				
448.	IFRS	7.20 (a) (iii)	→ bis zur Endfälligkeit zu haltende Finanzinvestitionen				
449.	IFRS	7.20 (a) (iv)	→ Kredite und Forderungen; und				
450.	IFRS	7.20 (a) (v)	→ finanzielle Verbindlichkeiten, die zu fortgeführten Anschaffungskosten bewertet werden				
451.	IFRS	7.20 (b)	• die Gesamtzinserträge und Gesamtzinsaufwendungen (berechnet nach der Effektivverzinsungsmethode) für finanzielle Vermögenswerte und finanzielle Verbindlichkeiten, die nicht als erfolgswirksam zum beizulegenden Zeitwert bewertet werden				

Checkliste für die Aufstellung / Prüfung des Anhangs nach IFRS (Notes)

0	1	2	3	4	5	6	7
Lfd. Nr.	IAS/ IFRS/ SIC/ IFRIC/ HGB	Nr./Tz. des IAS/IFRS/ bzw. SIC/ IFRIC/HGB	Anhangangabe (Notes)	ent-halten	nicht enthalten (nicht relevant)	nicht enthalten (unwesent-lich)	Bemerkungen/ Referenzen zu Arbeits-papieren
	IFRS	7.20 (c)	• das als Ertrag oder Aufwand dargestellte Entgelt (mit Ausnahme der Beträge, die in die Bestimmung der Effektivzinssätze einbezogen werden) aus:				
452.	IFRS	7.20 (c) (i)	→ finanziellen Vermögenswerten oder Verbindlichkeiten, die nicht als erfolgswirksam zum beizulegenden Zeitwert bewertet werden; und				
453.	IFRS	7.20 (c) (ii)	→ Treuhänder- und anderen fiduziarischen Geschäften, die auf eine Vermögensverwaltung für fremde Rechnung einzelner Personen, Sondervermögen, Pensionsfonds und anderer institutioneller Anleger hinauslaufen				
454.	IFRS	7.20 (d)	• den gem. IAS 39.AG93 aufgelaufenen Zinsertrag auf wertgeminderte finanzielle Vermögenswerte; und				
455.	IFRS	7.20 (e)	• den Betrag jedes Wertminderungsaufwands für jede Klasse von finanziellen Vermögenswerten				
	j) Rechnungslegungsmethoden						
456.	IFRS	7.21	Gem. IAS 1.117 Darstellung des Abschlusses (überarbeitet 2007) macht ein Unternehmen in der zusammenfassenden Darstellung der maßgeblichen Rechnungslegungsmethoden Angaben über die bei der Erstellung des Abschlusses herangezogene(n) Bewertungsgrundlage(n) und die sonstigen angewandten Rechnungslegungsmethoden, die für das Verständnis des Abschlusses relevant sind				
	IFRS	7.B5	Nach IFRS 7.21 sind die bei Erstellung des Abschlusses herangezogenen Bewertungsgrundlage(n) sowie die sonstigen für das Verständnis des Abschlusses relevanten Rechnungslegungsmethoden anzugeben. Für Finanzinstrumente können diese Angaben folgende Informationen umfassen:				
	IFRS	7.B5 (a)	• für finanzielle Vermögenswerte oder Verbindlichkeiten, die als erfolgswirksam zum beizulegenden Zeitwert bewertet eingestuft werden:				
457.	IFRS	7.B5 (a) (i)	→ die Art der finanziellen Vermögenswerte bzw. Verbindlichkeiten, die das Unternehmen als erfolgswirksam zum beizulegenden Zeitwert bewertet eingestuft hat				
458.	IFRS	7.B5 (a) (ii)	→ die Kriterien für eine solche Einstufung dieser finanziellen Vermögenswerte bzw. Verbindlichkeiten beim erstmaligen Ansatz;				

Checkliste für die Aufstellung / Prüfung des Anhangs nach IFRS (Notes)							
0	1	2	3	4	5	6	7
Lfd. Nr.	IAS/ IFRS/ SIC/ IFRIC/ HGB	Nr./Tz. des IAS/IFRS/ bzw. SIC/ IFRIC/HGB	Anhangangabe (Notes)	ent- halten	nicht enthalten (nicht relevant)	nicht enthalten (unwesent- lich)	Bemerkungen/ Referenzen zu Arbeits- papieren
459.	IFRS	7.B5 (a) (iii)	→ wie das Unternehmen die in IAS 39.9, 11A bzw. 12 genannten Kriterien für eine solche Einstufung erfüllt hat. Bei Finanz- instrumenten, die gemäß IFRS 7.B5 (b) Ziffer (i) der in IAS 39 enthaltenen Defi- nition eines finanziellen Vermögenswert oder einer finanziellen Verbindlichkeit, der/die erfolgswirksam zum beizulegenden Zeitwert bewertet wird, eingestuft wurden, beinhalten Angaben eine Schilderung der zugrunde liegenden Umstände, die sonst zu Inkongruenzen bei der Bewertung oder dem Ansatz geführt hätten. Bei Finanz- instrumenten die gemäß IFRS 7.B5 (b) Ziffer (ii) der in IAS 39 enthaltenen Defi- nition eines finanziellen Vermögenswerts oder einer finanziellen Verbindlichkeit, der/die erfolgswirksam zum beizulegenden Zeitwert bewertet wird, eingestuft werden, beinhalten diese Angaben eine Schilde- rung, wie die Einstufung als erfolgswirk- sam zum beizulegenden Zeitwert bewertet mit der dokumentierten Risikomanage- ment- oder Anlagestrategie des Unter- nehmens in Einklang steht				
460.	IFRS	7.B5 (b)	• die Kriterien für eine Einstufung der finanziellen Vermögenswerte als zur Ver- äußerung verfügbar				
461.	IFRS	7.B5 (c)	• ob Kassageschäfte von finanziellen Ver- mögenswerten zum Handelstag oder zum Erfüllungstag bilanziert werden (siehe IAS 39.38)				
	IFRS	7.B5 (d)	• wenn ein Wertberichtigungsposten verwendet wird, um den Buchwert von finanziellen Vermögenswerten, die durch Kreditausfälle wertgemindert sind, zu reduzieren:				
462.	IFRS	7.B5 (d) (i)	→ die Kriterien zur Bestimmung des Zeit- punkts, zu dem der Buchwert der wert- geminderten finanziellen Vermögenswerte direkt reduziert wird (oder im Fall einer Wertaufholung einer Wertminderung direkt erhöht wird) und wann der Wert- berichtigungsposten verwendet wird;				
463.	IFRS	7.B5 (d) (ii)	→ die Kriterien für die Ausbuchung von Be- trägen des Wertberichtigungskontos gegen den Buchwert wertgeminderter finanzieller Vermögenswerte (siehe IFRS 7.16)				
464.	IFRS	7.B5 (e)	• wie Nettogewinne oder -verluste aus jeder Kategorie von Finanzinstrumenten einge- stuft werden (siehe IFRS 7.20(a)), ob bei- spielsweise die Nettogewinne oder -verluste aus Posten, die erfolgswirksam zum bei- zulegenden Zeitwert bewertet werden, Zins- oder Dividendenerträge enthalten				

			Checkliste für die Aufstellung / Prüfung des Anhangs nach IFRS (Notes)				
0	1	2	3	4	5	6	7
Lfd. Nr.	IAS/ IFRS/ SIC/ IFRIC/ HGB	Nr./Tz. des IAS/IFRS/ bzw. SIC/ IFRIC/HGB	Anhangangabe (Notes)	ent- halten	nicht enthalten (nicht relevant)	nicht enthalten (unwesent- lich)	Bemerkungen/ Referenzen zu Arbeits- papieren
465.	IFRS	7.B5 (f)	• die Kriterien, nach denen ein Unternehmen feststellt, dass ein objektiver Hinweis auf einen eingetretenen Wertminderungsaufwand vorliegt (siehe IFRS 7.20(e))				
466.	IFRS	7.B5 (g)	• wenn die Bedingungen der finanziellen Vermögenswerte neu verhandelt wurden, da sie andernfalls überfällig oder wertgemindert sein würden, sind die Rechnungslegungsmethoden für die finanziellen Vermögenswerte anzugeben, die Gegenstand der neu verhandelten Bedingungen sind (siehe IFRS 7.36(d))				
467.	IFRS	7.B5	• Gemäß IAS 1.122 muss das Unternehmen außerdem in der zusammenfassenden Darstellung der maßgeblichen Rechnungslegungsmethoden oder in den sonstigen Erläuterungen die Ermessensausübung des Managements bei der Anwendung der Rechnungslegungsmethoden – mit Ausnahme solcher, bei denen Schätzungen verwendet werden – angeben, die die Beträge im Abschluss am meisten beeinflussen				
k) Bilanzierung von Sicherungsgeschäften							
	IFRS	7.22	Ein Unternehmen hat getrennt für jede Art der in IAS 39 beschrieben Sicherungsbeziehungen (d.h. Absicherung des beizulegenden Zeitwerts, Absicherung von Zahlungsströmen und Absicherung einer Nettoinvestition in einen ausländischen Geschäftsbetrieb) Folgendes anzugeben:				
468.	IFRS	7.22 (a)	• Beschreibung der einzelnen Arten von Sicherungsbeziehung				
469.	IFRS	7.22 (b)	• Beschreibung der Finanzinstrumente, die zum Berichtsstichtag als Sicherungsinstrumente eingesetzt wurden, sowie ihre beizulegenden Zeitwerte; und				
470.	IFRS	7.22 (c)	• Art der zu abgesicherten Risiken				
	IFRS	7.23	Für Absicherungen von Zahlungsströmen hat ein Unternehmen fogende Angaben zu machen:				
471.	IFRS	7.23 (a)	• die Periode, in denen die Zahlungsströme voraussichtlich eintreten werden und in denen sie sich voraussichtlich auf das Periodenergebnis auswirken werden				
472.	IFRS	7.23 (b)	• eine Beschreibung aller erwarteten künftigen Transaktion, die zuvor wie Sicherungsgeschäfte bilanziert wurden, deren Eintritt jedoch nicht mehr erwartet wird				
473.	IFRS	7.23 (c)	• Betrag, der während der Periode im sonstigen Ergebnis erfasst wurde				
474.	IFRS	7.23 (d)	• Betrag, der vom Eigenkapital ins Periodenergebnis umgegliedert wurde, wobei der Betrag, der in jedem Posten der Gesamtergebnisrechnung enthalten ist, gezeigt wird, und				

\<big\>Checkliste für die Aufstellung / Prüfung des Anhangs nach IFRS (Notes)\</big\>							
0	1	2	3	4	5	6	7
Lfd. Nr.	IAS/ IFRS/ SIC/ IFRIC/ HGB	Nr./Tz. des IAS/IFRS/ bzw. SIC/ IFRIC/HGB	Anhangangabe (Notes)	ent- halten	nicht enthalten (nicht relevant)	nicht enthalten (unwesent- lich)	Bemerkungen/ Referenzen zu Arbeits- papieren
475.	IFRS	7.23 (e)	• Betrag, der während der Berichtsperiode aus dem Eigenkapital entfernt und in die erstmaligen Anschaffungskosten oder einen Buchwert eines nicht finanziellen Ver- mögenswerts oder einer nicht finanziellen Verbindlichkeit einbezogen wurde, desssen Erwerb bzw. deren Eingehen eine abge- sicherte vorhergesehene Transaktion mit höchster Eintrittswahrscheinlickeit war				
	IFRS	7.24	Folgende gesonderte Angaben sind erforderlich:				
	IFRS	7.24 (a)	• bei der Absicherung des beizulegenden Zeitwerts Gewinne oder Verluste:				
476.	IFRS	7.24 (a) (i)	→ aus dem Sicherungsinstrument; und				
477.	IFRS	7.24 (a) (ii)	→ aus dem gesicherten Grundgeschäft, soweit sie dem abgesicherten Risiko zuzuordnen sind;				
478.	IFRS	7.24 (b)	• der im Periodenergebnis erasste unwirksame Teil der Absicherung von Zahlungsströmen; und				
479.	IFRS	7.24 (c)	• der im Periodenergebnis erfasste unwirk- same Teil der Absicherung der Nettoinves- titionen in ausländische Geschäftsbetriebe				
l) Beizulegender Zeitwert							
480.	IFRS	7.25	Sofern IFRS 7.29 nicht etwas anderes be- stimmt, hat ein Unternehmen für jede ein- zelne Klasse von finanziellen Vermögenswer- ten und Verbindlichkeiten (siehe IFRS 7.6) den beizulegenden Zeitwert so anzugeben, dass ein Vergleich mit den entsprechenden Buchwerten möglich ist				
481.	IFRS	7.26	Bei der Angabe der beizulegenden Zeitwerte sind die finanziellen Vermögenswerte und finanziellen Verbindlichkeiten in Klassen einzuteilen; wobei eine Saldierung zwischen den einzelnen Klassen nur insoweit zulässig ist, wie die zugehörigen Buchwerte in der Bilanz saldiert sind				
482.	IFRS	7.27	Ein Unternehmen hat für jede Klasse von Finanzinstrumenten anzugeben, nach welchen Methoden und – wenn Bewertungstechniken verwendet werden – unter welchen An- nahmen der beizulegende Zeitwert der einzelnen Klassen von finanziellen Ver- mögenswerten oder finanziellen Verbind- lichkeiten bestimmt wurde. So hat das Unternehmen gegebenenfalls anzugeben, von welchen Annahmen es in Bezug auf Vorfälligkeitsraten, geschätzte Kreditausfall- quoten sowie Zins- und Abzinsungssätze ausgegangen ist. Wurde die Bewertungs- technik geändert, hat das Unternehmen dies ebenfalls anzugeben und die Änderung zu begründen				

| \multicolumn{8}{c}{**Checkliste für die Aufstellung / Prüfung des Anhangs nach IFRS (Notes)**} |
0	1	2	3	4	5	6	7
Lfd. Nr.	IAS/ IFRS/ SIC/ IFRIC/ HGB	Nr./Tz. des IAS/IFRS/ bzw. SIC/ IFRIC/HGB	Anhangangabe (Notes)	ent- halten	nicht enthalten (nicht relevant)	nicht enthalten (unwesent- lich)	Bemerkungen/ Referenzen zu Arbeits- papieren
	IFRS	7.27A	Für die Zwecke der in Paragraph 27B geforderten Angaben hat ein Unternehmen bei seinen Bewertungen zum beizulegenden Zeitwert eine hierarchische Einstufung vorzunehmen, die der Erheblichkeit der in die Bewertungen einfließenden Faktoren Rechnung trägt. Diese umfasst drei Stufen:				
483.	IFRS	7.27A (a)	• die auf aktiven Märkten für identische Vermögenswerte oder Verbindlichkeiten notierten (unverändert übernommenen) Preise (Stufe 1),				
484.	IFRS	7.27A (b)	• Inputfaktoren, bei denen es sich nicht um die auf Stufe 1 berücksichtigten notierten Preise handelt, die sich aber für den Vermögenswert oder die Verbindlichkeit entweder direkt (d.h. als Preis) oder indirekt (d.h. in Ableitung von Preisen) beobachten lassen (Stufe 2) und				
485.	IFRS	7.27A (c)	• nicht auf beobachtbaren Marktdaten basierende Faktoren für die Bewertung des Vermögenswerts oder der Verbindlichkeit (nicht beobachtbare Inputfaktoren) (Stufe 3)				
486.	IFRS	7.27A	Auf welcher Ebene die Bewertung zum beizulegenden Zeitwert insgesamt eingestuft wird, bestimmt sich nach der niedrigsten Stufe, deren Input für die Bewertung als Ganzes erheblich ist. Die Erheblichkeit eines Inputfaktors wird anhand der Gesamtbewertung beurteilt. Werden bei einer Bewertung zum beizulegenden Zeitwert beobachtbare Inputfaktoren verwendet, die auf der Grundlage nicht beobachtbarer Inputfaktoren erheblich angepasst werden müssen, handelt es sich um eine Bewertung der Stufe 3. Um die Erheblichkeit eines bestimmten Inputfaktors für die Bewertung als Ganzes beurteilen zu können, muss den für den Vermögenswert oder die Verbindlichkeit charakteristischen Faktoren Rechnung getragen werden				
	IFRS	7.27B	Werden Finanzinstrumente in der Bilanz zum beizulegenden Zeitwert bewertet, hat das Unternehmen für jede Klasse von Finanzinstrumenten Folgendes anzugeben (die in diesem Paragraphen vorgeschriebenen quantitativen Angaben sind von den Unternehmen in Tabellenform vorzulegen, es sei denn, ein anderes Format ist zweckmäßiger):				
487.	IFRS	7.27B (a)	• die Stufe, auf der die Bewertungen zum beizulegenden Zeitwert insgesamt eingestuft werden, wobei die Bewertungen nach den in Paragraph 27A festgelegten Stufen aufzuschlüsseln sind				
488.	IFRS	7.27B (b)	• jede erhebliche Umgliederung zwischen Stufe 1 und Stufe 2 einschließlich der Gründe für die Umgliederung. Umgliederungen in die einzelnen Stufen sind gesondert von den Umgliederungen aus den einzelnen Stufen anzugeben und zu erläutern. Ob eine Umgliederung erheblich ist, wird zu diesem Zweck anhand des Gewinns oder Verlusts und der Summe der Vermögenswerte oder Verbindlichkeiten beurteilt				

Checkliste für die Aufstellung / Prüfung des Anhangs nach IFRS (Notes)

0	1	2	3	4	5	6	7
Lfd. Nr.	IAS/ IFRS/ SIC/ IFRIC/ HGB	Nr./Tz. des IAS/IFRS/ bzw. SIC/ IFRIC/HGB	Anhangangabe (Notes)	ent- halten	nicht enthalten (nicht relevant)	nicht enthalten (unwesent- lich)	Bemerkungen/ Referenzen zu Arbeits- papieren
	IFRS	7.27B (c)	• bei Bewertungen der Stufe 3 eine Überleitungsrechnung von den Eröffnungs- zu den Schlussbilanzen, wobei in der Periode eingetretene Veränderungen gesondert angegeben werden müssen, wenn sie auf einen der folgenden Faktoren zurückzuführen sind:				
489.	IFRS	7.27B (c) (i)	→ auf die im Gewinn oder Verlust erfasste Summe der Gewinne oder Verluste samt einer Beschreibung, an welcher Stelle der Gesamtergebnisrechnung oder (falls vorgelegt) der separaten Gewinn- und Verlustrechnung sie ausgewiesen sind,				
490.	IFRS	7.27B (c) (ii)	→ auf die im sonstigen Ergebnis erfasste Summe der Gewinne oder Verluste,				
491.	IFRS	7.27B (c) (iii)	→ auf Käufe, Verkäufe, Emissionen und Erfüllungen (wobei jede Bewegung gesondert anzugeben ist), und				
492.	IFRS	7.27B (c) (iv)	→ auf Umgliederungen in oder aus Stufe 3 (z.B. Umgliederungen, die auf Veränderungen bei der Beobachtbarkeit von Marktdaten zurückzuführen sind) samt der Gründe für diese Umgliederungen. Erreichen diese einen erheblichen Umfang, sind die Umgliederungen in die Stufe 3 gesondert von den Umgliederungen aus der Stufe 3 anzugeben und zu erörtern				
493.	IFRS	7.27B (d)	• für die unter IFRS 7.27Bc)i) genannte Periode die Summe der im Gewinn oder Verlust erfassten Gewinne oder Verluste, die auf Gewinne oder Verluste bei diesen am Ende der Berichtsperiode gehaltenen Vermögenswerten und Verbindlichkeiten zurückzuführen sind, samt einer Beschreibung, an welcher Stelle der Gesamtergebnisrechnung oder der separaten GuV (falls vorgelegt) sie ausgewiesen sind				
494.	IFRS	7.27B (e)	• würde sich bei einer Bewertung auf Stufe 3 der beizulegende Zeitwert erheblich ändern, wenn einer oder mehrere der Inputfaktoren durch plausible alternative Annahmen ersetzt würden, hat das Unternehmen dies anzugeben und die Auswirkungen dieser Änderungen offen zu legen. Das Unternehmen hat ferner anzugeben, wie es die Auswirkungen der durch die Umstellung auf plausible Alternativannahmen bedingten Änderungen berechnet hat. Wie erheblich diese Auswirkungen sind, ist mit Blick auf den Gewinn oder Verlust und die Summe der Vermögenswerte oder Verbindlichkeiten bzw. - wenn die Änderungen des beizulegenden Zeitwerts im sonstigen Ergebnis ausgewiesen werden, mit Blick auf die Summe des Eigenkapitals zu beurteilen				

Checkliste für die Aufstellung / Prüfung des Anhangs nach IFRS (Notes)

0	1	2	3	4	5	6	7
Lfd. Nr.	IAS/ IFRS/ SIC/ IFRIC/ HGB	Nr./Tz. des IAS/IFRS/ bzw. SIC/ IFRIC/HGB	Anhangangabe (Notes)	ent- halten	nicht enthalten (nicht relevant)	nicht enthalten (unwesent- lich)	Bemerkungen/ Referenzen zu Arbeits- papieren
	IFRS	7.28	Wenn für ein Finanzinstrument kein aktiver Markt besteht, bestimmt ein Unternehmen den beizulegenden Zeitwert anhand eines Bewertungsverfahrens (vgl. IAS 39.A74-A79). Den besten Hinweis auf den beizulegenden Zeitwert liefert beim erstmaligen Ansatz der Transaktionspreis (d.h. der beizulegende Zeitwert des gezahlten oder vereinnahmten Entgelts), es sei denn, die Bedingungen von IAS 39.AG76 sind erfüllt. Daraus folgt, dass es eine Differenz zwischen dem beizulegenden Zeitwert beim erstmaligen Ansatz und dem Betrag geben könnte, der zu diesem Zeitpunkt unter Verwendung eines Bewertungsverfahrens bestimmt werden würde. Wenn eine solche Differenz besteht, hat ein Unternehmen für jede Klasse von Finanzinstrumenten die folgenden Angaben zu machen:				
495.	IFRS	7.28 (a)	• seine Rechnungslegungsmethoden zur Erfassung dieser Differenz im Perioden- ergebnis, um eine Veränderung der Faktoren (einschließlich des Zeitfaktors) wider- zuspiegeln, die Marktteilnehmer bei einer Preisfestlegung beachten würden (siehe IAS 39.A76A); und				
496.	IFRS	7.28 (b)	• die Summe der im Periodenergebnis noch zu erfassenden Differenzen zu Beginn und am Ende der Berichtsperiode und eine Über- leitung der Änderungen dieser Differenz				
	IFRS	7.29	Angaben über den beizulegenden Zeitwert werden nicht verlangt:				
497.	IFRS	7.29 (a)	• wenn der Buchwert einen angemessenen Nährungswert für den beizulegenden Zeit- wert darstellt, z.B. bei Finanzinstrumenten wie kurzfristigen Forderungen und Verbind- lichkeiten aus Lieferungen und Leistungen				
498.	IFRS	7.29 (b)	• bei einer Finanzinvestition in Eigenkapital- instrumente, die keinen notierten Marktpreis in einem aktiven Markt haben oder mit die- sen verknüpfte Derivate, die gem. IAS 39 zu den Anschaffungskosten bewertet werden, da ihr beizulegender Zeitwert nicht verlässlich bestimmt werden kann; oder				
499.	IFRS	7.29 (c)	• wenn bei einem Vertrag mit einer ermessensabhängigen Überschuss- beteiligung (wie in IFRS 4 beschrieben) deren beizulegender Zeitwert nicht verlässlich bestimmt werden kann				
	IFRS	7.30	In den in IFRS 7.29 (b) und (c) beschriebenen Fällen hat ein Unternehmen folgende Angaben zu machen, um Abschlussadressaten zu helfen, sich selbst ein Urteil über das Ausmaß der mög- lichen Differenzen zwischen dem Buchwert und dem beizulegenden Zeitwert dieser finanziellen Vermögenswerte oder Verbindlichkeiten zu bilden:				
500.	IFRS	7.30 (a)	• die Tatsache, dass für diese Finanzinstru- mente keine Angaben zum beizulegenden Zeitwert gemacht wurden, da er nicht ver- lässlich bestimmt werden kann				
501.	IFRS	7.30 (b)	• eine Beschreibung der Finanzinstrumente, ihres Buchwerts und eine Erklärung, warum der beizulegende Zeitwert nicht verlässlich bestimmt werden kann				
502.	IFRS	7.30 (c)	• Informationen über den Markt für diese Finanzinstrumente				

Checkliste für die Aufstellung / Prüfung des Anhangs nach IFRS (Notes)

0	1	2	3	4	5	6	7
Lfd. Nr.	IAS/ IFRS/ SIC/ IFRIC/ HGB	Nr./Tz. des IAS/IFRS/ bzw. SIC/ IFRIC/HGB	Anhangangabe (Notes)	ent-halten	nicht enthalten (nicht relevant)	nicht enthalten (unwesent-lich)	Bemerkungen/ Referenzen zu Arbeits-papieren
503.	IFRS	7.30 (d)	• Informationen darüber, ob und auf welche Weise das Unternehmen beabsichtigt, diese Finanzinstrumente zu veräußern; und				
504.	IFRS	7.30 (e)	• die Tatsache, dass Finanzinstrumente, deren beizulegender Zeitwert früher nicht verlässlich bestimmt werden konnte, ausgebucht werden, sowie deren Buchwert zum Zeitpunkt der Ausbuchung und den Betrag des erfassten Gewinns oder Verlusts				
	m) Art und Ausmaß von Risiken, die sich aus Finanzinstrumenten ergeben						
505.	IFRS	7.31	Ein Unternehmen hat seine Angaben so zu gestalten, dass die Abschlussadressaten Art und Ausmaß der mit Finanzinstrumenten verbundenen Risiken, denen das Unternehmen zum Berichtsstichtag ausgesetzt ist, beurteilen können				
506.	IFRS	7.B6	Die in den IFRS 7.31-34 geforderten Angaben sind entweder im Abschluss oder mittels eines Querverweises vom Abschluss zu einer anderen Verlautbarung zu machen, wie beispielsweise einem Lage- oder Risikobericht, der den Abschlussadressaten zu denselben Bedingungen und zur selben Zeit wie der Abschluss zugänglich ist. Ohne diese anhand eines Querverweises eingebrachten Informationen ist der Abschluss unvollständig				
507.	IFRS	7.32	Die in IFRS 7.33-42 geforderten Angaben sind auf Risiken aus Finanzinstrumenten gerichtet und darauf, wie diese gesteuert werden. Zu den Risiken gehören u.a. Ausfallrisiken, Liquiditätsrisiken und Marktrisiken				
508.	IFRS	7.32A	Werden quantitative Angaben durch qualitative Angaben ergänzt, können die Abschlussadressaten eine Verbindung zwischen zusammenhängenden Angaben herstellen und sich so ein Gesamtbild von Art und Ausmaß der aus Finanzinstrumenten resultierenden Risiken machen. Das Zusammenwirken aus qualitativen und quantitativen Angaben trägt dazu bei, dass die Adressaten die Risiken, denen das Unternehmen ausgesetzt ist, besser einschätzen können				
	IFRS	7.33	Für jede Risikoart in Verbindung mit Finanzinstrumenten hat ein Unternehmen folgende Angaben zu machen:				
509.	IFRS	7.33 (a)	• Umfang und Ursache der Risiken				
510.	IFRS	7.33 (b)	• seine Ziele, Methoden und Prozesse zur Steuerung dieser Risiken und die zur Bewertung der Risiken eingesetzten Methoden; und				
511.	IFRS	7.33 (c)	• etwaige Änderungen in IFRS 7.33 (a) oder (b) gegenüber der vorhergehenden Periode				

Checkliste für die Aufstellung / Prüfung des Anhangs nach IFRS (Notes)

0	1	2	3	4	5	6	7
Lfd. Nr.	IAS/ IFRS/ SIC/ IFRIC/ HGB	Nr./Tz. des IAS/IFRS/ bzw. SIC/ IFRIC/HGB	Anhangangabe (Notes)	ent- halten	nicht enthalten (nicht relevant)	nicht enthalten (unwesent- lich)	Bemerkungen/ Referenzen zu Arbeits- papieren
	IFRS	7.34	Für jede Risikoart in Verbindung mit Finanzinstrumenten hat ein Unternehmen folgende Angaben zu machen:				
512.	IFRS	7.34 (a)	• zusammengefasste quantitative Daten bezüglich des jeweiligen Risikos, dem es am Ende der Berichtsperiode ausgesetzt ist; Diese Angaben beruhen auf den Informationen, die Personen in Schlüsselpositionen (Definition siehe IAS 24 *Angaben über Beziehungen zu nahe stehenden Unternehmen und Personen*), wie dem Geschäftsführungs- und/oder Aufsichtsorgan des Unternehmens oder dessen Vorsitzenden, intern erteilt werden				
513.	IFRS	7.B7	IFRS 7.34 (a) verlangt die Angabe von zu- sammengefassten quantitativen Daten über die Risiken, denen ein Unternehmen aus- gesetzt ist, die auf den internen Personen in Schlüsselpositionen des Unternehmens erteilten Informationen beruhen. Wenn ein Unternehmen verschiedene Methoden zur Risikosteuerung einsetzt, hat es die Angaben zu machen, die es durch die Methode(n), die die relevantesten und verlässlichsten Informationen liefern, erhalten hat. In IAS 8 werden Relevanz und Zuverlässigkeit erörtert				
514.	IFRS	7.34 (b)	• die in den Paragraphen 36-42 vorgeschriebenen Angaben, soweit sie nicht bereits unter a gemacht werden				
515.	IFRS	7.34 (c)	• Risikokonzentrationen, sofern sie nicht aus den gemäß a und b gemachten Angaben hervorgehen				
516.	IFRS	7.B8	IFRS 7.34 (c) verlangt Angaben über Risiko- konzentrationen. Risikokonzentrationen entstehen bei Finanzinstrumenten mit ähn- lichen Merkmalen, die ähnlich auf wirtschaft- liche und sonstige Änderungen reagieren. Die Identifizierung von Risikokonzentratio- nen verlangt eine Ermessensausübung, bei der die individuellen Umstände des Unterneh- mens berücksichtigt werden. Die Angaben über Risikokonzentrationen umfassen a) eine Beschreibung über die Art und Weise, wie das Management die Konzentrationen ermit- telt; b) eine Beschreibung des gemeinsamen Merkmals, das für jedes Risikobündel charak- teristisch ist (z.B. Vertragspartner, geografi- sches Gebiet, Währung oder Markt); und c) den Gesamtbetrag der Risikoposition aller Finanzinstrumente, die diese gemeinsamen Merkmale aufweisen				

Checkliste für die Aufstellung / Prüfung des Anhangs nach IFRS (Notes)							
0	1	2	3	4	5	6	7
Lfd. Nr.	IAS/ IFRS/ SIC/ IFRIC/ HGB	Nr./Tz. des IAS/IFRS/ bzw. SIC/ IFRIC/HGB	Anhangangabe (Notes)	ent- halten	nicht enthalten (nicht relevant)	nicht enthalten (unwesent- lich)	Bemerkungen/ Referenzen zu Arbeits- papieren
517.	IFRS	7.35	Sind die zum Berichtsstichtag angegebenen quantitativen Daten für die Risiken, denen ein Unternehmen während der Periode ausgesetzt war, nicht repräsentativ, so sind zusätzliche repräsentative Angaben zu machen				
518.	IFRS	7.B10A	Nach Paragraph 34 Buchstabe a muss ein Unternehmen zusammengefasste quantitative Daten über den Umfang seines Liquiditäts- risikos vorlegen und sich dabei auf die intern an Personen in Schlüsselpositionen erteilten Informationen stützen. Das Unternehmen hat ebenfalls darzulegen, wie diese Daten ermittelt werden. Könnten die darin ent- haltenen Abflüsse von Zahlungsmitteln (oder anderen finanziellen Vermögenswerten) entweder (a) erheblich früher eintreten als angegeben, oder (b) in ihrer Höhe erheblich abweichen (z.B. bei einem Derivat, für das von einem Nettoausgleich ausgegangen wird, die Gegenpartei aber einen Bruttoausgleich verlangen kann), quantitative Angaben vorzulegen, die es den Abschlussadressaten ermöglichen, den Umfang des damit ver- bundenen Risikos einzuschätzen. Sollten diese Angaben bereits in den in Paragraph 39 Buchstaben a oder b vorgeschriebenen Fälligkeitsanalysen enthalten sein, ist das Unternehmen von dieser Angabe befreit				
n) Ausfallrisiko							
	IFRS	7.36	Ein Unternehmen hat für jede Klasse von Finanzinstrumenten folgende Angaben zu machen:			
519.	IFRS	7.36 (a)	• den Betrag, der das maximale Ausfallrisiko, dem das Unternehmen am Ende der Berichtsperiode ausgesetzt ist, am besten darstellt, wobei gehaltene Sicherheiten oder andere Kreditbesicherungen nicht berücksichtigt werden (z.B. Auf- rechnungsvereinbarungen, die nicht die Saldierungskriterien gemäß IAS 32 erfüllen); für Finanzinstrumente, deren Buchwert das maximale Ausfallrisiko am besten darstellt, ist diese Angabe nicht vorgeschrieben				
520.	IFRS	7.36 (b)	• in Bezug auf den Betrag, der das maxi- male Ausfallrisiko am besten darstellt (unabhängig davon, ob er gemäß Buchstabe a angegeben oder vom Buchwert eines Finanzinstruments dargestellt wird), eine Beschreibung des als Sicherheit gehaltenen Sicherungsgegenstandes und anderer Kreditbesicherungen (z.B. Quantifizierung des Umfangs, in dem Sicherheiten und andere Kreditbesicherungen das Ausfallrisiko vermindern)				

Checkliste für die Aufstellung / Prüfung des Anhangs nach IFRS (Notes)

0	1	2	3	4	5	6	7
Lfd. Nr.	IAS/ IFRS/ SIC/ IFRIC/ HGB	Nr./Tz. des IAS/IFRS/ bzw. SIC/ IFRIC/HGB	Anhangangabe (Notes)	ent- halten	nicht enthalten (nicht relevant)	nicht enthalten (unwesent- lich)	Bemerkungen/ Referenzen zu Arbeits- papieren
521.	IFRS	7.36 (c)	• Informationen über die Werthaltigkeit der finanziellen Vermögenswerte, die weder überfällig noch wertgemindert sind				
o) Finanzielle Vermögenswerte, die entweder überfällig oder wertgemindert sind							
	IFRS	7.37	Ein Unternehmen hat für jede Klasse von finanziellen Vermögenswerten folgende Angaben zu machen:				
522.	IFRS	7.37 (a)	• eine Analyse des Alters der finanziellen Vermögenswerte, die zum Ende der Berichtsperiode überfällig, aber nicht wertgemindert sind und				
523.	IFRS	7.37 (b)	• eine Analyse der finanziellen Vermögens- werte, für die zum Ende der Berichts- periode einzeln eine Wertminderung festgestellt wurde, einschließlich der Faktoren, die das Unternehmen bei der Feststellung der Wertminderung berücksichtigt hat				
p) Sicherheiten und andere erhaltene Kreditbesicherungen							
	IFRS	7.38	Wenn ein Unternehmen in der Berichtsperiode durch Inbesitznahme von Sicherheiten, die es in Form von Sicherungsgegenständen hält, oder durch Inanspruchnahme anderer Kreditbesicherungen (wie Garantien) finanzielle und nicht-finanzielle Vermögenswerte erhält, und diese den Ansatz- kriterien in anderen Standards entsprechen, so hat das Unternehmen Folgendes anzugeben:				
524.	IFRS	7.38 (a)	• Art und Buchwert der erhaltenen Ver- mögenswerte; und				
525.	IFRS	7.38 (b)	• für den Fall, dass die Vermögenswerte nicht leicht liquidierbar sind, seine Methode, um derartige Vermögenswerte zu veräußern oder sie in seinem Geschäftsbetrieb einzu- setzen				
q) Liquiditätsrisiko							
	IFRS	7.39	Ein Unternehmen hat Folgendes vorzulegen:				
526.	IFRS	7.39 (a)	• eine Fälligkeitsanalyse für nicht derivative finanzielle Verbindlichkeiten (einschließ- lich bereits zugesagter finanzieller Garantien), die die verbleibenden vertraglichen Restlaufzeiten darstellt				
527.	IFRS	7.39 (b)	• eine Fälligkeitsanalyse für derivative finanzielle Verbindlichkeiten. Bei derivativen finanziellen Verbindlichkeiten, bei denen die vertraglichen Restlaufzeiten für das Verständnis des für die Cashflows festgelegten Zeitbands (siehe Paragraph B11b) wesentlich sind, muss diese Fälligkeitsanalyse die verbleibenden vertraglichen Restlaufzeiten darstellen				
528.	IFRS	7.39 (c)	• eine Beschreibung, wie das mit a) und b) verbundene Liquiditätsrisiko gesteuert wird				

Lfd. Nr.	IAS/ IFRS/ SIC/ IFRIC/ HGB	Nr./Tz. des IAS/IFRS/ bzw. SIC/ IFRIC/HGB	Anhangangabe (Notes)	ent- halten	nicht enthalten (nicht relevant)	nicht enthalten (unwesent- lich)	Bemerkungen/ Referenzen zu Arbeits- papieren
0	1	2	3	4	5	6	7
	IFRS	7.B11	Bei Erstellung der in IFRS 7.39 a) und b) vorgeschriebenen Fälligkeitsanalysen bestimmt ein Unternehmen nach eigenem Ermessen eine angemessene Zahl von Zeitbändern. So könnte es beispielsweise die folgenden Zeitbänder als für seine Belange angemessen festlegen:				
529.	IFRS	7.B11 (a)	• bis zu einem Monat,				
530.	IFRS	7.B11 (b)	• länger als ein Monat und bis zu drei Monaten,				
531.	IFRS	7.B11 (c)	• länger als drei Monate und bis zu einem Jahr und				
532.	IFRS	7.B11 (d)	• länger als ein Jahr und bis zu fünf Jahren				
533.	IFRS	7.B11A	Bei der Erfüllung der in IFRS 7.39 a) und b) genannten Anforderungen darf ein Unternehmen Derivate, die in hybride (strukturierte) Finanzinstrumente eingebettet sind, nicht von diesen trennen. Bei solchen Instrumenten hat das Unternehmen IFRS 7.39 a) anzuwenden				
	IFRS	7.B11B	Nach IFRS 7.39b) muss ein Unternehmen für derivative finanzielle Verbindlichkeiten eine quantitative Fälligkeitsanalyse vorlegen, aus der die vertraglichen Restlaufzeiten ersichtlich sind, wenn diese Restlaufzeiten für das Verständnis des für die Cashflows festgelegten Zeitbands wesentlich sind. Dies wäre beispielsweise der Fall bei:				
534.	IFRS	7.B11B (a)	• einem Zinsswap mit fünfjähriger Restlaufzeit, der der Absicherung der Zahlungsströme bei einem finanziellen Vermögenswert oder einer finanziellen Verbindlichkeit mit variablem Zinssatz dient				
535.	IFRS	7.B11B (b)	• Kreditzusagen jeder Art				
	IFRS	7.B11C	Nach IFRS 7.39 a) und b) muss ein Unternehmen Fälligkeitsanalysen vorlegen, aus denen die vertraglichen Restlaufzeiten bestimmter finanzieller Verbindlichkeiten ersichtlich sind. Hierfür gilt Folgendes:				
536.	IFRS	7.B11C (a)	• Kann eine Gegenpartei wählen, zu welchem Zeitpunkt sie einen Betrag zahlt, wird die Verbindlichkeit dem Zeitband zu- geordnet, in dem das Unternehmen frühestens zur Zahlung aufgefordert werden kann. Dem frühesten Zeitband zuzuordnen sind beispielsweise finanzielle Verbind- lichkeiten, die ein Unternehmen auf Verlangen zurückzahlen muss (z.B. Sichteinlagen)				
537.	IFRS	7.B11C (b)	• Ist ein Unternehmen zur Leistung von Teilzahlungen verpflichtet, wird jede Teilzahlung dem Zeitband zuzuordnen, in dem das Unternehmen frühestens zur Zahlung aufgefordert werden kann. So ist eine nicht in Anspruch genommene Kreditzusage dem Zeitband zuzuordnen, in dem der frühestmögliche Zeitpunkt der Inanspruchnahme liegt				

			Checkliste für die Aufstellung / Prüfung des Anhangs nach IFRS (Notes)				
0	1	2	3	4	5	6	7
Lfd. Nr.	IAS/ IFRS/ SIC/ IFRIC/ HGB	Nr./Tz. des IAS/IFRS/ bzw. SIC/ IFRIC/HGB	Anhangangabe (Notes)	ent- halten	nicht enthalten (nicht relevant)	nicht enthalten (unwesent- lich)	Bemerkungen/ Referenzen zu Arbeits- papieren
538.	IFRS	7.B11C (c)	• Bei übernommenen Finanzgarantien ist der Garantiehöchstbetrag dem Zeitband zu- zuordnen, in dem die Garantie frühestens abgerufen werden kann				
	IFRS	7.B11D	Bei den in den Fälligkeitsanalysen gemäß IFRS 7.39a) und b) anzugebenden vertraglich festgelegten Beträgen handelt es sich um die nicht abgezinsten vertraglichen Cashflows, z.B. um				
539.	IFRS	7.B11D (a)	• Verpflichtungen aus Finanzierungsleasing auf Bruttobasis (vor Abzug der Finanzie- rungskosten),				
540.	IFRS	7.B11D (b)	• in Terminvereinbarungen genannte Preise zum Kauf finanzieller Vermögenswerte gegen Zahlungsmittel,				
541.	IFRS	7.B11D (c)	• Nettobetrag für einen Festzinsempfänger- Swap, für den Nettocashflows getauscht werden,				
542.	IFRS	7.B11D (d)	• vertraglich festgelegte, im Rahmen eines derivativen Finanzinstruments zu tauschende Beträge (z.B. ein Währungs- swap), für die Zahlungen auf Bruttobasis getauscht werden, und				
543.	IFRS	7.B11D (e)	• Kreditverpflichtungen auf Bruttobasis				
544.	IFRS	7.B11D	Derartige nicht abgezinste Cashflows weichen von dem in der Bilanz ausgewiesenen Betrag ab, da dieser auf abgezinsten Cashflows beruht. Ist der zu zahlende Betrag nicht festgelegt, wird die Betragsangabe nach Maßgabe der am Ende des Berichtszeitraums vorherrschenden Bedin- gungen bestimmt. Ist der zu zahlende Betrag beispielsweise an einen Index gekoppelt, kann bei der Betragsangabe der Indexstand am Ende der Periode zugrunde gelegt werden				
545.	IFRS	7.B11E	Nach IFRS 7.39 c) muss ein Unternehmen darlegen, wie es das mit den quantitativen Angaben gemäß IFRS7.39 a) und b) ver- bundene Liquiditätsrisiko steuert. Für finanzielle Vermögenswerte, die zur Steuerung des Liquiditätsrisikos gehalten werden (wie Vermögenswerte, die sofort veräußerbar sind oder von denen erwartet wird, dass die mit ihnen verbundenen Mittelzuflüsse die durch finanzielle Ver- bindlichkeiten verursachten Mittelabflüsse ausgleichen), muss ein Unternehmen eine Fälligkeitsanalyse vorlegen, wenn diese für die Abschlussadressaten zur Bewertung von Art und Umfang des Liquiditätsrisikos erforderlich ist				
	IFRS	7.B11F	Bei den in IFRS 7.39 c) vorgeschriebenen Angaben könnte ein Unternehmen u.a. auch berücksichtigen, ob es				
546.	IFRS	7.B11F (a)	• zur Deckung seines Liquiditätsbedarfs auf zugesagte Kreditfazilitäten (wie Commercial Paper Programme) oder andere Kreditlinien (wie Standby Fazilitäten) zugreifen kann,				

			Checkliste für die Aufstellung / Prüfung des Anhangs nach IFRS (Notes)				
0	1	2	3	4	5	6	7
Lfd. Nr.	IAS/ IFRS/ SIC/ IFRIC/ HGB	Nr./Tz. des IAS/IFRS/ bzw. SIC/ IFRIC/HGB	Anhangangabe (Notes)	ent- halten	nicht enthalten (nicht relevant)	nicht enthalten (unwesent- lich)	Bemerkungen/ Referenzen zu Arbeits- papieren
547.	IFRS	7.B11F (b)	• zur Deckung seines Liquiditätsbedarfs über Einlagen bei Zentralbanken ver- fügt,				
548.	IFRS	7.B11F (c)	• über stark diversifizierte Finanzierungs- quellen verfügt,				
549.	IFRS	7.B11F (d)	• erhebliche Liquiditätsrisikokonzentrationen bei seinen Vermögenswerten oder Finanzie- rungsquellen aufweist,				
550.	IFRS	7.B11F (e)	• über interne Kontrollverfahren und Notfall- pläne zur Steuerung des Liquiditätsrisikos verfügt,				
551.	IFRS	7.B11F (f)	• über Instrumente verfügt, die (z.B. bei einer Herabstufung seiner Bonität) vorzeitig zurückgezahlt werden müssen,				
552.	IFRS	7.B11F (g)	• über Instrumente verfügt, die die Hinter- legung einer Sicherheit erfordern könnten (z.B. Nachschussaufforderung bei Derivaten),				
553.	IFRS	7.B11F (h)	• über Instrumente verfügt, bei denen das Unternehmen wählen kann, ob es seinen finanziellen Verbindlichkeiten durch die Lieferung von Zahlungsmittel (bzw. einem anderen finanziellen Vermögenswert) oder durch die Lieferung eigener Aktien nachkommt, oder				
554.	IFRS	7.B11F (i)	• über Instrumente verfügt, die einer Globalverrechnungsvereinbarung unterliegen				
r) Marktrisiko							
	IFRS	7.40	Sofern ein Unternehmen IFRS 7.41 nicht erfüllt, hat es folgende Angaben zu machen:				
555.	IFRS	7.40 (a)	• eine Sensitivitätsanalyse für jede Art von Marktrisiko, dem das Unternehmen zum Be- richtsstichtag ausgesetzt ist und aus der her- vorgeht, wie sich Änderungen der relevanten Risikoparameter, die zu diesem Zeitpunkt für möglich gehalten wurden, auf Perioden- ergebnis und Eigenkapital aus- gewirkt haben würden (vgl. dazu auch IFRS 7.B17-19)				
556.	IFRS	7.40 (b)	• die bei der Erstellung der Sensitivitäts- analyse verwendeten Methoden und Annah- men; und				
557.	IFRS	7.40 (c)	• Änderungen der verwendeten Methoden und Annahmen im Vergleich zur vorange- gangen Berichtsperiode sowie die Gründe für diese Änderungen				

Checkliste für die Aufstellung / Prüfung des Anhangs nach IFRS (Notes)

0	1	2	3	4	5	6	7
Lfd. Nr.	IAS/ IFRS/ SIC/ IFRIC/ HGB	Nr./Tz. des IAS/IFRS/ bzw. SIC/ IFRIC/HGB	Anhangangabe (Notes)	ent- halten	nicht enthalten (nicht relevant)	nicht enthalten (unwesent- lich)	Bemerkungen/ Referenzen zu Arbeits- papieren
	IFRS	7.41	Wenn ein Unternehmen eine Sensitivitätsanalyse, wie eine Value-at-Risk-Analyse, erstellt, die die gegenseitigen Abhängigkeiten zwischen den Riskoparametern (z.B. Zins- und den Währungs- risiken) widerspiegelt, und diese zur Steuerng der finanziellen Risiken benutzt, kann es diese Sensitivitätsanalyse anstelle der in IFRS.40 genannten Analyse verwenden, Weiterhin sind fol- gende Angaben zu machen(vgl. dazu auch IFRS 7.B20ff.):				
558.	IFRS	7.41 (a)	• eine Erklärung der für die Erstellung der Sensitivitätsanalyse verwendeten Methoden und der Hauptparameter und Annahmen, die der Analyse zugrunde liegen; sowie				
559.	IFRS	7.41 (b)	• Erläuterung der Ziele der verwendeten Methode und der Einschränkungen, die dazu führen können, dass die Informationen die beizulegenden Zeitwerte der betreffen- den Vermögenswerte und Verbindlichkeiten nicht vollständig widerspiegeln				
560.	IFRS	7.B21	Ein Unternehmen hat für alle Geschäftsfelder Sensitivitätsanalysen vorzulegen, kann aber für verschiedene Klassen von Finanzinstru- menten unterschiedliche Arten von Sensitivi- tätsanalysen vorsehen				
561.	IFRS	7.B24	Eine Sensitivitätsanalyse wird für jede Wäh- rung, deren Risiko ein Unternehmen beson- ders ausgesetzt ist, angegeben				
562.	IFRS	7.42	Wenn die unter IFRS 7.40 oder 41 ange- gebenen Sensitivitätsanalysen für das einem Finanzinstrument inhärente Risiko nicht repräsentativ sind (z.B. auf Grund der Tat- sache, dass die Exposition bis zum Jahres- ende nicht die Exposition während des Geschäftsjahres widerspiegelt), so hat das Unternehmen dies anzugeben sowie die Gründe dafür, weshalb es die Sensitivitäts- analysen für nicht repräsentativ hält				
	s) Rechte auf Anteile an Fonds für Entsorgung, Wiederherstellung und Umweltsanierung						
563.	IFRIC	5.11	Ein Teilnehmer hat die Art seines Anteils an einem Fonds sowie alle Zugriffsbeschrän- kungen zu den Vermögenswerten des Fonds anzugeben				
564.	IFRIC	5.12	Wenn ein Teilnehmer eine Verpflichtung hat, mögliche zusätzliche Beiträge zu leisten, die jedoch nicht als Schuld angesetzt sind (vgl. IFRIC 5.10), so hat er die in IAS 37.86 verlangten Angaben zu leisten				
565.	IFRIC	5.13	Bilanziert ein Teilnehmer seinen Anteil an dem Fonds gem. IFRIC 5.9, so hat er die in IAS 37.85 (c) verlangten Angaben zu leisten				

Checkliste für die Aufstellung / Prüfung des Anhangs nach IFRS (Notes)

0	1	2	3	4	5	6	7
Lfd. Nr.	IAS/ IFRS/ SIC/ IFRIC/ HGB	Nr./Tz. des IAS/IFRS/ bzw. SIC/ IFRIC/HGB	Anhangangabe (Notes)	ent- halten	nicht enthalten (nicht relevant)	nicht enthalten (unwesent- lich)	Bemerkungen/ Referenzen zu Arbeits- papieren

7. Vorräte

a) Allgemeine Angaben

566.	IAS	1.78 (c)	Vorräte werden in Übereinstimmung mit IAS 2 in Klassen wie etwa Handelswaren, Roh-, Hilfs- und Betriebsstoffe, unfertige Erzeugnisse und Fertigerzeugnisse ge- gliedert				
567.	IAS	2.36 (a)	Angewandte Bilanzierungs- und Bewertungs- methoden für Vorräte einschl. der Zuord- nungsverfahren (z.B. Fifo- oder Durch- schnittsmethode)				
568.	IAS	2.36 (b)	Gesamtbuchwert der Vorräte und die Buchwerte in einer unternehmensspezifischen Untergliederung (beachte hierzu IAS 2.37)				
569.	IAS	2.36 (c)	Buchwert der zum beizulegenden Zeitwert abzüglich Vertriebsaufwendungen angesetzten Vorräte				
570.	IAS	2.36 (d)	Betrag der Vorräte, die als Aufwand in der Berichtsperiode erfasst worden sind (beachte hierzu IAS 2.38f)				
571.	IAS	2.36 (e)	Betrag von Wertminderungen von Vorräten, die gem. IAS 2.34 in der Berichtsperiode als Aufwand erfasst worden sind				
572.	IAS	2.36 (f)	Betrag von vorgenommenen Wertaufholungen, die gem. IAS 2.34 als Verminderung des Materialaufwandes in der Berichtsperiode als Aufwand erfasst worden sind				
573.	IAS	2.36 (g)	Umstände oder Ereignisse, die zu der Wertaufholung der Vorräte gem. IAS 2.34 geführt haben				
574.	IAS	2.36 (h)	Buchwert der Vorräte, die als Sicherheit für Verbindlichkeiten verpfändet sind				
575.	IAS	2.39	Einige Unternehmen verwenden eine Glie- derung für die Gesamtergebnisrechnung, die dazu führt, dass mit Ausnahme von den Anschaffungs- und Herstellungskosten der Vorräte, die während der Berichtsperiode als Aufwand erfasst wurden, andere Beträge angegeben werden. In diesem Format stellt ein Unternehmen eine Aufwandsanalyse dar, die eine auf der Art der Aufwendungen beruhenden Gliederung zugrunde legt. In diesem Fall gibt das Unternehmen die als Aufwand erfassten Kosten für Rohstoffe und Verbrauchsgüter, Personalkosten und andere Kosten zusammen mit dem Betrag der Bestandsveränderungen des Vorratsver- mögens in der Berichtsperiode an				

Checkliste für die Aufstellung / Prüfung des Anhangs nach IFRS (Notes)							
0	1	2	3	4	5	6	7
Lfd. Nr.	IAS/ IFRS/ SIC/ IFRIC/ HGB	Nr./Tz. des IAS/IFRS/ bzw. SIC/ IFRIC/HGB	Anhangangabe (Notes)	ent-halten	nicht enthalten (nicht relevant)	nicht enthalten (unwesent-lich)	Bemerkungen/ Referenzen zu Arbeits-papieren
	b) Besondere Angaben bei Auftragsfertigung i.S.v. IAS 11						
576.	IAS	11.39 (a)	Die in der Berichtsperiode erfassten Auftragserlöse				
577.	IAS	11.39 (b)	Methoden zur Ermittlung der in der Berichtsperiode erfassten Auftragserlöse				
578.	IAS	11.39 (c)	Methoden zur Ermittlung des Fertigungs-grades laufender Projekte				
	IAS	11.40	Angaben für am Bilanzstichtag laufende Projekte:				
579.	IAS	11.40 (a)	• Summe der angefallenen Kosten und ausgewiesenen Gewinne (abzüglich etwaiger ausgewiesener Verluste)				
580.	IAS	11.40 (b)	• Betrag erhaltener Anzahlungen (= Beträge, die beim Auftragnehmer eingehen, bevor die dazugehörige Leistung erbracht ist)				
581.	IAS	11.40 (c)	• Betrag von Einbehalten (= Beträge für Teilabrechnungen, die erst bei Erfüllung von im Vertrag festgelegten Bedingungen oder bei erfolgreicher Fehlerbehebung bezahlt werden)				
582.	IAS	11.42 (a)	Fertigungsaufträge mit aktivischem Saldo gegenüber Kunden als Vermögenswert (vgl. hierzu IAS 11.43)				
583.	IAS	11.42 (b)	Fertigungsaufträge mit passivischem Saldo gegenüber Kunden als Schulden (vgl. hierzu IAS 11.44)				
584.	IAS	11.45	Gem. IAS 37 gibt das Unternehmen alle Eventualverbindlichkeiten und Eventual-forderungen an. Diese können bspw. aus Gewährleistungskosten, Nachforderungen, Vertragsstrafen oder möglichen Verlusten erwachsen				
	c) Besondere Angaben zu Verträgen über die Errichtung von Immobilien gem. IFRIC 15						
	IFRIC	15.20	Wenn ein Unternehmen bei Verträgen, bei denen im Laufe der Bauarbeiten kontinuierlich alle in IAS 18.14 genannten Kriterien erfüllt (siehe IFRIC 15.17), Umsätze gemäß der Methode der Gewinnrealisierung nach dem Fertigstellungsgrad erfasst, hat es folgende Angaben zu machen:				
585.	IFRIC	15.20 (a)	• Angaben darüber, wie es bestimmt, welche Verträge während der gesamten Bauarbei-ten alle in IAS 18.14 genannten Kriterien erfüllt				
586.	IFRIC	15.20 (b)	• Die Höhe der innerhalb der Periode mit diesen Verträgen erzielten Umsatzerlöse				
587.	IFRIC	15.20 (c)	• Die Methoden der Ermittlung des Grades der in Ausführung befindlichen Verträge				

Checkliste für die Aufstellung / Prüfung des Anhangs nach IFRS (Notes)							
0	1	2	3	4	5	6	7
Lfd. Nr.	IAS/ IFRS/ SIC/ IFRIC/ HGB	Nr./Tz. des IAS/IFRS/ bzw. SIC/ IFRIC/HGB	Anhangangabe (Notes)	ent-halten	nicht enthalten (nicht relevant)	nicht enthalten (unwesent-lich)	Bemerkungen/ Referenzen zu Arbeits-papieren
	IFRIC	15.21	Für die in IFRIC 15.20 beschriebenen Verträge, die sich zum Bilanzstichtag in Bearbeitung befinden, sind außerdem folgende Angaben zu machen:				
588.	IFRIC		• Die Summe der bis zum Stichtag angefallenen Kosten und ausgewiesenen Gewinne (abzüglich erfasster Verluste)				
589.	IFRIC		• Der Betrag der erhaltenen Anzahlungen				
III. Passiva							
1. Eigenkapital							
Beachte auch Angaben gem. IFRS 7 (vgl. E.II.6) sowie Angaben zum Eigenkapital-Veränderungsrechnung (vgl. H)							
a) allgemeine Angaben zum Eigenkapital							
590.	IAS	1.78 (e)	Das gezeichnete Kapital und die Rücklagen werden in verschiedene Gruppen, wie bei-spielsweise eingezahltes Kapital, Agio und Rücklagen gegliedert				
	IAS	1.79	Für jede Klasse von Anteilen sind folgende Angaben zu machen *(entweder in Bilanz, im Anhang oder in Eigenkapital-Veränderungsrechnung):*				
591.	IAS	1.79 (a) (i)	• Anzahl der genehmigten Anteile				
592.	IAS	1.79 (a) (ii)	• Anzahl der ausgegebenen und voll einge-zahlten Anteile und Anzahl der ausge-gebenen und nicht voll eingezahlten Anteile				
593.	IAS	1.79 (a) (iii)	• Nennwert der Anteile oder die Aussage, dass die Anteile keinen Nennwert haben				
594.	IAS	1.79 (a) (iv)	• Überleitungsrechnung der Anzahl der im Umlauf befindlichen Anteile am Anfang und am Ende der Periode				
595.	IAS	1.79 (a) (v)	• Rechte, Vorzugsrechte und Beschränkungen für die jeweilige Kategorie von Anteilen, einschl. Beschränkungen bei der Ausschüt-tung von Dividenden und der Rückzahlung des Kapitals				
596.	IAS	1.79 (a) (vi)	• Anteile an dem Unternehmen, die durch das Unternehmen selbst, seine Tochter-unternehmen oder assoziierte Unternehmen gehalten werden				
597.	IAS	1.79 (a) (vii)	• Anteile, die für die Ausgabe auf Grund von Optionen und Verkaufsverträgen vor-gehalten werden, unter Angabe der Modalitäten und Beträge				
598.	IAS	1.79 (b)	• Beschreibung von Art und Zweck jeder Rücklage innerhalb des Eigenkapitals				

Lfd. Nr.	IAS/ IFRS/ SIC/ IFRIC/ HGB	Nr./Tz. des IAS/IFRS/ bzw. SIC/ IFRIC/HGB	Anhangangabe (Notes)	ent- halten	nicht enthalten (nicht relevant)	nicht enthalten (unwesent- lich)	Bemerkungen/ Referenzen zu Arbeits- papieren
0	1	2	3	4	5	6	7

Checkliste für die Aufstellung / Prüfung des Anhangs nach IFRS (Notes)

Lfd. Nr.	IAS/ IFRS/ SIC/ IFRIC/ HGB	Nr./Tz.	Anhangangabe (Notes)	enth.	n.e. (n.r.)	n.e. (unw.)	Bem.
599.	IAS	1.80	Ein Unternehmen ohne gezeichnetes Kapital, wie etwa eine Personengesellschaft oder ein Treuhandfonds, hat Informationen anzugeben, die dem in IAS 1.76 (a) Geforderten gleichwertig sind und Bewegungen während der Periode in jeder Eigenkapital- kategorie sowie die Rechte, Vorzugsrechte und Beschränkungen jeder Eigenkapitalkategorie zu zeigen				
600.	IAS	1.80A	Hat ein Unternehmen (a) ein als Eigenkapital eingestuftes kündbares Finanzinstrument oder (b) ein als Eigenkapitalinstrument eingestuftes Instrument, das das Unternehmen dazu ver- pflichtet, einer anderen Partei im Falle der Liquidation einen proportionalen Anteil an seinem Nettovermögen zu liefern, zwischen finanziellen Verbindlichkeiten und Eigen- kapital umgegliedert, so hat es den in jeder Kategorien (d.h. bei den finanziellen Verbind- lichkeiten oder dem Eigenkapital) ein- bzw. ausgegliederten Betrag sowie den Zeitpunkt und die Gründe für die Umgliederung anzugeben				
	IAS	1.136A	Zu kündbaren Finanzinstrumenten, die als Eigenkapitalinstrumente eingestuft sind, hat ein Unter- nehmen folgende Angaben zu liefern (sofern diese nicht bereits an anderer Stelle zu finden sind):				
601.	IAS	1.136A (a)	• Zusammengefasste quantitativen Daten zu dem als Eigenkapital eingestuften Betrag				
602.	IAS	1.136A (b)	• Ziele, Methoden und Verfahren, mit deren Hilfe das Unternehmen seiner Verpflich- tung nachkommen will, die Instrumente zurückzukaufen oder zunehmen, wenn die Inhaber dies verlangen, einschließlich aller Änderungen gegenüber der vorangegan- genen Periode				
603.	IAS	1.136A (c)	• Der bei der Rücknahme oder Rückkauf dieser Klasse von Finanzinstrumenten erwartete Mittelabfluss				
604.	IAS	1.136A (d)	• Informationen darüber, wie der bei Rück- nahme oder Rückkauf erwartete Mittelab- fluss ermittelt wurde				
605.	IAS	1.137 (a)/10.13	• Dividendenzahlungen an die Anteilseigner des Unternehmens, die vorgeschlagen oder beschlossen wurden, bevor der Abschluss zur Veröffentlichung freigegeben wurde, die aber nicht als Verbindlichkeit im Ab- schluss bilanziert wurden, sowie den Betrag je Anteil				
606.	IAS	1.137 (b)	• Betrag der aufgelaufenen, noch nicht bilanzierten Vorzugsdividenden				

Checkliste für die Aufstellung / Prüfung des Anhangs nach IFRS (Notes)							
0	1	2	3	4	5	6	7
Lfd. Nr.	IAS/ IFRS/ SIC/ IFRIC/ HGB	Nr./Tz. des IAS/IFRS/ bzw. SIC/ IFRIC/HGB	Anhangangabe (Notes)	ent-halten	nicht enthalten (nicht relevant)	nicht enthalten (unwesent-lich)	Bemerkungen/ Referenzen zu Arbeits-papieren
607.	IAS	32.34	Der Betrag der gehaltenen eigenen Anteile ist gem. IAS 1 gesondert auszuweisen *(in Bilanz oder Anhang)*. Beim Rückerwerb eigener Eigenkapitalinstrumente von nahe stehenden Unternehmen und Personen sind die Angabepflichten gem. IAS 24 zu beachten				
608.	IAS	21.52 (b)	Saldo der Umrechnungsdifferenzen, der im sonstigen Ergebnis erfasst und in einem separaten Bestandteils des Eigenkapitals kumuliert wurde, und eine Überleitungsrechnung des Betrages solcher Umrechnungsdifferenzen zum Beginn und am Ende der Berichtsperiode				
609.	IAS	12.81 (a)	Getrennt anzugeben ist die Summe des Betrages tatsächlicher und latenter Steuern resultierend aus Posten, die direkt dem Eigenkapital belastet oder gutgeschrieben wurden				
610.	IAS	36.126 (c)	Höhe der Wertminderungsaufwendungen bei neu bewerteten Vermögenswerten, die während der Berichtsperiode im sonstigen Ergebnis erfasst wurden				
611.	IAS	36.126 (d)	Höhe der Wertaufholungen bei neu bewerteten Vermögenswerten, die während der Berichtsperiode im sonstigen Ergebnis erfasst wurden				
612.	IAS	32.39	Der Betrag der Transaktionskosten, der in der Periode als Abzug vom Eigenkapital bilanziert wurde, ist nach IAS 1 gesondert anzugeben. Die damit verbundenen Ertragsteuern, die direkt im Eigenkapital erfasst sind, sind in den Gesamtbetrag der dem Eigenkapital gutgeschriebenen oder belasteten tatsächlichen und latenten Ertragsteuern einzubeziehen, die gem. IAS 12 anzugeben sind				
b) Besondere Angaben zu Geschäftsanteilen an Genossenschaften und ähnlichen Instrumenten							
613.	IFRIC	2.13	Führt eine Änderung des Rücknahmeverbotes zu einer Umklassifizierung zwischen finanziellen Verbindlichkeiten und Eigenkapital, hat das Unternehmen den Betrag, den Zeitpunkt und den Grund für die Umklassifizierung gesondert anzugeben				

			Checkliste für die Aufstellung / Prüfung des Anhangs nach IFRS (Notes)				
0	1	2	3	4	5	6	7
Lfd. Nr.	IAS/ IFRS/ SIC/ IFRIC/ HGB	Nr./Tz. des IAS/IFRS/ bzw. SIC/ IFRIC/HGB	Anhangangabe (Notes)	ent- halten	nicht enthalten (nicht relevant)	nicht enthalten (unwesent- lich)	Bemerkungen/ Referenzen zu Arbeits- papieren
			c) Angaben zum Kapitalmanagement				
	IAS	1.134/135	Ein Unternehmen hat Angaben zu veröffentlichen, die den Adressaten seines Abschlusses eine Bewertung seiner Ziele, Methoden und Prozesse beim Kapitalmanagment ermöglichen. Hierzu sind insb. folgende Angaben zu machen, wobei sich die Angaben auf die Informationen stützen müssen, die den Mitgliedern der Geschäftsleitung intern vorgelegt werden:				
	IAS	1.135 (a)	qualitative Angaben zu seinen Zielen, Methoden und Prozessen beim Kapitalmanagement, wozu u.a. zählen:				
614.	IAS	1.135 (a) (i)	• eine Beschreibung dessen, was als Kapital gemanagt wird				
615.	IAS	1.135 (a) (ii)	• für den Fall, dass ein Unternehmen externen Mindestkapitalanforderungen unterliegt, die Art dieser Anforderungen und die Art und Weise, wie diese in das Kapitalmanagement einbezogen werden				
616.	IAS	1.135 (a) (iii)	• Angaben darüber, wie es seine Ziele für das Kapitalmanagement erfüllt				
617.	IAS	1.135 (b)	• zusammengefasste quantitative Angaben darüber, was als Kapital gemanagt wird. Einige Unternehmen sehen bestimmte finanzielle Verbindlichkeiten (wie bestimmte Formen nachrangiger Verbindlichkeiten) als Teil des Kapitals an. Für andere Unternehmen wiederum fallen bestimmte EK-Bestandteile (wie solche, die aus Absicherungen des Cash Flows resultieren) nicht unter das Kapital				
618.	IAS	1.135 (c)	• jede Veränderung, die gegenüber der vorangegangenen Berichtsperiode bei a) und b) eingetreten ist				
619.	IAS	1.135 (d)	• Angaben darüber, ob es in der Berichts- periode alle etwaigen externen Mindest- kapitalanforderungen erfüllt hat				
620.	IAS	1.135 (e)	• für den Fall, dass es solche externen Min- destkapitalanforderungen nicht erfüllt hat, die Konsequenzen dieser Nichterfüllung				
621.	IAS	1.136	Ein Unternehmen kann sein Kapitalmanage- ment auf unterschiedliche Weise gestalten und einer Reihe unterschiedlicher Mindestkapital- anforderungen unterliegen. So kann ein Kon- glomerat im Versicherungs- und im Bank- geschäft tätige Unternehmen umfassen und können diese Unternehmen ihrer Tätigkeit in verschiedenen Rechtsordnungen nachgehen. Würden zusammengefasste Angaben zu den Mindestkapitalanforderungen und zur Art und Weise des Kapitalmanagements keine zweck- dienlichen Informationen liefern oder dem Adressaten des Abschlusses ein verzerrtes Bild der Kapitalressourcen eines Unter- nehmens vermitteln, so hat das Unternehmen zu jeder Mindestkapitalanforderung, der es unterliegt, gesonderte Angaben zu machen				

Checkliste für die Aufstellung / Prüfung des Anhangs nach IFRS (Notes)							
0	1	2	3	4	5	6	7
Lfd. Nr.	IAS/ IFRS/ SIC/ IFRIC/ HGB	Nr./Tz. des IAS/IFRS/ bzw. SIC/ IFRIC/HGB	Anhangangabe (Notes)	ent- halten	nicht enthalten (nicht relevant)	nicht enthalten (unwesent- lich)	Bemerkungen/ Referenzen zu Arbeits- papieren
2. Leistungen an Arbeitnehmer gem. IAS 19							
a) Allgemeine Angaben							
622.	IAS	1.78 (d)	Rückstellungen werden in Rückstellungen für Personalaufwand und sonstige Rück- stellungen gegliedert				
623.	IAS	19.23	Obgleich IAS 19 keine besonderen Angaben zu kurzfristig fälligen Leistungen für Arbeit- nehmer vorschreibt, können solche Angaben nach Maßgabe anderer IFRS erforderlich sein. Z.B. sind nach IAS 24 Angaben zu Leistungen an Mitglieder der Geschäftsleitung zu machen. Nach IAS 1 sind die Leistungen an Arbeitnehmer anzugeben				
b) Leistungen nach Beendigung des Arbeitsverhältnisses (z.B. Renten, Lebensvers., medizinische Versorgung)							
Folgende Angaben sind zu gemeinschaftlichen Plänen mehrer Arbeitgeber zu machen:							
	IAS	19.30 (b)	Falls keine ausreichenden Informationen zur Verfügung stehen, um einen leistungsorientierten gemeinschaftlichen Plan mehrerer Arbeitgeber wie einen leistungsorientierten Plan zu bilanzieren (vgl. dazu IAS 19.31f.), ist im Abschluss anzugeben:				
624.	IAS	19.30 (b) (i)	• Tatsache, dass der Plan ein leistungs- orientierter Plan ist				
625.	IAS	19.30 (b) (ii)	• aus welchem Grund keine ausreichenden Informationen zur Verfügung stehen, um den Plan als leistungsorientierten Plan zu bilanzieren				
	IAS	19.30 (c)	Soweit eine Vermögensüber- oder -unterdeckung des Planes Auswirkungen auf die Höhe der künftigen Beitragszahlungen haben könnte, sind im Abschluss zusätzlich anzugeben:				
626.	IAS	19.30 (c) (i)	• alle verfügbaren Informationen über die Vermögensüber- oder -unterdeckung				
627.	IAS	19.30 (c) (ii)	• die zur Bestimmung der Vermögensüber- oder -unterdeckung verwendeten Grund- lagen				
628.	IAS	19.30 (c) (iii)	• etwaige Auswirkungen für das Unternehmen				
Folgende Angaben zu leistungsorientierten Plänen, die Risiken auf mehrere Unternehmen unter gemeinsamer Beherrschung verteilen, sind zu machen:							
	IAS	19.34B	Für jedes einzelne Unternehmen der Gruppe gehört die Teilnahme an einem solchen Plan zu Geschäftsvorfällen mit nahe stehenden Unternehmen und Personen. Daher hat ein Unternehmen in seinem separaten Einzelabschluss oder seinem Konzernabschluss folgende Angaben zu machen:				
629.	IAS	19.34B (a)	• vertragliche Vereinbarung oder ausgewie- sene Richtlinie hinsichtlich der Belastung der leistungsorientierten Nettokosten oder die Tatsache, dass es keine solche Richt- linie gibt				
630.	IAS	19.34B (b)	• Richtlinie für die Ermittlung des vom Unternehmen zu zahlenden Beitrags				

			Checkliste für die Aufstellung / Prüfung des Anhangs nach IFRS (Notes)				
0	1	2	3	4	5	6	7
Lfd. Nr.	IAS/ IFRS/ SIC/ IFRIC/ HGB	Nr./Tz. des IAS/IFRS/ bzw. SIC/ IFRIC/HGB	Anhangangabe (Notes)	ent- halten	nicht enthalten (nicht relevant)	nicht enthalten (unwesent- lich)	Bemerkungen/ Referenzen zu Arbeits- papieren
631.	IAS	19.34B (c)	• alle Informationen über den gesamten Plan in Übereinstimmung mit IAS 19.120-121, wenn das Unternehmen die nach IAS 19.34A verteilten leistungsorientierten Nettokosten bilanziert				
632.	IAS	19.34B (d)	• die gem. IAS 19.120A (b)-(e), (j), (n), (o), (q) und 121 erforderlichen Informationen über den gesamten Plan, wenn das Unter- nehmen den für die Berichtsperiode gem. IAS 19.34A zu zahlenden Beitrag bilan- ziert. Die anderen von IAS 19.120A gefor- derten Angaben sind nicht anwendbar				
			Folgende Angaben sind zu beitragsorientierten Plänen zu machen:				
633.	IAS	19.46	Der als Aufwand für einen beitragsorientierten Versorgungsplan erfasste Betrag ist im Abschluss des Unternehmens anzugeben				
634.	IAS	19.47	Falls es nach IAS 24 erforderlich ist, sind Angaben über Beiträge an beitragsorientierte Versorgungspläne für Mitglieder der Ge- schäftsleitung zu machen				
			Die folgenden Angaben sind zu leistungsorientierten Plänen zu machen:				
	IAS	19.120	Angaben für leistungsorientierte Pläne, durch die Abschlussadressaten die Art der leistungs- orientierten Pläne und die finanziellen Auswirkungen der Änderungen dieser Pläne während der Berichtsperiode bewerten können:				
635.	IAS	19.120A (a)	• vom Unternehmen angewandte Methode zur Erfassung versicherungsmathematischer Gewinne und Verluste				
636.	IAS	19.120A (b)	• allgemeine Beschreibung der Art des Plans (s. IAS 19.121)				
	IAS	19.120A (c)	• Überleitungsrechnung der Eröffnungs- und Schlusssalden des Barwertes der leistungs- orientierten Verpflichtung, die die Auswirkungen auf jeden der nachstehenden Posten, falls zutreffend, getrennt aufzeigt:				
637.	IAS	19.120A (c) (i)	→ laufender Dienstzeitaufwand				
638.	IAS	19.120A (c) (ii)	→ Zinsaufwand				
639.	IAS	19.120A (c) (iii)	→ Beiträge der Teilnehmer des Plans				
640.	IAS	19.120A (c) (iv)	→ versicherungsmathematische Gewinne und Verluste				
641.	IAS	19.120A (c) (v)	→ Wechselkursänderungen bei Plänen, die in einer von der Darstellungswährung des Unternehmens abweichenden Währung bewertet werden				
642.	IAS	19.120A (c) (vi)	→ gezahlte Leistungen				
643.	IAS	19.120A (c) (vii)	→ nachzuverrechnender Dienstzeitaufwand				
644.	IAS	19.120A (c) (viii)	→ Unternehmenszusammenschlüsse				
645.	IAS	19.120A (c) (ix)	→ Plankürzungen				
646.	IAS	19.120A (c) (x)	→ Planabgeltungen				

			Checkliste für die Aufstellung / Prüfung des Anhangs nach IFRS (Notes)				
0	1	2	3	4	5	6	7
Lfd. Nr.	IAS/ IFRS/ SIC/ IFRIC/ HGB	Nr./Tz. des IAS/IFRS/ bzw. SIC/ IFRIC/HGB	Anhangangabe (Notes)	ent-halten	nicht enthalten (nicht relevant)	nicht enthalten (unwesent-lich)	Bemerkungen/ Referenzen zu Arbeits-papieren
647.	IAS	19.120A (d)	• Analyse der leistungsorientierten Verpflichtung, aufgeteilt in Beträge aus Plänen, die nicht über einen Fonds finanziert werden, und in Beträge aus Plänen, die ganz oder teilweise aus einem Fonds finanziert werden				
	IAS	19.120A (e)	• Überleitungsrechnung der Eröffnungs- und Schlusssalden des beizulegenden Zeitwertes des Planvermögens sowie der Eröffnungs- und Schlusssalden aller als Vermögenswert gem. IAS 19.104 A angesetzten Erstattungsansprüche, die die Auswirkungen innerhalb der Periode auf jeden der nachstehenden Posten, falls zutreffend, getrennt aufzeigt:				
648.	IAS	19.120A (e) (i)	→ erwartete Erträge aus Planvermögen				
649.	IAS	19.120A (e) (ii)	→ versicherungsmathematische Gewinne und Verluste				
650.	IAS	19.120A (e) (iii)	→ Wechselkursänderungen bei Plänen, die in einer von der Darstellungswährung des Unternehmens abweichenden Währung bewertet werden				
651.	IAS	19.120A (e) (iv)	→ Beiträge des Arbeitgebers				
652.	IAS	19.120A (e) (v)	→ Beiträge der Teilnehmer des Plans				
653.	IAS	19.120A (e) (vi)	→ gezahlte Leistungen				
654.	IAS	19.120A (e) (vii)	→ Unternehmenszusammenschlüsse				
655.	IAS	19.120A (e) (viii)	→ Planabgeltungen				
	IAS	19.120A (f)	• Überleitungsrechnung des Barwertes der leistungsorientierten Verpflichtung in IAS 19.120A (c) und des beizulegenden Zeitwertes des Planvermögens in IAS 19.120A (e) zu den in der Bilanz angesetzten Vermögenswerten und Schulden, wobei mindestens zu zeigen sind:				
656.	IAS	19.120A (f) (i)	→ Saldo der noch nicht in der Bilanz angesetzten versicherungsmathematischen Gewinne oder Verluste (vgl. IAS 19.92)				
657.	IAS	19.120A (f) (ii)	→ der noch nicht in der Bilanz angesetzte nachzuverrechnende Dienstzeitaufwand (vgl. IAS 19.96)				
658.	IAS	19.120A (f) (iii)	→ jeder auf Grund der Begrenzung des IAS 19.58 (b) nicht als Vermögenswert angesetzte Betrag				
659.	IAS	19.120A (f) (iv)	→ beizulegender Zeitwert der am Bilanzstichtag als Vermögenswert gem. IAS 19.104A angesetzten Erstattungsansprüche (mit kurzer Beschreibung des Zusammenhangs zwischen Erstattungsanspruch und zugehöriger Verpflichtung)				
660.	IAS	19.120A (f) (v)	→ andere in der Bilanz angesetzten Beträge				
	IAS	19.120A (g)	• gesamte ergebniswirksam erfasste Beträge für jede der folgenden Komponenten sowie der jeweilige Posten, unter dem sie im Periodenergebnis ausgewiesen sind:				
661.	IAS	19.120A (g) (i)	→ laufender Dienstzeitaufwand				
662.	IAS	19.120A (g) (ii)	→ Zinsaufwand				
663.	IAS	19.120A (g) (iii)	→ erwartete Erträge aus Planvermögen				

			Checkliste für die Aufstellung / Prüfung des Anhangs nach IFRS (Notes)				
0	1	2	3	4	5	6	7
Lfd. Nr.	IAS/ IFRS/ SIC/ IFRIC/ HGB	Nr./Tz. des IAS/IFRS/ bzw. SIC/ IFRIC/HGB	Anhangangabe (Notes)	ent- halten	nicht enthalten (nicht relevant)	nicht enthalten (unwesent- lich)	Bemerkungen/ Referenzen zu Arbeits- papieren
664.	IAS	19.120A (g) (iv)	→ erwartete Erträge aus Erstattungsan- sprüchen, die gem. IAS 19.104A als Vermögenswert angesetzt worden sind				
665.	IAS	19.120A (g) (v)	→ versicherungsmathematische Gewinne und Verluste				
666.	IAS	19.120A (g) (vi)	→ nachzuverrechnender Dienstzeitaufwand				
667.	IAS	19.120A (g) (vii)	→ Auswirkungen von Plankürzungen oder -abgeltungen				
668.	IAS	19.120A (g) (viii)	→ Auswirkungen der Obergrenze in IAS 19.58 (b)				
	IAS	19.120A (h)	• der gesamte im sonstigen Ergebnis für jeden der folgenden Posten erfasste Betrag:				
669.	IAS	19.120A (h) (i)	→ versicherungsmathematische Gewinne und Verluste				
670.	IAS	19.120A (h) (ii)	→ Auswirkungen der Obergrenze in IAS 19.58 (b)				
671.	IAS	19.120A (i)	• kumulierte, im sonstigen Ergebnis erfasste Betrag der versicherungsmathematischen Gewinne und Verluste für Unternehmen, die eine Erfassung im sonstigen Ergebnis gem. IAS 19.93A vornehmen				
672.	IAS	19.120A (j)	• Prozentsatz oder Betrag des beizulegenden Zeitwertes des gesamten Planvermögens für jede Hauptkategorie des Planvermögens, einschl., aber nicht beschränkt auf Eigenka- pitalinstrumente, Schuldinstrumente, Immo- bilien und alle anderen Vermögenswerte				
	IAS	19.120A (k)	• im beizulegenden Zeitwert des Planvermögens enthaltenen Beträge für:				
673.	IAS	19.120A (k) (i)	→ jede Kategorie von eigenen Finanz- instrumenten des Unternehmens				
674.	IAS	19.120A (k) (ii)	→ alle selbst genutzten Immobilien oder andere vom Unternehmen genutzten Vermögenswerte				
675.	IAS	19.120A (l)	• beschreibender Text über die zur Bestim- mung der allgemein erwarteten Rendite der Vermögenswerte benutzte Grundlage, welcher die Auswirkung der Hauptkate- gorien des Planvermögens beinhaltet				
676.	IAS	19.120A (m)	• tatsächliche Erträge aus Planvermögen sowie die tatsächlichen Erträge aus Erstat- tungsansprüchen, die gem. IAS 19.104A als Vermögenswert angesetzt worden sind				
	IAS	19.120A (n)	• wichtigste zum Bilanzstichtag verwendete versicherungsmathematische Annahmen, einschl., sofern zutreffend:				
677.	IAS	19.120A (n) (i)	→ Abzinsungssätze				
678.	IAS	19.120A (n) (ii)	→ erwartete Renditen auf das Planvermögen für die im Abschluss dargestellten Berichts- perioden				

\multicolumn{8}{c}{**Checkliste für die Aufstellung / Prüfung des Anhangs nach IFRS (Notes)**}
0	1	2	3	4	5	6	7
Lfd. Nr.	IAS/ IFRS/ SIC/ IFRIC/ HGB	Nr./Tz. des IAS/IFRS/ bzw. SIC/ IFRIC/HGB	Anhangangabe (Notes)	ent-halten	nicht enthalten (nicht relevant)	nicht enthalten (unwesent-lich)	Bemerkungen/ Referenzen zu Arbeits-papieren
679.	IAS	19.120A (n) (iii)	→ erwartete Erträge aus Erstattungsansprüchen, die gem. IAS 19.104A als Vermögenswert angesetzt worden sind, für die im Abschluss dargestellten Berichtsperioden				
680.	IAS	19.120A (n) (iv)	→ erwartete Lohn- oder Gehaltssteigerungen (und Änderungen von Indizes oder anderen Variablen, die nach den formalen oder faktischen Regelungen eines Planes als Grundlage für Erhöhungen künftiger Leistungen maßgeblich sind)				
681.	IAS	19.120A (n) (v)	→ Kostentrends im Bereich der medizinischen Versorgung				
682.	IAS	19.120A (n) (vi)	→ alle anderen verwendeten wesentlichen versicherungsmathematischen Annahmen				
683.	IAS	19.120A (n)	→ jede versicherungsmathematische Annahme ist in absoluten Werten anzugeben (z.B. als absoluter Prozentsatz) und nicht nur als Spanne zwischen verschiedenen Prozentsätzen oder anderen Variablen				
	IAS	19.120A (o)	• Auswirkung einer Erhöhung um einen Prozentpunkt und die Auswirkung einer Minderung um einen Prozentpunkt der angenommenen Kostentrends im medizinischen Bereich auf:				
684.	IAS	19.120A (o) (i)	→ die Summe der laufenden Dienstzeitaufwands- und Zinsaufwandskomponenten der periodischen Nettokosten für medizinische Versorgung nach Beendigung des Arbeitsverhältnisses				
685.	IAS	19.120A (o) (ii)	→ die kumulierten Verpflichtungen hinsichtlich der Kosten für medizinische Versorgung für Leistungen nach Beendigung des Arbeitsverhältnisses				
686.	IAS	19.120A (o) (ii)	Zum Zwecke dieser Angabe sind alle anderen Annahmen konstant zu halten. Für Pläne, die in einem Hochinflationsgebiet eingesetzt werden, ist die Auswirkung einer Erhöhung oder Minderung des Prozentsatzes der angenommenen Kostentrends im medizinischen Bereich vergleichbar einem Prozentpunkt in einem Niedriginflationsgebiet anzugeben				
	IAS	19.120A (p)	• Beträge für die laufende Berichtsperiode und die vier vorangegangenen Berichtsperioden im Hinblick auf:				
687.	IAS	19.120A (p) (i)	→ Barwert der leistungsorientierten Verpflichtung, den beizulegenden Zeitwert des Planvermögens und den Überschuss bzw. den Fehlbetrag des Plans				
	IAS	19.120A (p) (ii)	→ die erfahrungsbedingten Anpassungen:				
688.	IAS	19.120A (p) (ii) (A.)	→ der Schulden des Plans, die zum Bilanzstichtag entweder als (1) ein Betrag oder als (2) ein Prozentsatz der Schulden des Plans ausgedrückt werden				

Lfd. Nr.	IAS/ IFRS/ SIC/ IFRIC/ HGB	Nr./Tz. des IAS/IFRS/ bzw. SIC/ IFRIC/HGB	Anhangangabe (Notes)	ent- halten	nicht enthalten (nicht relevant)	nicht enthalten (unwesent- lich)	Bemerkungen/ Referenzen zu Arbeits- papieren
0	1	2	3	4	5	6	7
689.	IAS	19.120A (p) (ii) (B.)	→ der Vermögenswerte des Plans, die zum Bilanzstichtag entweder als (1) ein Betrag oder als (2) ein Prozentsatz der Vermögenswerte des Plans ausgedrückt werden				
690.	IAS	19.120A (q)	• bestmögliche Schätzung des Arbeitgebers bezüglich der Beiträge, die erwartungsgemäß in der Berichtsperiode, die nach dem Bilanzstichtag beginnt, in den Plan eingezahlt werden, sobald diese auf angemessene Weise ermittelt werden kann				
	IAS	19.122	Falls ein Unternehmen mehr als einen leistungsorientierten Plan hat, können die Angaben für alle Pläne zusammengefasst werden, für jeden Plan gesondert dargestellt oder nach Gruppierungen, die am sinnvollsten erscheinen, zusammengefasst werden. Sinnvoll erscheinen Gruppierungen z.B. nach folgenden Kriterien:				
691.	IAS	19.122 (a)	• nach der geografischen Zuordnung der Pläne, z.B. durch eine Unterscheidung in in- und ausländische Pläne				
692.	IAS	19.122 (b)	• nach erheblichen Unterschieden in den Risiken der Pläne, z.B. durch eine Trennung von Festgehalts- und Endgehaltsplänen oder Plänen für medizinische Leistungen nach Beendigung des Arbeitsverhältnisses				
693.	IAS	19.122	Wenn ein Unternehmen die geforderten Angaben für eine Gruppe von Plänen zusammenfasst, sind gewichtete Durchschnittswerte oder relativ enge Bandbreiten anzugeben				
	IAS	19.124	In den Fällen, in denen dies nach IAS 24 verlangt ist, hat das Unternehmen Informationen zu geben über:				
694.	IAS	19.124 (a)	• Geschäftsvorfälle zwischen Plänen für Leistungen nach Beendigung des Arbeitsverhältnisses und nahestehenden Unternehmen und Personen				
695.	IAS	19.124 (b)	• Leistungen nach Beendigung des Arbeitsverhältnisses für Personen in Schlüsselpositionen des Managements				
696.	IAS	19.125	In den Fällen, in denen dies nach IAS 37 verlangt ist, hat ein Unternehmen Informationen über Eventualverbindlichkeiten im Zusammenhang mit Verpflichtungen aus Leistungen nach Beendigung des Arbeitsverhältnisses zu geben				

			Checkliste für die Aufstellung / Prüfung des Anhangs nach IFRS (Notes)				
0	1	2	3	4	5	6	7
Lfd. Nr.	IAS/ IFRS/ SIC/ IFRIC/ HGB	Nr./Tz. des IAS/IFRS/ bzw. SIC/ IFRIC/HGB	Anhangangabe (Notes)	ent- halten	nicht enthalten (nicht relevant)	nicht enthalten (unwesent- lich)	Bemerkungen/ Referenzen zu Arbeits- papieren
c) Andere langfristig fällige Leistungen an Arbeitnehmer							
697.	IAS	19.131	IAS 19 verlangt keine besonderen Angaben über andere langfristig fällige Leistungen an Arbeitnehmer, jedoch können solche Angaben nach Maßgabe anderer IFRS erfor- derlich sein, so z.B. wenn der mit diesen Leistungen verbundene Aufwand wesentlich ist und damit nach IAS 1 angabepflichtig wäre. In den Fällen, in denen dies nach IAS 24 verlangt wird, hat das Unternehmen Informationen über andere langfristig fällige Leistungen für Personen in Schlüssel- positionen des Managements anzugeben				
d) Leistungen aus Anlass der Beendigung des Arbeitsverhältnisses							
698.	IAS	19.141	Wenn die Anzahl der Arbeitnehmer ungewiss ist, die einem Angebot auf Leistungen zwecks Beendigung ihrer Arbeitsverhältnisse zu- stimmen, liegt eine Eventualverbindlichkeit vor. Wie von IAS 37 verlangt, ist das Unter- nehmen zu Angaben über diese Eventual- verbindlichkeit verpflichtet, es sei denn, dass das Eintreten eines Mittelabflusses bei der Erfüllung unwahrscheinlich ist				
699.	IAS	19.142	Nach Maßgabe von IAS 1 hat ein Unterneh- men Art und Betrag eines Aufwandspostens offen zu legen, wenn dieser wesentlich ist. Leistungen aus Anlass der Beendigung eines Arbeitsverhältnisses können zu einem Auf- wand führen, der nach diesen Anforderungen anzugeben ist				
700.	IAS	19.143	Soweit es nach IAS 24 vorgesehen ist, hat ein Unternehmen Informationen über Leistungen aus Anlass der Beendigung des Arbeitsver- hältnisses für Personen in Schlüsselpositio- nen der Unternehmensleitung zu geben				
e) Angaben zu aktienbasierten Vergütungen *(vgl. Abschnitt I.IX.)*							
3. Sonstige Rückstellungen *(vgl. auch Angaben zu Eventualverbindlichkeiten unter I.III.)*							
701.	IAS	1.78 (d)	Rückstellungen werden in Rückstellungen für Personalaufwand und sonstige Rückstellungen gegliedert				
	IAS	37.84	Ein Unternehmen hat für jede Gruppe von Rückstellungen die folgenden Angaben zu machen *(Vergleichsinformationen sind nicht erforderlich)*:				
702.	IAS	37.84 (a)	• Buchwert zu Beginn und zum Ende der Berichtsperiode				
703.	IAS	37.84 (b)	• zusätzliche, in der Berichtsperiode gebildete Rückstellungen, einschl. der Erhöhung von bestehenden Rückstellungen				

			Checkliste für die Aufstellung / Prüfung des Anhangs nach IFRS (Notes)				
0	1	2	3	4	5	6	7
Lfd. Nr.	IAS/ IFRS/ SIC/ IFRIC/ HGB	Nr./Tz. des IAS/IFRS/ bzw. SIC/ IFRIC/HGB	Anhangangabe (Notes)	enthalten	nicht enthalten (nicht relevant)	nicht enthalten (unwesentlich)	Bemerkungen/ Referenzen zu Arbeitspapieren
704.	IAS	37.84 (c)	• während der Berichtsperiode verwendete (d.h. entstandene und gegen die Rückstellung verrechnete) Beträge				
705.	IAS	37.84 (d)	• nicht verwendete Beträge, die während der Berichtsperiode aufgelöst wurden				
706.	IAS	37.84 (e)	• die Erhöhung des während der Berichtsperiode auf Grund des Zeitablaufs abgezinsten Betrages und die Auswirkung von Änderungen des Abzinsungssatzes				
	IAS	37.85	Ein Unternehmen hat für jede Gruppe von Rückstellungen folgende Angaben zu machen:				
707.	IAS	37.85 (a)	• kurze Beschreibung der Art der Verpflichtung sowie der erwarteten Fälligkeiten resultierender Abflüsse von wirtschaftlichem Nutzen				
708.	IAS	37.85 (b)	• Angabe von Unsicherheiten hinsichtlich des Betrags oder der Fälligkeiten dieser Abflüsse. Falls die Angabe von adäquaten Informationen erforderlich ist, hat ein Unternehmen die wesentlichen Annahmen für künftige Ereignisse nach IAS 37.48 anzugeben				
709.	IAS	37.85 (c)	• Höhe aller erwarteten Erstattungen unter Angabe der Höhe der Vermögenswerte, die für die jeweilige erwartete Erstattung angesetzt wurden				
710.	IAS	37.92	In äußerst seltenen Fällen kann damit gerechnet werden, dass die teilweise oder vollständige Angabe von Informationen nach IAS 37.84-89 die Lage des Unternehmens in einem Rechtsstreit mit anderen Parteien über den Gegenstand der Rückstellungen, Eventualverbindlichkeiten oder Eventualforderungen ernsthaft beeinträchtigt. In diesen Fällen muss das Unternehmen die Angaben nicht machen, es hat jedoch den allgemeinen Charakter des Rechtsstreites darzulegen, sowie die Tatsache, dass gewisse Angaben nicht gemacht wurden und die Gründe dafür				
4. Finanzielle Schulden							
(vgl. hierzu die Angaben zu Finanzinstrumenten unter E.II.6)							
F. Angaben zur Gesamtergebnisrechnung/Gewinn- und Verlustrechnung							
(vgl. auch zu den Angabenpflichten unter E., die z.T. auch Gesamtergebnisrechnung-relevante Angaben enthalten, zum Aufbau/Gliederung einer Gesamtergebnisrechnung vgl. IAS 1.81ff.)							
I. Grundsätzliches							
711.	IAS	1.99	Angabe einer Aufwandsgliederung in Gesamtergebnisrechnung oder Anhang, die entweder auf der Art der Aufwendungen (Gesamtkostenverfahren) oder auf deren Funktion (Umsatzkostenverfahren) innerhalb des Unternehmens beruht, je nachdem welche Darstellungsweise verlässliche und relevantere Informationen ermöglicht (vgl. dazu IAS 1.100 ff.)				

			Checkliste für die Aufstellung / Prüfung des Anhangs nach IFRS (Notes)				
0	1	2	3	4	5	6	7
Lfd. Nr.	IAS/ IFRS/ SIC/ IFRIC/ HGB	Nr./Tz. des IAS/IFRS/ bzw. SIC/ IFRIC/HGB	Anhangangabe (Notes)	ent- halten	nicht enthalten (nicht relevant)	nicht enthalten (unwesent- lich)	Bemerkungen/ Referenzen zu Arbeits- papieren
712.	IAS	1.97	*Angabe in Gesamtergebnisrechnung oder Anhang*: Wenn Ertrags- oder Aufwandsposten wesentlich sind, sind Art und Betrag dieser Posten gesondert anzugeben *(für Beispiele vgl. IAS 1.98)*				
II. Umsatzerlöse / Erträge							
713.	IAS	18.35 (a)	Bilanzierungs- und Bewertungsmethoden, die für die Ertragserfassung angewendet werden				
714.	IAS	18.35 (a)	Methoden zur Ermittlung des Fertigstellungs- grades bei Dienstleistungsgeschäften				
	IAS	18.35 (b)	Betrag jeder bedeutsamen Kategorie von Erträgen, die während der Berichtsperiode erfasst worden sind, wie:				
715.	IAS	18.35 (b) (i)	• Erträge aus dem Verkauf von Gütern				
716.	IAS	18.35 (b) (ii)	• Erträge aus dem Erbringen von Dienstleistungen				
717.	IAS	18.35 (b) (iii)	• Zinserträge				
718.	IAS	18.35 (b) (iv)	• Nutzungsentgelte				
719.	IAS	18.35 (b) (v)	• Dividenden				
720.	IAS	18.35 (c)	• Betrag von Erträgen aus Tauschgeschäften mit Waren oder Dienstleistungen, der in jeder bedeutsamen Kategorie von Erträgen enthalten ist				
721.	IAS	11.39 (a)	in der Berichtsperiode erfasste Auftragserlöse *(vgl. für weitere Angabepflichten zur Auf- tragsfertigung E.II.7 b)*				
III. Zusätzliche Angaben bei Anwendung des Umsatzkostenverfahrens							
722.	IAS	1.104	Unternehmen, die das Umsatzkostenver- fahren anwenden, haben zusätzliche Infor- mationen über die Art der Aufwendungen, einschl. des Aufwandes für planmäßige Ab- schreibungen sowie Leistungen an Arbeit- nehmer, anzugeben				
IV. Außerordentliches Ergebnis							
723.	IAS	1.87	Es dürfen weder in der Gesamtergebnisrech- nung noch in der gesonderten GuV (falls erstellt) noch im Anhang Ertrags- oder Auf- wandsposten als außerordentliche Posten erfasst werden				

			Checkliste für die Aufstellung / Prüfung des Anhangs nach IFRS (Notes)				
0	1	2	3	4	5	6	7
Lfd. Nr.	IAS/ IFRS/ SIC/ IFRIC/ HGB	Nr./Tz. des IAS/IFRS/ bzw. SIC/ IFRIC/HGB	Anhangangabe (Notes)	ent- halten	nicht enthalten (nicht relevant)	nicht enthalten (unwesent- lich)	Bemerkungen/ Referenzen zu Arbeits- papieren
			V. Steueraufwand (einschl. latente Steuern)				
724.	IAS	12.71	Saldierungsverbot von tatsächlichen Steuer- erstattungsansprüchen und tatsächlichen Steuerschulden, außer das Unternehmen hat ein einklagbares Recht, die bilanzierten Beträge gegeneinander aufzurechnen und es beabsichtigt, entweder den Ausgleich auf Nettobasis herbeizuführen oder gleichzeitig mit der Realisierung des betreffenden Vermögenswertes die dazugehörige Schuld abzulösen				
	IAS	12.74	Saldierungsverbot von latenten Steueransprüchen und latenten Steuerschulden, außer:				
725.	IAS	12.74 (a)	• das Unternehmen hat ein einklagbares Recht zur Aufrechnung tatsächlicher Steuer- erstattungsansprüche gegen tatsächliche Steuerschulden				
	IAS	12.74 (b)	• die latenten Steueransprüche und die latenten Steuerschulden beziehen sich auf Ertragsteuern, die von der gleichen Steuerbehörde erhoben werden für:				
726.	IAS	12.74 (b) (i)	→ dasselbe Steuersubjekt				
727.	IAS	12.74 (b) (ii)	→ unterschiedliche Steuersubjekte, die beab- sichtigen, in jeder zukünftigen Periode, in der die Ablösung oder Realisierung erheb- licher Beträge an latenten Steuerschulden bzw. Steueransprüchen zu erwarten ist, entweder den Ausgleich der tatsächlichen Steuerschulden und Erstattungsansprüche auf Nettobasis herbeizuführen oder gleich- zeitig mit der Realisierung der Ansprüche die Verpflichtungen abzulösen				
	IAS	12.79/80	Die Hauptbestandteile des Steueraufwandes (Steuerertrages) sind getrennt anzugeben. Zu den Bestandteilen kann Folgendes gehören:				
728.	IAS	12.80 (a)	• tatsächlicher Ertragsteueraufwand (Ertragsteuerertrag)				
729.	IAS	12.80 (b)	• alle in der Periode erfassten Anpassungen für periodenfremde tatsächliche Ertragsteuern				
730.	IAS	12.80 (c)	• Betrag des latenten Steueraufwandes (Steuerertrages), der auf das Entstehen bzw. die Umkehrung temporärer Unterschiede zurückzuführen ist				
731.	IAS	12.80 (d)	• Betrag des latenten Steueraufwandes (Steuerertrages), der auf Änderungen der Steuersätze oder der Einführung neuer Steuern beruht				
732.	IAS	12.80 (e)	• Betrag der Minderung des tatsächlichen Er- tragsteueraufwandes auf Grund der Nutzung bisher nicht berücksichtigter steuerlicher Verluste, auf Grund von Steuergutschriften oder infolge eines bisher nicht berücksich- tigten temporären Unterschiedes einer früheren Periode				

			Checkliste für die Aufstellung / Prüfung des Anhangs nach IFRS (Notes)				
0	1	2	3	4	5	6	7
Lfd. Nr.	IAS/ IFRS/ SIC/ IFRIC/ HGB	Nr./Tz. des IAS/IFRS/ bzw. SIC/ IFRIC/HGB	Anhangangabe (Notes)	ent- halten	nicht enthalten (nicht relevant)	nicht enthalten (unwesent- lich)	Bemerkungen/ Referenzen zu Arbeits- papieren
733.	IAS	12.80 (f)	• Betrag der Minderung des latenten Steuer- aufwandes auf Grund bisher nicht berück- sichtigter steuerlicher Verluste, auf Grund von Steuergutschriften oder infolge eines bisher nicht berücksichtigten temporären Unterschiedes einer früheren Periode				
734.	IAS	12.80 (g)	• latenter Steueraufwand infolge einer Ab- wertung oder Aufhebung einer früheren Abwertung eines latenten Steueranspruchs gem. IAS 12.56				
735.	IAS	12.80 (h)	• Betrag des Ertragssteueraufwandes (Ertrags- steuerertrages), der aus Änderungen der Bilanzierungs- und Bewertungsmethoden und Fehlern resultiert, die ertragswirksam nach IAS 8 erfasst wurden, weil sie nicht rückwirkend berücksichtigt werden können				
736.	IAS	12.81	Weiterhin ist ebenfalls getrennt anzugeben:				
737.	IAS	12.81 (a)	• die Summe des Betrages tatsächlicher und latenter Steuern resultierend aus Posten, die direkt dem Eigenkapital belastet oder gutgeschrieben wurden (siehe IAS 12.62A)				
738.	IAS	12.81 (ab)	• Der mit jedem Bestandteil des sonstigen Er- gebnisses in Zusammenhang stehende Er- tragsteuerbetrag (vgl. IAS 12.62 und IAS 1)				
	IAS	12.81 (c)	• Erläuterung der Beziehung zwischen Steueraufwand (Steuerertrag) und dem bilanziellen Ergebnis vor Steuern alternativ in einer der beiden folgenden Formen:				
739.	IAS	12.81 (c) (i)	→ Überleitungsrechnung zwischen dem Steueraufwand (Steuerertrag) und dem Produkt aus dem bilanziellen Ergebnis vor Steuern und dem anzuwendenden Steuer- satz (den anzuwendenden Steuersätzen), wobei auch die Grundlage anzugeben ist, auf der der anzuwendende Steuersatz berechnet wird oder die anzuwendenden Steuersätze berechnet werden				
740.	IAS	12.81 (c) (ii)	→ Überleitungsrechnung zwischen dem durchschnittlichen effektiven Steuersatz und dem anzuwendenden Steuersatz, wobei ebenfalls die Grundlage anzugeben ist, auf der der anzuwendende Steuersatz berechnet wird				
741.	IAS	12.81 (d)	• Erläuterung zu Änderungen des anzuwen- denden Steuersatzes bzw. der anzuwenden- den Steuersätze im Vergleich zu der vorhe- rigen Berichtsperiode				
742.	IAS	12.81 (e)	• Betrag (und, falls erforderlich, das Datum des Verfalls) der abzugsfähigen temporären Differenzen, der noch nicht genutzten steuerlichen Verluste und der noch nicht genutzten Steuergutschriften, für welche in der Bilanz kein latenter Steueranspruch angesetzt wurde				

			Checkliste für die Aufstellung / Prüfung des Anhangs nach IFRS (Notes)				
0	1	2	3	4	5	6	7
Lfd. Nr.	IAS/ IFRS/ SIC/ IFRIC/ HGB	Nr./Tz. des IAS/IFRS/ bzw. SIC/ IFRIC/HGB	Anhangangabe (Notes)	ent- halten	nicht enthalten (nicht relevant)	nicht enthalten (unwesent- lich)	Bemerkungen/ Referenzen zu Arbeits- papieren
743.	IAS	12.81 (f)	• Summe des Betrags temporärer Unter- schiede im Zusammenhang mit Anteilen an Tochterunternehmen, Zweigniederlassun- gen und assoziierten Unternehmen sowie Anteilen an Joint Ventures, für die gem. IAS 12.39 keine latenten Steuerschulden bilanziert worden sind *(soweit dies möglich ist, ist die Angabe des Betrags der unterlassenen latenten Steuerver- bindlichkeiten wünschenswert; vgl. IAS 12.87)*				
	IAS	12.81 (g)	• Bezüglich jeder Art temporärer Unterschiede und jeder Art noch nicht genutzter steuerlicher Verluste und noch nicht genutzter Steuergutschriften:				
744.	IAS	12.81 (g) (i)	→ Betrag der in der Bilanz angesetzten latenten Steueransprüche und latenten Steuerschulden für jede dargestellte Periode				
745.	IAS	12.81 (g) (ii)	→ Betrag des im Gewinn oder Verlust erfassten latenten Steuerertrages oder Steueraufwandes, falls dies nicht bereits aus den Änderungen der in der Bilanz angesetzten Beträge hervorgeht				
	IAS	12.81 (h)	• Steueraufwand hinsichtlich aufgegebener Geschäftsbereiche für:				
746.	IAS	12.81 (h) (i)	→ den auf die Aufgabe entfallenden Gewinn/ Verlust				
747.	IAS	12.81 (h) (ii)	→ den Gewinn oder Verlust, soweit es aus der gewöhnlichen Tätigkeit des aufgegebenen Geschäftsbereiches resultiert, zusammen mit den Vergleichzahlen für jede dargestellte frühere Periode				
748.	IAS	12.81 (i)	• Betrag der ertragsteuerlichen Konsequenzen von Dividendenzahlungen an die Anteils- eigner des Unternehmens, die vorgeschla- gen oder beschlossen wurden, bevor der Abschluss zur Veröffentlichung freigegeben wurde, die aber nicht als Verbindlichkeit im Abschluss bilanziert wurden				
749.	IAS	12.81 (j)	• Wenn ein Unternehmenszusammenschluss, bei dem das Unternehmen der Erwerber ist, eine Änderung des Betrags verursacht, der für die latenten Steueransprüche vor dem Erwerb ausgewiesen wurde (vgl. IAS 12.67), der Betrag dieser Änderung *(Angabe erstmals in der ersten Berichts- periode eines am 1.7.2009 oder danach beginnenden Geschäftsjahres, oder bei früherer Anwendung des IFRS)*				

Checkliste für die Aufstellung / Prüfung des Anhangs nach IFRS (Notes)							
0	1	2	3	4	5	6	7
Lfd. Nr.	IAS/ IFRS/ SIC/ IFRIC/ HGB	Nr./Tz. des IAS/IFRS/ bzw. SIC/ IFRIC/HGB	Anhangangabe (Notes)	ent- halten	nicht enthalten (nicht relevant)	nicht enthalten (unwesent- lich)	Bemerkungen/ Referenzen zu Arbeits- papieren
750.	IAS	IAS 12.81 (k)	• Wenn die bei einem Unternehmenszusammenschluss erworbenen latenten Steuervorteile nicht zum Erwerbszeitpunkt erfasst wurden, sondern erst danach (vgl. IAS 12.68), eine Beschreibung des Ereignisses oder der Änderungen des Umstands, welche begründen, dass die latenten Steuervorteile erfasst werden *(Angabe erstmals in der ersten Berichtsperiode eines am 1.7.2009 oder danach beginnenden Geschäftsjahres, oder bei früherer Anwendung des IFRS)*				
751.	IAS	12.82	Ein Unternehmen hat den Betrag eines latenten Steueranspruches und die substantiellen Hinweise für seinen Ansatz anzugeben, wenn die Realisierung des latenten Steueranspruches von zukünftigen zu versteuernden Ergebnissen abhängt, die höher als die Ergebniseffekte aus der Umkehrung bestehender zu versteuernder temporärer Differenzen sind, und das Unternehmen in der laufenden Periode oder der Vorperiode im gleichen Steuerrechtskreis, auf den sich der latente Steueranspruch bezieht, Verluste erlitten hat				
752.	IAS	12.82A	Unter den Umständen, wie sie in IAS 12.52A beschrieben sind, hat ein Unternehmen die Art der potentiellen ertragsteuerlichen Konsequenzen, die sich durch die Zahlung von Dividenden an die Anteilseigner ergeben, anzugeben				
753.	IAS	12.82A	Zusätzlich hat das Unternehmen die Beträge der potentiellen ertragsteuerlichen Konsequenzen, die praktisch bestimmbar sind, anzugeben und ob irgendwelche nicht bestimmbaren potentiellen ertragsteuerlichen Konsequenzen vorhanden sind (vgl. hierzu auch IAS 12.87A-C)				
VI. Angaben zum sonstigen Ergebnis der Periode							
754.	IAS	1.90	Ein Unternehmen hat entweder in der Gesamtergebnisrechnung oder im Anhang den Betrag der Ertragsteuern anzugeben, der auf die einzelnen Bestandteile des sonstigen Ergebnisses, einschließlich der Umgliederungsbeträge, entfällt (vgl. dazu auch IAS 1.91)				
755.	IAS	1.92	Ein Unternehmen hat Umgliederungsbeträge anzugeben, die sich auf Bestandteile des sonstigen Ergebnisses beziehen (vgl. dazu auch IAS 1.93)				
756.	IAS	1.94	Ein Unternehmen kann Umgliederungsbeträge in der Gesamtergebnisrechnung oder in den Anhangangaben darstellen. Bei der Darstellung im Anhang sind die Bestandteile des sonstigen Ergebnisses nach Berücksichtigung zugehöriger Umgliederungsbeträge anzugeben				

			Checkliste für die Aufstellung / Prüfung des Anhangs nach IFRS (Notes)				
0	1	2	3	4	5	6	7
Lfd. Nr.	IAS/ IFRS/ SIC/ IFRIC/ HGB	Nr./Tz. des IAS/IFRS/ bzw. SIC/ IFRIC/HGB	Anhangangabe (Notes)	ent-halten	nicht enthalten (nicht relevant)	nicht enthalten (unwesent-lich)	Bemerkungen/ Referenzen zu Arbeits-papieren
757.	IFRIC	1.6 (d)	Wird der Vermögenswert nach dem Neubewertungsmodell bewertet, ist nach IAS 1 jeder im sonstigen Ergebnis erfasste Ertrags- und Aufwandsposten in der Gesamtergebnisrechnung auszuweisen. Zur Erfüllung dieser Anforderung ist die Veränderung der Neubewertungsrücklage, die auf einer Änderung der Rückstellung beruht, gesondert zu identifizieren und als solche anzugeben				
			G. Angaben zur Kapitalflussrechnung				
758.	IAS	7.45	Ein Unternehmen hat die Bestandteile der Zahlungsmittel und Zahlungsmitteläquivalente anzugeben und eine Überleitungsrechnung vor-zu erstellen, in der die Beträge der Kapitalflussrechnung den entsprechenden Bilanzposten gegenübergestellt werden				
759.	IAS	7.47	Auswirkungen von Änderungen der Methode zur Bestimmung der Zusammensetzung der Zahlungsmittel und Zahlungsmitteläquivalente, wie bspw. eine Änderung in der Klassifizierung von Finanzinstrumenten, die ursprünglich dem Beteiligungsportfolio des Unternehmens zugeordnet waren, werden gem. IAS 8 offen gelegt				
760.	IAS	7.31	Cashflows aus erhaltenen und gezahlten Zinsen und Dividenden sind jeweils gesondert anzugeben. (Jede Ein- und Auszahlung ist stetig von Periode zu Periode entweder als betriebliche Tätigkeit, Investitions- oder Finanzierungstätigkeit zu klassifizieren)				
761.	IAS	7.35	Cashflows aus Ertragsteuern sind gesondert anzugeben und als Cashflows aus der betrieblichen Tätigkeit zu klassifizieren, es sei denn, sie können bestimmten Finanzierungs- und Investitionsaktivitäten zugeordnet werden				
762.	IAS	7.36	Gesamtbetrag der gezahlten Ertragsteuern, wenn die steuerbezogenen Cashflows mehr als einer Tätigkeit zugeordnet werden				
763.	IAS	7.39	Gesonderter Ausweis der Summe der Cashflows aus der Übernahme oder dem Verlust der Beherrschung über Tochterunternehmen oder sonstigen Geschäftseinheiten und Klassifizierung als Investitionstätigkeit				
	IAS	7.40	Bei Übernahme oder dem Verlust der Beherrschung über Tochterunternehmen oder sonstigen Geschäftseinheiten während der Berichtsperiode ist Folgendes anzugeben:				
764.	IAS	7.40 (a)	• das gesamte gezahlte oder erhaltene Entgelt				
765.	IAS	7.40 (b)	• den Teil des Entgelts, der durch Zahlungsmittel und Zahlungsmitteläquivalente beglichen wurde				

			Checkliste für die Aufstellung / Prüfung des Anhangs nach IFRS (Notes)				
0	1	2	3	4	5	6	7
Lfd. Nr.	IAS/ IFRS/ SIC/ IFRIC/ HGB	Nr./Tz. des IAS/IFRS/ bzw. SIC/ IFRIC/HGB	Anhangangabe (Notes)	ent- halten	nicht enthalten (nicht relevant)	nicht enthalten (unwesent- lich)	Bemerkungen/ Referenzen zu Arbeits- papieren
766.	IAS	7.40 (c)	• den Betrag der Zahlungsmittel oder Zahlungs- mitteläquivalente der Tochterunternehmen oder der sonstigen Geschäftseinheit, über welche die Beherrschung erlangt oder ver- loren wurde				
767.	IAS	7.40 (d)	• Beträge der nach Hauptgruppen gegliederten Vermögenswerte und Schulden mit Aus- nahme der Zahlungsmittel und Zahlungs- mitteläquivalente der Tochterunternehmen oder der sonstigen Geschäftseinheit, über welche die Beherrschung erlangt oder ver- loren wurde				
768.	IAS	7.41	Die Auswirkungen der Cashflows aus dem Verlust der Beherrschung werden nicht mit denen aus der Übernahme der Beherrschung saldiert				
769.	IAS	7.43	Investitions- und Finanzierungsvorgänge, welche nicht zu einer Veränderung von Zah- lungsmitteln oder Zahlungsmitteläquivalen- ten geführt haben, sind nicht Bestandteil der Kapitalflussrechnung. Solche Vorgänge sind an anderer Stelle im Abschluss derart anzu- geben, dass alle notwendigen Informationen über diese Investitions- und Finanzierungs- vorgänge bereitgestellt werden				
770.	IAS	7.48	Ein Unternehmen hat in Verbindung mit einer Stellungnahme des Managements den Betrag an wesentlichen Zahlungsmitteln und Zah- lungsmitteläquivalenten anzugeben, die vom Unternehmen gehalten werden und über die der Konzern nicht verfügen kann (vgl. dazu IAS 7.49)				
	IAS	7.50	*Freiw. Angaben*: Zusatzangaben zur Verbesserung der Aussagefähigkeit der Kapitalflussrechnung:				
771.	IAS	7.50 (a)	• Betrag der nicht ausgenutzten Kreditlinien, die für die künftige betriebliche Tätigkeit und zur Erfüllung von Verpflichtungen ein- gesetzt werden könnten (unter Angabe aller Beschränkungen der Verwendung dieser Kreditlinien)				
772.	IAS	7.50 (b)	• Summe des Betrags der Cashflows aus der betrieblichen Tätigkeit, aus der Investitions- tätigkeit und aus der Finanzierungstätigkeit, die sich auf quotal konsolidierte Anteile an Joint Ventures beziehen				
773.	IAS	7.50 (c)	• Summe des Betrags der Cashflows, die Erweiterungen der betrieblichen Kapazität betreffen, im Unterschied zu den Cashflows, die zur Erhaltung der Kapazität erforderlich sind				

Checkliste für die Aufstellung / Prüfung des Anhangs nach IFRS (Notes)

0	1	2	3	4	5	6	7
Lfd. Nr.	IAS/ IFRS/ SIC/ IFRIC/ HGB	Nr./Tz. des IAS/IFRS/ bzw. SIC/ IFRIC/HGB	Anhangangabe (Notes)	ent-halten	nicht enthalten (nicht relevant)	nicht enthalten (unwesent-lich)	Bemerkungen/ Referenzen zu Arbeits-papieren
774.	IAS	7.50 (d)	• Betrag der Cashflows aus betrieblicher Tätigkeit, aus der Investitionstätigkeit und aus der Finanzierungstätigkeit, aufgegliedert nach den einzelnen berichtspflichtigen Segmenten (vgl. IFRS 8)				
\multicolumn{8}{l}{**H. Angaben zur Eigenkapital-Veränderungsrechnung** *(zum Inhalt der Eigenkapital-Veränderungsrechnung vgl. IAS 1.06ff.)*}
775.	IAS	1.106A	Ein Unternehmen hat in der Eigenkapitalveränderungsrechnung oder im Anhang für jede Eigenkapitalkomponente eine nach Posten gegliederte Analyse des sonstigen Einkommens vorzunehmen (siehe IAS 1.106 Buchstabe d Ziffer ii)				
776.	IAS	1.107	Ein Unternehmen hat in der Eigenkapitalveränderungsrechnung oder im Anhang die Höhe der Dividenden, die während der Berichtsperiode als Ausschüttungen an Eigentümer angesetzt werden, sowie den entsprechenden Dividendenbetrag pro Aktie anzugeben				
777.	IAS	1.110	Die Anpassungen gem. IAS 8 (vgl. auch IAS 1.110) sind für jede Vorperiode sowie für den Periodenanfang anzugeben				
778.	IFRIC	17.2	Die IFRS enthalten keine Leitlinien dahingehend, wie ein Unternehmen Ausschüttungen an seine Eigentümer bewerten soll (die allgemein als Dividenden bezeichnet werden). Gemäß IAS 1 muss ein Unternehmen Einzelheiten zu Dividenden, die als Ausschüttungen an Eigentümer erfasst werden, entweder in der Eigenkapitalveränderungsrechnung oder im Anhang zum Abschluss darstellen				
	IFRIC	17.16	Ein Unternehmen hat ggf. die folgenden Informationen anzugeben:				
779.	IFRIC	17.16 (a)	• den Buchwert der Dividendenverbindlichkeit zu Beginn und zum Ende der Berichtsperiode; und				
780.	IFRIC	17.16 (b)	• die Erhöhung oder Minderung des Buchwerts, der gemäß Paragraph 13 infolge einer Änderung des beizulegenden Zeitwerts der auszuschüttenden Vermögenswerte in der Berichtsperiode erfasst wurde				
	IFRIC	17.17	Wenn ein Unternehmen nach dem Abschlussstichtag, jedoch vor der Genehmigung zur Veröffentlichung des Abschlusses beschließt, einen Sachwert als Dividende auszuschütten, muss es die folgenden Angaben machen:				
781.	IFRIC	17.17 (a)	• die Art des auszuschüttenden Vermögenswerts;				
782.	IFRIC	17.17 (b)	• den Buchwert des auszuschüttenden Vermögenswerts zum Abschlussstichtag; und				

Checkliste für die Aufstellung / Prüfung des Anhangs nach IFRS (Notes)							
0	1	2	3	4	5	6	7
Lfd. Nr.	IAS/ IFRS/ SIC/ IFRIC/ HGB	Nr./Tz. des IAS/IFRS/ bzw. SIC/ IFRIC/HGB	Anhangangabe (Notes)	enthalten	nicht enthalten (nicht relevant)	nicht enthalten (unwesentlich)	Bemerkungen/ Referenzen zu Arbeitspapieren
783.	IFRIC	17.17 (c)	• den zum Abschlussstichtag geschätzten beizulegenden Zeitwert des auszuschüttenden Vermögenswerts, sofern dieser von seinem Buchwert abweicht, sowie Informationen über die zur Ermittlung des beizulegenden Zeitwerts angewandte Methode, wie dies in Paragraph 27 (a) und (b) des IFRS 7 vorgeschrieben ist				
I. Sonstige Angaben							
I. Segmentberichterstattung							
Pflichtangabe, die grds. nur von kapitalmarktorientierten Unternehmen zu machen ist (vgl. dazu IFRS 8.2ff.)							
784.	IFRS	8.20	Ein Unternehmen legt Informationen offen, um die Adressaten seines Abschlusses in die Lage zu versetzen, die Wesensart und die finanziellen Auswirkungen seiner Geschäftstätigkeiten, die es betreibt, sowie das wirtschaftliche Umfeld, in dem es tätig ist, bewerten zu können				
	IFRS	8.21	Zwecks Anwendung des in IFRS 8.20 genannten Grundsatzes macht ein Unternehmen für jede Periode, für die eine Gewinn- und Verlustrechnung erstellt wurde, folgende Angaben:				
785.	IFRS	8.21 (a)	• allgemeine Informationen, so wie in IFRS 8.22 beschrieben				
786.	IFRS	8.21 (b)	• Informationen über das erfasste Periodenergebnis eines Segments, einschließlich spezifischer Erträge und Aufwendungen, die in das erfasste Periodenergebnis eines Segments einbezogen sind, Segmentvermögenswerte und -schulden und die Bemessungsgrundlage, so wie in IFRS 8.23-27 beschrieben				
787.	IFRS	8.21 (c)	• Überleitungsrechnungen für sämtliche Segmenterträge, das erfasste Segmentperiodenergebnis, Segmentvermögenswerte und -schulden und sonstiger wichtiger Segmentposten in Bezug auf die entsprechenden Beträge des Unternehmens, so wie in IFRS 8.28 beschrieben				
788.	IFRS	8.21	• Überleitungsrechnungen für Bilanzbeträge der berichtspflichtigen Segmente in Bezug auf die Bilanzbeträge des Unternehmens sind für jeden Stichtag fällig, an dem eine Bilanz vorgelegt wird. Informationen über frühere Perioden sind gemäß IFRS 8.29 und 8.30 anzupassen				

Checkliste für die Aufstellung / Prüfung des Anhangs nach IFRS (Notes)

0	1	2	3	4	5	6	7
Lfd. Nr.	IAS/ IFRS/ SIC/ IFRIC/ HGB	Nr./Tz. des IAS/IFRS/ bzw. SIC/ IFRIC/HGB	Anhangangabe (Notes)	ent- halten	nicht enthalten (nicht relevant)	nicht enthalten (unwesent- lich)	Bemerkungen/ Referenzen zu Arbeits- papieren

1. Allgemeine Informationen

	IFRS	8.22	Ein Unternehmen legt die folgenden allgemeinen Informationen offen:				
789.	IFRS	8.22 (a)	• Faktoren, die zur Identifizierung der berichts- pflichtigen Segmente des Unternehmens verwendet werden. Dazu zählen die Organi- sationsgrundlage (z. B. die Tatsache, ob sich die Geschäftsführung dafür entschieden hat, das Unternehmen auf der Grundlage der Unterschiede zwischen Produkten und Dienst- leistungen zu organisieren, geografische Bereiche, das regulatorische Umfeld oder eine Kombination von Faktoren und der Umstand, ob Geschäftssegmente zusammengefasst wurden)				
790.	IFRS	8.22 (b)	• Arten von Produkten und Dienstleistungen, die die Grundlage der Erträge jedes berichtspflich- tigen Segments darstellen				

2. Informationen über das Periodenergebnis und über die Vermögenswerte und Schulden

	IFRS	8.23	Ein Unternehmen hat eine Bewertung des Gewinns oder Verlusts für jedes berichtspflichtige Segment vorzulegen. Ein Unternehmen hat eine Bewertung aller Vermögenswerte und der Schulden für jedes berichtspflichtige Segment vorzulegen, wenn ein solcher Betrag der verantwortlichen Unternehmensinstanz regelmäßig gemeldet wird. Ein Unternehmen hat zudem die folgenden Angaben zu jedem berichtspflichtigen Segment zu machen, wenn die angegebenen Beträge in die Bewertung des Gewinns oder Verlusts des Segments einbezogen werden, der von der verantwortlichen Unternehmensinstanz überprüft oder ansonsten dieser regelmäßig übermittelt werden, auch wenn sie nicht in die Bewertung des Gewinns oder Verlusts des Segments einfließen:				
791.	IFRS	8.23 (a)	• Umsätze, die von externen Kunden stammen				
792.	IFRS	8.23 (b)	• Erträge aufgrund von Transaktionen mit anderen Geschäftssegmenten desselben Unter- nehmens				
793.	IFRS	8.23 (c)	• Zinserträge				
794.	IFRS	8.23 (d)	• Zinsaufwendungen				
795.	IFRS	8.23 (e)	• planmäßige Abschreibung				
796.	IFRS	8.23 (f)	• wesentliche Ertrags- und Aufwandsposten, die gemäß IAS 1.97 genannt werden				
797.	IFRS	8.23 (g)	• Anteil des Unternehmens am Periodenergebnis von assoziierten Unternehmen und Joint Ven- tures, die nach der Equity-Methode bilanziert werden				
798.	IFRS	8.23 (h)	• Einkommensteueraufwand oder -ertrag				
799.	IFRS	8.23 (i)	• wesentliche zahlungsunwirksame Posten, bei denen es sich nicht um planmäßige Abschrei- bungen handelt				

| \multicolumn{8}{c}{**Checkliste für die Aufstellung / Prüfung des Anhangs nach IFRS (Notes)**} |
0	1	2	3	4	5	6	7
Lfd. Nr.	IAS/ IFRS/ SIC/ IFRIC/ HGB	Nr./Tz. des IAS/IFRS/ bzw. SIC/ IFRIC/HGB	Anhangangabe (Notes)	ent-halten	nicht enthalten (nicht relevant)	nicht enthalten (unwesent-lich)	Bemerkungen/ Referenzen zu Arbeits-papieren
800.	IFRS	8.23	• Ein Unternehmen weist die Zinserträge gesondert vom Zinsaufwand für jedes berichtspflichtige Segment aus, es sei denn, die meisten Segmenterträge wurden aufgrund von Zinsen erwirtschaftet und der Hauptentscheidungsträger des Unternehmens stützt sich in erster Linie auf die Nettozinserträge, um die Ertragskraft des Segments zu bewerten und Entscheidungen über die Allokation der Ressourcen für das Segment zu treffen. In einem solchen Fall kann ein Unternehmen die Zinserträge des Segments angeben, abzüglich seines Zinsaufwands, und über diese Vorgehensweise informieren				
	IFRS	8.24	Ein Unternehmen macht zudem die folgenden Angaben zu einem jeden berichtspflichtigen Segment, wenn die spezifischen Beträge in die Bewertung der Vermögenswerte des Segments einbezogen sind, die vom Hauptentscheidungsträger des Unternehmens überprüft oder ansonsten diesem regelmäßig übermittelt wurden, auch wenn sie nicht Gegenstand dieser Bewertung der Vermögenswerte des Segments sind:				
801.	IFRS	8.24 (a)	• Betrag der Beteiligungen an assoziierten Unternehmen und Joint Ventures, die nach der Equity-Methode bilanziert werden				
802.	IFRS	8.24 (b)	• Betrag der Steigerungen von langfristigen Vermögenswerten, bei denen es sich nicht um Finanzinstrumente handelt, latenten Steueransprüchen, Leistungen nach Beendigung des Arbeitsverhältnisses (s. IAS 19.54-58) und Rechte aus Versicherungsverträgen (Für Vermögenswerte, die nach einer Liquiditätspräsentation eingestuft werden, sind langfristige Vermögenswerte jene Werte, die Beträge umfassen, bei denen man von einer Beitreibung nach zwölf Monaten nach dem Bilanzstichtag ausgeht)				
\multicolumn{8}{l}{**3. Angaben zur Bewertung**}
	IFRS	8.27	Ein Unternehmen erläutert die Bewertungsgrundlagen für das Periodenergebnis eines Segments sowie die Vermögenswerte und Schulden eines jeden berichtspflichtigen Segments. Zumindest hat ein Unternehmen folgende Angaben zu machen:				
803.	IFRS	8.27 (a)	• die Rechnungslegungsgrundlage für sämtliche Transaktionen zwischen berichtspflichtigen Segmenten				
804.	IFRS	8.27 (b)	• die Wesensart etwaiger Unterschiede zwischen den Bewertungen des Periodenergebnisses eines berichtspflichtigen Segments und dem Periodenergebnis des Unternehmens vor Steueraufwand oder -ertrag eines Unternehmens und Aufgabe von Geschäftsbereichen (falls nicht aus den Überleitungsrechnungen in IFRS 8.28 ersichtlich). Diese Unterschiede könnten Bilanzierungs- und Bewertungsmethoden und Strategien für die Allokation von zentral angefallenen Kosten umfassen, die für das Verständnis der erfassten Segmentinformationen erforderlich sind				

Checkliste für die Aufstellung / Prüfung des Anhangs nach IFRS (Notes)

0	1	2	3	4	5	6	7
Lfd. Nr.	IAS/ IFRS/ SIC/ IFRIC/ HGB	Nr./Tz. des IAS/IFRS/ bzw. SIC/ IFRIC/HGB	Anhangangabe (Notes)	ent-halten	nicht enthalten (nicht relevant)	nicht enthalten (unwesent-lich)	Bemerkungen/ Referenzen zu Arbeits-papieren
805.	IFRS	8.27 (c)	• die Wesensart etwaiger Unterschiede zwischen den Bewertungen der Vermögenswerte eines berichtspflichtigen Segments und den Vermögenswerten des Unternehmens (falls nicht aus den Überleitungsrechnungen in IFRS 8.28 ersichtlich). Diese Unterschiede könnten Bilanzierungs- und Bewertungsmethoden und Strategien für die Allokation von gemeinsam genutzten Vermögenswerten umfassen, die für das Verständnis der erfassten Segmentinformationen erforderlich sind				
806.	IFRS	8.27 (d)	• die Wesensart etwaiger Unterschiede zwischen den Bewertungen der Schulden eines berichtspflichtigen Segments und den Schulden des Unternehmens (falls nicht aus den Überleitungsrechnungen in IFRS 8.28 ersichtlich). Diese Unterschiede könnten Bilanzierungs- und Bewertungsmethoden und Strategien für die Allokation von gemeinsam genutzten Schulden umfassen, die für das Verständnis der erfassten Segmentinformationen erforderlich sind				
807.	IFRS	8.27 (e)	• die Wesensart etwaiger Änderungen der Bewertungsmethoden im Vergleich zu früheren Perioden, die zur Bestimmung des Periodenergebnisses des Segments verwendet werden, und eventuell die Auswirkungen dieser Änderungen auf die Bewertung des Periodenergebnisses des Segments				
808.	IFRS	8.27 (f)	• Wesensart und Auswirkungen etwaiger asymmetrischer Allokationen für berichtspflichtige Segmente. Beispielsweise könnte ein Unternehmen einen Abschreibungsaufwand einem Segment zuordnen, ohne dass das Segment die entsprechenden abschreibungsfähigen Vermögenswerte erhalten hat				
	4. Überleitungsrechnung						
	IFRS	8.28	Ein Unternehmen erstellt Überleitungsrechnungen für alle nachfolgend genannten Vorgänge:				
809.	IFRS	8.28 (a)	• Gesamtbetrag der Erträge der berichtspflichtigen Segmente und Erträge des Unternehmens				
810.	IFRS	8.28 (b)	• Gesamtbetrag der Bewertungen der Periodenergebnisse der berichtspflichtigen Segmente und Periodenergebnis des Unternehmens vor Steueraufwand (Steuerertrag) und Aufgabe von Geschäftsbereichen. Weist ein Unternehmen indes berichtspflichtigen Segmenten Posten wie Steueraufwand (Steuerertrag) zu, kann das Unternehmen für den Gesamtbetrag der Bewertungen der Periodenergebnisse der Segmente und dem Periodenergebnis des Unternehmens eine Überleitungsrechnung nach Ausklammerung dieser Posten erstellen				

\multicolumn{8}{c}{**Checkliste für die Aufstellung / Prüfung des Anhangs nach IFRS (Notes)**}
0	1	2	3	4	5	6	7
Lfd. Nr.	IAS/ IFRS/ SIC/ IFRIC/ HGB	Nr./Tz. des IAS/IFRS/ bzw. SIC/ IFRIC/HGB	Anhangangabe (Notes)	ent-halten	nicht enthalten (nicht relevant)	nicht enthalten (unwesent-lich)	Bemerkungen/ Referenzen zu Arbeits-papieren
811.	IFRS	8.28 (c)	• Gesamtbetrag der Vermögenswerte der berichtspflichtigen Segmente und der Vermögenswerte des Unternehmens				
812.	IFRS	8.28 (d)	• Gesamtbetrag der Schulden der berichtspflichtigen Segmente und Schulden des Unternehmens, wenn die Segmentschulden gemäß IFRS 8.23 erfasst werden				
813.	IFRS	8.28 (e)	• Gesamtbetrag der Beträge der berichtpflichtigen Segmente für jeden anderen wesentlichen Informationsposten, der in Bezug auf den entsprechenden Posten des Unternehmens erfasst wird				
814.	IFRS	8.28	• Alle wesentlichen Abstimmungsposten in den Überleitungsrechnungen sind gesondert zu identifizieren und zu erfassen. So ist z.B. der Betrag einer jeden wesentlichen Anpassung, die für die Abstimmung des Periodenergebnisses des Segments mit dem Periodenergebnis des Unternehmens erforderlich ist und ihren Ursprung in unterschiedlichen Bilanzierungs- und Bewertungsmethoden hat, gesondert zu identifizieren und zu beschreiben				
\multicolumn{8}{l}{**5. Angaben zur Anpassung zuvor veröffentlichter Informationen**}
815.	IFRS	8.29	Ändert ein Unternehmen die Struktur seiner internen Organisation auf eine Art und Weise, die die Zusammensetzung seiner berichtspflichtigen Segmente verändert, müssen die entsprechenden Informationen für frühere Perioden, einschließlich Zwischenperioden, angepasst werden, es sei denn, die erforderlichen Informationen sind nicht verfügbar und die Kosten für ihre Erstellung wären übermäßig hoch. Die Feststellung, ob Informationen nicht verfügbar sind und die Kosten für ihre Erstellung übermäßig hoch liegen, hat für jeden erfassten Einzelposten gesondert zu erfolgen. Infolge einer geänderten Zusammensetzung seiner berichtspflichtigen Segmente macht ein Unternehmen Angaben dazu, ob es die entsprechenden Posten der Segmentinformationen für frühere Perioden angepasst hat				

			Checkliste für die Aufstellung / Prüfung des Anhangs nach IFRS (Notes)				
0	1	2	3	4	5	6	7
Lfd. Nr.	IAS/ IFRS/ SIC/ IFRIC/ HGB	Nr./Tz. des IAS/IFRS/ bzw. SIC/ IFRIC/HGB	Anhangangabe (Notes)	ent- halten	nicht enthalten (nicht relevant)	nicht enthalten (unwesent- lich)	Bemerkungen/ Referenzen zu Arbeits- papieren
816.	IFRS	8.30	Ändert ein Unternehmen die Struktur seiner internen Organisation auf eine Art und Weise, die die Zusammensetzung seiner berichtspflichtigen Segmente verändert, und werden die entsprechenden Informationen für frühere Perioden, einschließlich Zwischenperioden, nicht angepasst, um der Änderung Rechnung zu tragen, macht ein Unternehmen in dem Jahr, in dem die Änderung eintritt, Angaben zu den Segmentinformationen für die derzeitige Berichtsperiode sowohl auf der Grundlage der alten als auch der neuen Segmentstruktur, es sei denn, die erforderlichen Informationen sind nicht verfügbar und die Kosten für ihre Erstellung wären übermäßig hoch				
6. Angaben auf Unternehmensebene							
817.	IFRS	8.31	IFRS 8.32-34 finden auf alle in den Anwendungsbereich dieses IFRS fallenden Unternehmen Anwendung. Dazu zählen auch Unternehmen, die nur ein einziges berichtspflichtiges Segment haben. Einige Geschäftsbereiche des Unternehmens sind nicht auf der Grundlage der Unterschiede zwischen verbundenen Produkten und Dienstleistungen oder Unterschieden zwischen den geografischen Tätigkeitsbereichen organisiert. Die berichtspflichtigen Segmente eines solchen Unternehmens können Angaben zu Erträgen machen, die in einem breiten Spektrum von ihrem Wesen nach unterschiedlichen Produkten und Dienstleistungen erwirtschaftet wurden, oder aber mehrere berichtspflichtige Segmente können ihrem Wesen nach ähnliche Produkte und Dienstleistungen anbieten				
818.	IFRS	8.31	Ebenso können die berichtspflichtigen Segmente eines Unternehmens Vermögenswerte in verschiedenen geografischen Bereichen halten und Erträge von Kunden in diesen verschiedenen geografischen Bereichen erfassen, oder aber mehrere dieser berichtspflichtigen Segmente sind in ein und demselben geografischen Bereich tätig. Die in IFRS 8.32-34 geforderten Informationen sind nur dann beizubringen, wenn sie nicht bereits als Teil der Informationen des berichtspflichtigen Segments gemäß diesem IFRS vorgelegt wurden				

Checkliste für die Aufstellung / Prüfung des Anhangs nach IFRS (Notes)							
0	1	2	3	4	5	6	7
Lfd. Nr.	IAS/ IFRS/ SIC/ IFRIC/ HGB	Nr./Tz. des IAS/IFRS/ bzw. SIC/ IFRIC/HGB	Anhangangabe (Notes)	ent- halten	nicht enthalten (nicht relevant)	nicht enthalten (unwesent- lich)	Bemerkungen/ Referenzen zu Arbeits- papieren
819.	IFRS	8.32	Ein Unternehmen erfasst die Erträge, die von externen Kunden kommen, für jedes Produkt und jede Dienstleistung bzw. für jede Gruppe vergleichbarer Produkte und Dienstleistungen, es sei denn, die erforderlichen Informationen sind nicht verfügbar und die Kosten für ihre Erstellung wären übermäßig hoch. In diesem Fall ist dieser Umstand anzugeben. Die Beträge der erfassten Erträge stützen sich auf die Finanzinformationen, die für die Erstellung des Unternehmensabschlusses verwendet werden				
	IFRS	8.33	Ein Unternehmen macht folgende geografische Angaben, es sei denn, die erforderlichen Informationen sind nicht verfügbar und die Kosten für ihre Erstellung wären übermäßig hoch:			
820.	IFRS	8.33 (a)	• Erträge, die von externen Kunden erwirtschaftet wurden und die dem Herkunftsland des Unternehmens und allen Drittländern insgesamt zugewiesen werden, in denen das Unternehmen Erträge erwirtschaftet. Wenn die Erträge von externen Kunden, die einem einzigen Drittland zugewiesen werden, eine wesentliche Höhe erreichen, sind diese Erträge gesondert anzugeben. Ein Unternehmen hat anzugeben, auf welcher Grundlage die Erträge von externen Kunden den einzelnen Ländern zugewiesen werden				
821.	IFRS	8.33 (b)	• Betrag der Steigerungen von langfristigen Vermögenswerten, bei denen es sich nicht um Finanzinstrumente handelt, latente Steuer- ansprüche, Leistungen nach Beendigung des Arbeitsverhältnisses und Rechte aus Versiche- rungsverträgen, die – im Herkunftsland des Unternehmens und – in allen Drittländern insgesamt belegen sind, in dem das Unter- nehmen Vermögenswerte hält. Wenn die Vermögenswerte in einem einzigen Drittland eine wesentliche Höhe erreichen, sind diese Vermögenswerte gesondert anzugeben				
822.	IFRS	8.33	Die angegebenen Beträge stützen sich auf die Finanzinformationen, die für die Erstellung des Unternehmensabschlusses verwendet werden. Wenn die erforderlichen Informationen nicht verfügbar sind und die Kosten für ihre Erstel- lung übermäßig hoch liegen würden, ist diese Tatsache anzugeben. Über die von diesem Paragraphen geforderten Informationen hinaus kann ein Unternehmen Zwischensummen für die geografischen Informationen über Ländergrup- pen vorlegen				

Lfd. Nr.	IAS/ IFRS/ SIC/ IFRIC/ HGB	Nr./Tz. des IAS/IFRS/ bzw. SIC/ IFRIC/HGB	Anhangangabe (Notes)	ent- halten	nicht enthalten (nicht relevant)	nicht enthalten (unwesent- lich)	Bemerkungen/ Referenzen zu Arbeits- papieren
0	1	2	3	4	5	6	7
823.	IFRS	8.34	Ein Unternehmen hat Informationen über den Grad seiner Abhängigkeit von seinen wichtigen Kunden vorzulegen. Wenn sich die Umsatzerlöse aus Geschäftsvorfällen mit einem einzigen externen Kunden auf mindestens 10 % der Umsatzerlöse des Unternehmens belaufen, hat das Unternehmen diese Tatsache anzugeben sowie den Gesamtbetrag der Umsatzerlöse von jedem derartigen Kunden und die Identität des Segments bzw. der Segmente, in denen die Umsatzerlöse ausgewiesen werden. Das Unternehmen muss die Identität eines wichtigen Kunden oder die Höhe der Umsatzerlöse, die jedes Segment in Bezug auf diesen Kunden ausweist, nicht offenlegen. Im Sinne dieses IFRS ist eine Gruppe von Unternehmen, von denen das berichtende Unternehmen weiß, dass sie unter gemeinsamer Beherrschung stehen, als ein einziger Kunde anzusehen, ob eine staatliche Stelle einschließlich Institutionen mit hoheitlichen Aufgaben und ähnliche Körperschaften, unabhängig davon, ob sie auf lokaler, nationaler oder internationaler Ebene angesiedelt sind, sowie Unternehmen, von denen das berichtende Unternehmen weiß, dass sie der Beherrschung durch diese staatliche Stelle unterliegen, als ein einziger Kunde angesehen werden, muss allerdings zunächst geprüft werden. Bei dieser Prüfung trägt das berichtende Unternehmen dem Umfang der wirtschaftlichen Integration zwischen diesen Unternehmen Rechnung				
824.	IFRS	8.36	Segmentinformationen für frühere Geschäftsjahre, die als Vergleichsinformationen für das erste Jahr der Anwendung (einschließlich der Anwendung der Änderung von Paragraph 23 vom April 2009) vorgelegt werden, müssen angepasst werden, um die Anforderungen dieses IFRS zu erfüllen, es sei denn, die erforderlichen Informationen sind nicht verfügbar und die Kosten für ihre Erstellung wären übermäßig hoch				
7. Sonstige Angaben							
825.	IAS	36.129 (a)	Die Höhe des Wertminderungsaufwands, der während der Berichtsperiode im Gewinn oder Verlust und im sonstigen Ergebnis erfasst wurde *(für jedes berichtspflichtige Segment)*				
826.	IAS	36.129 (b)	Die Höhe der Wertaufholung, die während der Berichtsperiode im Gewinn oder Verlust und im sonstigen Ergebnis erfasst wurde *(für jedes berichtspflichtige Segment)*				

\multicolumn{8}{c	}{**Checkliste für die Aufstellung / Prüfung des Anhangs nach IFRS (Notes)**}
0	1	2	3	4	5	6	7
Lfd. Nr.	IAS/ IFRS/ SIC/ IFRIC/ HGB	Nr./Tz. des IAS/IFRS/ bzw. SIC/ IFRIC/HGB	Anhangangabe (Notes)	ent- halten	nicht enthalten (nicht relevant)	nicht enthalten (unwesent- lich)	Bemerkungen/ Referenzen zu Arbeits- papieren
			II. Ergebnis je Aktie *(Pflichtangabe nur für börsennotierte Unternehmen bzw. Unternehmen, die Ausgabe von Aktien beantragt haben (vgl. IAS 33.2). Ein Unternehmen, welches weder über Stammaktien noch potentielle Stammaktien, welche öffentlich gehandelt werden, verfügt, und dennoch ein Ergebnis je Aktie angibt, hat das Ergebnis je Aktie gemäß IAS 33 zu ermitteln und anzugeben)*				
827.	IAS	33.68	Ein Unternehmen, das die Aufgabe eines Geschäftsbereichs meldet, hat die unver- wässerten und verwässerten Ergebnisse je Aktie für den aufgegebenen Geschäftsbereich entweder in der Gesamtergebnisrechnung oder im Anhang zum Abschluss auszu- weisen				
828.	IAS	33.68A	Wenn ein Unternehmen die Ergebnisbe- standteile in einer gesonderten GuV gem. IAS 1.81 darstellt, so hat es das unverwässerte Ergebnis je Aktie für den aufgegebenen Geschäftsbereich gem. IAS 33.68 in diesem Abschlussbestandteil oder im Anhang auszuweisen				
	IAS	33.70	Ein Unternehmen hat folgende Angaben zu machen:				
829.	IAS	33.70 (a)	• die zur Berechnung von unverwässerten und verwässerten Ergebnissen je Aktie als Zähler verwendeten Beträge sowie eine Überleitungsrechnung der entsprechenden Beträge zu dem dem Mutterunternehmen zurechenbaren Gewinn oder Verlust. Die Überleitungsrechnung hat die Einzelauswirkungen jeder Art von Instru- menten auszuweisen, die das Ergebnis je Aktie beeinflussen				
830.	IAS	33.70 (b)	• die gewichtete durchschnittliche Anzahl von Stammaktien, welche als Nenner in der Berechnung der unverwässerten und ver- wässerten Ergebnisse je Aktie verwendet wurde, sowie eine Überleitungsrechnung dieser Nenner zueinander. Die Über- leitungsrechnung hat die Einzelaus- wirkungen jeder Art von Instrumenten auszuweisen, die das Ergebnis je Aktie beeinflussen				
831.	IAS	33.70 (c)	• Instrumente (darunter auch bedingtes Kapital), die das unverwässerte Ergebnis je Aktie in Zukunft potenziell verwässern könnten, die jedoch nicht in die Berechnung des verwässerten Ergebnisses je Aktie eingeflossen sind, weil sie für die darge- stellte(n) Periode(n) einer Verwässerung entgegenwirken				

			Checkliste für die Aufstellung / Prüfung des Anhangs nach IFRS (Notes)				
0	1	2	3	4	5	6	7
Lfd. Nr.	IAS/ IFRS/ SIC/ IFRIC/ HGB	Nr./Tz. des IAS/IFRS/ bzw. SIC/ IFRIC/HGB	Anhangangabe (Notes)	ent-halten	nicht enthalten (nicht relevant)	nicht enthalten (unwesent-lich)	Bemerkungen/ Referenzen zu Arbeits-papieren
832.	IAS	33.70 (d)	• eine Beschreibung der Geschäftsvorfälle mit Stammaktien oder potenziellen Stammaktien – mit Ausnahme der gem. IAS 33.64 berück-sichtigten Geschäftsvorfälle –, die nach dem Bilanzstichtag zustande kommen und die Anzahl der am Ende der Periode im Umlauf befindlichen Stammaktien oder potenziellen Stammaktien erheblich verändert hätten, wenn diese Geschäftsvorfälle vor Ende der Berichtsperiode stattgefunden hätten				
	IAS	33.71	Beispiele für solche in IAS 33.70 (d) genannten Geschäftsvorfälle sind:				
833.	IAS	33.71 (a)	• Ausgabe von Aktien gegen liquide Mittel				
834.	IAS	33.71 (b)	• Ausgabe von Aktien, wenn die Erlöse dazu verwendet werden, zum Bilanzstichtag Schulden oder im Umlauf befindliche Vorzugsaktien zu tilgen				
835.	IAS	33.71 (c)	• Tilgung von im Umlauf befindlichen Stammaktien				
836.	IAS	33.71 (d)	• Umwandlung oder Ausübung des Bezug-rechtes potentieller, sich zum Bilanzstichtag im Umlauf befindlicher Stammaktien in Stammaktien				
837.	IAS	33.71 (e)	• Ausgabe von Optionen, Optionsscheinen oder wandelbaren Instrumenten				
838.	IAS	33.71 (f)	• Erfüllung von Bedingungen, welche die Aus-gabe von bedingtem Kapital zur Folge hätten				
839.	IAS	33.72	*Freiw. Angabe*: Finanzinstrumente und sonstige Verträge, welche zu potentiellen Stammaktien führen, können Bedingungen enthalten, welche die Messung des unverwässerten und ver-wässerten Ergebnisses je Aktie beeinflussen. Diese Bedingungen können entscheidend sein für die Frage, ob bei potenzielle Stammaktien ein Verwässerungseffekt vorliegt und, falls dem so ist, für die Auswirkungen auf die gewichtete durchschnittliche Anzahl im Umlauf befind-licher Aktien sowie alle daraus resultierenden Berichtigungen des Periodengewinnes, der den Stammaktionären zuzurechnen ist. Die Angabe der Vertragsbedingungen dieser Finanzinstru-mente und anderer Verträge wird empfohlen, sofern diese nicht ohnehin verlangt werden *(vgl. IFRS 7)*				

			Checkliste für die Aufstellung / Prüfung des Anhangs nach IFRS (Notes)				
0	1	2	3	4	5	6	7
Lfd. Nr.	IAS/ IFRS/ SIC/ IFRIC/ HGB	Nr./Tz. des IAS/IFRS/ bzw. SIC/ IFRIC/HGB	Anhangangabe (Notes)	ent- halten	nicht enthalten (nicht relevant)	nicht enthalten (unwesent- lich)	Bemerkungen/ Referenzen zu Arbeits- papieren
840.	IAS	33.73	Falls ein Unternehmen zusätzlich zum unver- wässerten und verwässerten Ergebnis je Aktie Beträge je Aktie angibt, die mittels eines im Bericht enthaltenen Bestandteils des Perioden- gewinns ermittelt werden, der von IAS 33 abweicht, so sind derartige Beträge unter Ver- wendung der gemäß diesem Standard ermit- telten gewichteten durchschnittlichen Anzahl von Stammaktien zu bestimmen. Unverwässerte und verwässerte Beträge je Aktie, die sich auf einen derartigen Bestandteil beziehen, sind gleichrangig anzugeben und im Anhang aus- zuweisen. Ein Unternehmen hat auf die Grund- lage zur Ermittlung der(s) Nenner(s) hinzu- weisen, einschl. der Angabe, ob es sich bei den entsprechenden Beträgen je Aktie um Vor- oder Nachsteuerbeträge handelt. Bei Verwen- dung eines Bestandteils des Periodengewinns, der nicht als eigenständiger Posten in der Gesamtergebnisrechnung ausgewiesen wird, ist eine Überleitung zwischen diesem ver- wendeten Bestandteil zu einem in der Gesamt- ergebnisrechnung ausgewiesenen Posten herzustellen				
841.	IAS	33.73A	IAS 33.73 ist auch auf ein Unternehmen anwendbar, das zusätzlich zum unverwäs- serten und verwässerten Ergebnis je Aktie Beträge je Aktie angibt, die mittels eines im Bericht enthaltenen Bestandteils der geson- derten GuV (gem. IAS 1.81) ausgewiesen werden, der nicht von diesem Standard vorge- schrieben wird				
842.	IAS	33.64	Wenn die Anzahl der im Umlauf befindlichen Stammaktien oder potenziellen Stammaktien auf Grund einer Kapitalisierung, Emission von Gratisaktien oder einer Neustückelung von Aktien zunimmt, oder als Ergebnis einer Zu- sammenlegung des Aktienkapitals abnimmt, so ist die Berechnung des unverwässerten und verwässerten Ergebnisses je Aktie für alle vor- gelegten Perioden rückwirkend zu berichten. Falls diese Änderungen nach dem Bilanz- stichtag, aber vor der Veröffentlichungsfrei- gabe des Abschlusses eintreten, sind die Be- rechnungen je Aktie für den Abschluss, der für diese Periode vorgelegt wird, sowie für die Abschlüsse aller früheren Perioden auf der Grundlage der neuen Anzahl der Aktien vor- zunehmen. Die Tatsache, dass Je-Aktie-Berech- nungen derartige Änderungen in der Anzahl der Aktien widerspiegeln, ist anzugeben. Unverwässerte und verwässerte Ergebnisse je Aktie aller dargestellten Perioden sind außerdem hinsichtlich der Auswirkungen von Fehlern und Berichtigungen aus Änderungen der Bilanzierungs- und Bewertungsmethoden, die rückwirkend berücksichtigt werden, anzu- passen				

Checkliste für die Aufstellung / Prüfung des Anhangs nach IFRS (Notes)

0	1	2	3	4	5	6	7
Lfd. Nr.	IAS/ IFRS/ SIC/ IFRIC/ HGB	Nr./Tz. des IAS/IFRS/ bzw. SIC/ IFRIC/HGB	Anhangangabe (Notes)	ent- halten	nicht enthalten (nicht relevant)	nicht enthalten (unwesent- lich)	Bemerkungen/ Referenzen zu Arbeits- papieren

III. Angaben zu Eventualverbindlichkeiten und Eventualforderungen
1. Angaben ggf. kombiniert mit Angaben zu Rückstellungen *(vgl. E.III.3.)*

	IAS	37.86	Sofern die Möglichkeit eines Abflusses bei der Erfüllung nicht unwahrscheinlich ist, hat ein Unternehmen für jede Gruppe von Eventualverbindlichkeiten zum Bilanzstichtag eine kurze Beschreibung der Eventualverbindlichkeit und, falls praktikabel, folgende Angaben zu machen:				
843.	IAS	37.86 (a)	• Schätzung der finanziellen Auswirkungen, bewertet nach IAS 37.36-52				
844.	IAS	37.86 (b)	• Angabe von Unsicherheiten hinsichtlich des Betrages oder der Fälligkeiten von Abflüssen				
845.	IAS	37.86 (c)	• Möglichkeit einer Erstattung				
846.	IAS	37.88	Wenn aus denselben Umständen eine Rück- stellung und eine Eventualverbindlichkeit entstehen, erfolgt die nach den IAS 37.84-86 erforderliche Angabe vom Unternehmen in einer Art und Weise, die den Zusammenhang zwischen der Rückstellung und der Eventual- verbindlichkeit aufzeigt				
847.	IAS	37.89	Ist ein Zufluss von wirtschaftlichem Nutzen wahr- scheinlich, so hat ein Unternehmen eine kurze Beschreibung der Art der Eventualforderungen zum Bilanzstichtag und, wenn praktikabel, eine Schätzung der finanziellen Auswirkungen, bewertet auf der Grundlage der Vorgaben für Rückstellungen gem. IAS 37.36-52 anzugeben				
848.	IAS	38.90	Es ist wichtig, dass bei Angaben zu Eventual- forderungen irreführende Angaben zur Wahr- scheinlichkeit des Entstehens von Erträgen vermieden werden				
849.	IAS	37.91	Werden die erforderlichen Angaben zu Even- tualverbindlichkeiten und Eventualforde- rungen (IAS 37.86 und 89) aus Gründen der Praktikabilität nicht gemacht, so ist diese Tatsache anzugeben				
850.	IAS	37.92	In äußerst seltenen Fällen kann damit gerechnet werden, dass die teilweise oder vollständige Angabe von Informationen nach IAS 37.84-89 die Lage des Unternehmens in einem Rechts- streit mit anderen Parteien über den Gegen- stand der Rückstellungen, Eventualverbind- lichkeiten oder Eventualforderungen ernsthaft beeinträchtigt. In diesen Fällen muss das Unternehmen die Angaben nicht machen, es hat jedoch den all- gemeinen Charakter des Rechtsstreites darzu- legen, sowie die Tatsache, dass gewisse Angaben nicht gemacht wurden und die Gründe dafür				

2. Gesondert geregelt für einzelne Sachverhalte
(vgl. auch die entsprechenden Angaben zu den jeweiligen Bilanzposten unter E.)

851.	IFRS	3.B64 (j)	für jede gem. IFRS 3.23 angesetzte Eventual- verbindlichkeit sind die in IAS 37.85 verlangten Angaben zu machen				

Checkliste für die Aufstellung / Prüfung des Anhangs nach IFRS (Notes)							
0	1	2	3	4	5	6	7
Lfd. Nr.	IAS/ IFRS/ SIC/ IFRIC/ HGB	Nr./Tz. des IAS/IFRS/ bzw. SIC/ IFRIC/HGB	Anhangangabe (Notes)	ent- halten	nicht enthalten (nicht relevant)	nicht enthalten (unwesent- lich)	Bemerkungen/ Referenzen zu Arbeits- papieren
	IFRS	3.B64(j)	Falls eine Eventualverbindlichkeit nicht (gem. IFRS 3.23) angesetzt wurde, da der beizulegende Zeitwert nicht verlässlich bestimmt werden kann, hat der Erwerber folgende Angaben zu machen:				
852.	IFRS	3.B64(j) (i)	• Die in IAS 37.86 geforderten Angaben				
853.	IFRS	3.B64(j) (i)	• Die Gründe, warum die Verbindlichkeit nicht verlässlich bewertet werden kann				
854.	IAS	18.36/11.45	Alle Eventualverbindlichkeiten und -forderun- gen (auch aus langfristigen Fertigungsauf- trägen), z.B. aus Gewährleistungen, Klagen, Nachforderungen, Vertragsstrafen oder mög- lichen Verlusten (Angaben gem. IAS 37)				
855.	IAS	12.88	Alle steuerbezogenen Eventualverbindlich- keiten und -forderungen gem. IAS 37 (z.B. bei ausstehender Klärung von strittigen Steuer- fragen mit den Steuerbehörden)				
	IAS	19.32B	IAS 37 verpflichtet ein Unternehmen, bestimmte Eventualverbindlichkeiten zu erfassen oder darüber Angaben im Abschluss zu machen. Im Rahmen eines gemeinschaftlichen Plans mehrerer Arbeitgeber kann eine Eventualverbindlichkeit z.B. entstehen:				
856.	IAS	19.32B (a)	• wenn bei einem anderen am Plan teilnehmen- den Unternehmen versicherungsmathe- matische Verluste auftreten, weil jedes an einem gemeinschaftlichen Plan mehrerer Arbeitgeber teilnehmende Unternehmen die versicherungsmathematischen Risiken der anderen teilnehmenden Unternehmen mitträgt				
857.	IAS	19.32B (b)	• wenn gemäß den Regelungen des Plans eine Verpflichtung zur Finanzierung eines etwaigen Fehlbetrages infolge des Aus- scheidens anderer teilnehmenden Unter- nehmen besteht				
858.	IAS	19.125/141	In den Fällen, in denen dies nach IAS 37 ver- langt ist, hat ein Unternehmen Informationen über Eventualverbindlichkeiten im Zusam- menhang mit Verpflichtungen aus Leistungen nach Beendigung des Arbeitsverhältnisses zu geben				
859.	IAS	20.39 (c)	Unerfüllte Bedingungen und andere Erfolgs- unsicherheiten im Zusammenhang mit im Abschluss erfassten Beihilfen der öffentlichen Hand				
	IAS	28.40	Bei Beteiligungen an assoziierten Unternehmen hat der Anteilseigner in Übereinstimmung mit IAS 37 Folgendes anzugeben:				
860.	IAS	28.40 (a)	• seinen Anteil an den gemeinschaftlich mit anderen Anteilseignern eingegangenen Eventualverbindlichkeiten des assoziierten Unternehmens				
861.	IAS	28.40 (b)	• solche Eventualverbindlichkeiten, die ent- stehen, weil der Anteilseigner getrennt für alle oder einzelne Schulden des assoziierten Unternehmens haftet				

Checkliste für die Aufstellung / Prüfung des Anhangs nach IFRS (Notes)

Lfd. Nr.	IAS/ IFRS/ SIC/ IFRIC/ HGB	Nr./Tz. des IAS/IFRS/ bzw. SIC/ IFRIC/HGB	Anhangangabe (Notes)	ent-halten	nicht enthalten (nicht relevant)	nicht enthalten (unwesent-lich)	Bemerkungen/ Referenzen zu Arbeits-papieren
	IAS	31.54	Ein Partnerunternehmen hat die Summe der im Folgenden angeführten Eventualverbindlichkeiten getrennt vom Betrag anderer Eventualverbindlichkeiten anzugeben, es sei denn, die Wahrscheinlichkeit eines Verlustes ist äußerst gering:				
862.	IAS	31.54 (a)	• Eventualverbindlichkeiten eines Partner-unternehmens auf Grund von gemeinschaft-lich eingegangenen Verpflichtungen aller Partnerunternehmen zu Gunsten des Joint Ventures				
863.	IAS	31.54 (a)	• seinen Anteil an gemeinschaftlich mit anderen Partnerunternehmen eingegangenen Eventual-verbindlichkeiten				
864.	IAS	31.54 (b)	• seinen Anteil an den Eventualverbindlich-keiten des Joint Ventures, für den es ggf. haftet				
865.	IAS	31.54 (c)	• jene Eventualverbindlichkeiten, welche aus der Haftung des Partnerunternehmens für die Schulden der anderen Partnerunternehmen des Joint Ventures entstehen				
IV. Angaben zu Transaktionen mit nahe stehenden Unternehmen und Personen							
866.	IAS	24.3	Nach diesem Standard müssen in den nach IAS 27 *Konzern- und Einzelabschlüsse* vorgelegten Konzern- und Einzelabschlüssen eines Mutterunternehmens, Partnerunter-nehmens oder Anteilseigners Beziehungen, Geschäftsvorfälle und ausstehende Salden (einschließlich Verpflichtungen) mit nahe-stehenden Unternehmen und Personen angegeben werden. Dieser Standard ist auch auf Einzelabschlüsse anzuwenden				
867.	IAS	24.4	Geschäftsvorfälle und ausstehende Salden mit nahestehenden Unternehmen und Personen einer Gruppe werden im Abschluss des Unternehmens angegeben. Bei der Aufstellung des Konzernabschlusses werden diese gruppeninternen Geschäftsvorfälle und ausstehenden Salden eliminiert				
868.	IAS	24.13	Beziehungen zwischen einem Mutter- und seinen Tochterunternehmen sind anzugeben, unabhängig davon, ob Geschäftsvorfälle zwischen ihnen stattgefunden haben. Ein Unternehmen hat den Namen seines Mutter-unternehmens und, falls abweichend, den Namen des obersten beherrschenden Unter-nehmens anzugeben. Veröffentlicht weder das Mutterunternehmen noch das oberste beherr-schende Unternehmen einen Konzern-abschluss, ist auch der Name des nächst-höheren Mutterunternehmens, das einen Konzernabschluss veröffentlicht, anzugeben				

Checkliste für die Aufstellung / Prüfung des Anhangs nach IFRS (Notes)							
0	1	2	3	4	5	6	7
Lfd. Nr.	IAS/ IFRS/ SIC/ IFRIC/ HGB	Nr./Tz. des IAS/IFRS/ bzw. SIC/ IFRIC/HGB	Anhangangabe (Notes)	ent- halten	nicht enthalten (nicht relevant)	nicht enthalten (unwesent- lich)	Bemerkungen/ Referenzen zu Arbeits- papieren
869.	IAS	24.14	Damit sich die Abschlussadressaten ein Urteil darüber bilden können, wie sich Beziehungen zu nahestehenden Unternehmen und Personen auf ein Unternehmen auswirken, sollten solche Beziehungen stets angegeben werden, wenn ein Beherrschungsverhältnis vorliegt, und zwar unabhängig davon, ob es zwischen den nahestehenden Unternehmen und Personen Geschäftsvorfälle gegeben hat				
870.	IAS	24.15	Die Pflicht zur Angabe solcher Beziehungen zwischen einem Mutter- und seinen Tochter- unternehmen besteht zusätzlich zu den Angabe- pflichten in IAS 27, IAS 28 *Anteile an assoziierten Unternehmen* und IAS 31 *Anteile an Gemeinschaftsunternehmen*				
871.	IAS	24.16	In IAS 24.13 wird auf das nächsthöhere Mutterunternehmen verwiesen. Dabei handelt es sich um das erste Mutterunternehmen über dem unmittelbaren Mutterunternehmen, das einen Konzernabschluss veröffentlicht				
	IAS	24.17	Ein Unternehmen hat die Vergütung der Mitglieder seines Managements in Schlüsselpositionen sowohl insgesamt als auch gesondert für jede der folgenden Kategorien anzugeben:				
872.	IAS	24.17 (a)	• kurzfristig fällige Leistungen				
873.	IAS	24.17 (b)	• Leistungen nach Beendigung des Arbeits- verhältnisses				
874.	IAS	24.17 (c)	• andere langfristig fällige Leistungen				
875.	IAS	24.17 (d)	• Leistungen aus Anlass der Beendigung des Arbeitsverhältnisses und				
876.	IAS	24.17 (e)	• anteilsbasierte Vergütungen				
	IAS	24.18	Hat es bei einem Unternehmen in den Zeiträumen, auf die sich die Abschlüsse beziehen, Geschäftsvorfälle mit nahestehenden Unternehmen oder Personen gegeben, so hat es anzugeben, welcher Art seine Beziehung zu dem nahestehenden Unternehmen / der nahestehenden Person ist, und die Abschlussadressaten über diejenigen Geschäftsvorfälle und ausstehenden Salden (einschließlich Verpflichtungen) zu informieren, die diese benötigen, um die möglichen Auswirkungen dieser Beziehung auf den Abschluss nachzuvollziehen. Diese Angabepflichten bestehen zusätzlich zu den in Paragraph 17 genannten Pflichten. Diese Angaben müssen zumindest Folgendes umfassen:				
877.	IAS	24.18 (a)	• die Höhe der Geschäftsvorfälle				
878.	IAS	24.18 (b)	• die Höhe der ausstehenden Salden, einschließ- lich Verpflichtungen, und				
879.	IAS	24.18 (b) (i)	→ deren Bedingungen und Konditionen - u.a., ob eine Besicherung besteht - sowie die Art der Leistungserfüllung und				
880.	IAS	24.18 (b) (ii)	→ Einzelheiten gewährter oder erhaltener Garantien				
881.	IAS	24.18 (c)	• Rückstellungen für zweifelhafte Forderungen im Zusammenhang mit ausstehenden Salden und				

Checkliste für die Aufstellung / Prüfung des Anhangs nach IFRS (Notes)							
0	1	2	3	4	5	6	7
Lfd. Nr.	IAS/ IFRS/ SIC/ IFRIC/ HGB	Nr./Tz. des IAS/IFRS/ bzw. SIC/ IFRIC/HGB	Anhangangabe (Notes)	ent- halten	nicht enthalten (nicht relevant)	nicht enthalten (unwesent- lich)	Bemerkungen/ Referenzen zu Arbeits- papieren
882.	IAS	24.18 (d)	• den während der Periode erfassten Aufwand für uneinbringliche oder zweifelhafte Forde- rungen gegenüber nahestehenden Unternehmen und Personen				
	IAS	24.19	Die in IAS 24.18 vorgeschriebenen Angaben sind für jede der folgenden Kategorien gesondert vorzulegen:				
883.	IAS	24.19 (a)	• das Mutterunternehmen				
884.	IAS	24.19 (b)	• Unternehmen, die an der gemeinschaftlichen Führung des Unternehmens beteiligt sind, oder maßgeblichen Einfluss auf das Unternehmen haben				
885.	IAS	24.19 (c)	• Tochterunternehmen				
886.	IAS	24.19 (d)	• assoziierte Unternehmen				
887.	IAS	24.19 (e)	• Gemeinschaftsunternehmen, bei denen das Unternehmen ein Partnerunternehmen ist				
888.	IAS	24.19 (f)	• Mitglieder des Managements in Schlüssel- positionen des Unternehmens oder dessen Mutterunternehmens und				
889.	IAS	24.19 (g)	• sonstige nahestehende Unternehmen und Personen				
890.	IAS	24.20	Die in IAS 24.19 vorgeschriebene Auf- schlüsselung der an nahestehende Unternehmen und Personen zu zahlenden oder von diesen zu fordernden Beträge in verschiedene Kategorien stellt eine Erweiterung der Angabepflichten des IAS 1 *Darstellung des Abschlusses* für die Informationen dar, die entweder in der Bilanz oder im Anhang darzustellen sind. Die Kategorien werden erweitert, um eine umfassendere Analyse der Salden nahestehender Unternehmen und Personen zu ermöglichen, und sind auf Geschäftsvorfälle mit nahestehenden Unternehmen und Personen anzuwenden				
	IAS	24.21	Es folgen Beispiele von Geschäftsvorfällen, die anzugeben sind, wenn sie mit nahestehenden Unternehmen oder Personen abgewickelt werden:				
891.	IAS	24.21 (a)	• Käufe oder Verkäufe (fertiger oder unfertiger) Güter				
892.	IAS	24.21 (b)	• Käufe oder Verkäufe von Grundstücken, Bauten und anderen Vermögenswerten				
893.	IAS	24.21 (c)	• geleistete oder bezogene Dienstleistungen				
894.	IAS	24.21 (d)	• Leasingverhältnisse				
895.	IAS	24.21 (e)	• Dienstleistungstransfers im Bereich Forschung und EntwicklungDE				
896.	IAS	24.21 (f)	• Transfers aufgrund von Lizenzvereinbarungen				
897.	IAS	24.21 (g)	• Transfers im Rahmen von Finanzierungs- vereinbarungen (einschließlich Darlehen und Kapitaleinlagen in Form von Bar- oder Sacheinlagen)				

Checkliste für die Aufstellung / Prüfung des Anhangs nach IFRS (Notes)

0	1	2	3	4	5	6	7
Lfd. Nr.	IAS/ IFRS/ SIC/ IFRIC/ HGB	Nr./Tz. des IAS/IFRS/ bzw. SIC/ IFRIC/HGB	Anhangangabe (Notes)	ent- halten	nicht enthalten (nicht relevant)	nicht enthalten (unwesent- lich)	Bemerkungen/ Referenzen zu Arbeits- papieren
898.	IAS	24.21 (h)	• Gewährung von Bürgschaften oder Sicherheiten				
899.	IAS	24.21 (i)	• Verpflichtungen, bei künftigem Eintritt oder Ausbleiben eines bestimmten Ereignisses etwas Bestimmtes zu tun, worunter auch (erfasste und nicht erfasste) erfüllungs- bedürftige Verträge (In IAS 37 Rückstel- lungen, Eventualverbindlichkeiten und Eventualforderungen werden erfüllungs- bedürftige Verträge definiert als Verträge, bei denen beide Parteien ihre Verpflichtungen in keiner Weise oder teilweise zu gleichen Teilen erfüllt haben.) fallen und				
900.	IAS	24.21 (j)	• die Erfüllung von Verbindlichkeiten für Rechnung des Unternehmens oder durch das Unternehmen für Rechnung dieses nahestehenden Unternehmens/dieser nahestehenden Person				
901.	IAS	24.22	• Die Teilnahme eines Mutter- oder Tochterunternehmens an einem leistungsorientierten Plan, der Risiken zwischen den Unternehmen einer Gruppe aufteilt, stellt einen Geschäftsvorfall zwischen nahestehenden Unternehmen und Personen dar (siehe IAS 19.34B)				
902.	IAS	24.23	• Die Angabe, dass Geschäftsvorfälle mit nahestehenden Unternehmen und Personen unter den gleichen Bedingungen abgewickelt wurden wie Geschäftsvorfälle mit unabhän- gigen Geschäftspartnern, ist nur zulässig, wenn dies nachgewiesen werden kann				
903.	IAS	24.24	Gleichartige Posten dürfen zusammengefasst angegeben werden, es sei denn, eine gesonderte Angabe ist erforderlich, um die Auswirkungen der Geschäftsvorfälle mit nahestehenden Unternehmen und Personen auf den Abschluss des Unternehmens beurteilen zu können				
	IAS	24.25	Ein berichtendes Unternehmen ist von der in IAS 24.18 festgelegten Pflicht zur Angabe von Geschäftsvorfällen und ausstehenden Salden (einschließlich Verpflichtungen) mit nahestehenden Unternehmen und Personen befreit, wenn es sich bei diesen Unternehmen und Personen handelt um:				
904.	IAS	24.25 (a)	• eine öffentliche Stelle, die das berichtende Unternehmen beherrscht, an dessen ge- meinschaftlicher Führung beteiligt ist oder maßgeblichen Einfluss auf das berichtende Unternehmen hat, oder				
905.	IAS	24.25 (b)	• ein anderes Unternehmen, das als nahestehend zu betrachten ist, weil dieselbe öffentliche Stelle sowohl das berichtende als auch dieses andere Unternehmen beherrscht, an deren gemeinschaftlicher Führung beteiligt ist oder maßgeblichen Einfluss auf diese hat				

Checkliste für die Aufstellung / Prüfung des Anhangs nach IFRS (Notes)

0	1	2	3	4	5	6	7
Lfd. Nr.	IAS/ IFRS/ SIC/ IFRIC/ HGB	Nr./Tz. des IAS/IFRS/ bzw. SIC/ IFRIC/HGB	Anhangangabe (Notes)	ent-halten	nicht enthalten (nicht relevant)	nicht enthalten (unwesent-lich)	Bemerkungen/ Referenzen zu Arbeits-papieren
	IAS	24.26	Nimmt ein berichtendes Unternehmen die Ausnahmeregelung des IAS 24.25 in Anspruch, hat es zu den dort genannten Geschäftsvorfällen und dazugehörigen ausstehenden Salden Folgendes anzugeben:				
906.	IAS	24.26 (a)	• den Namen der öffentlichen Stelle und die Art ihrer Beziehung zu dem berichtenden Unternehmen (d.h. Beherrschung, gemein-schaftliche Führung oder maßgeblicher Einfluss)				
907.	IAS	24.26 (b)	• die folgenden Informationen und zwar so detailliert, dass die Abschlussadressaten die Auswirkungen der Geschäftsvorfälle mit nahestehenden Unternehmen und Personen auf dessen Abschluss beurteilen können:				
908.	IAS	24.26 (b) (i)	→ Art und Höhe jedes Geschäftsvorfalls, der für sich genommen signifikant ist				
909.	IAS	24.26 (b) (ii)	→ qualitativer oder quantitativer Umfang von Geschäftsvorfällen, die zwar nicht für sich genommen, aber in ihrer Gesamtheit signifikant sind. Hierunter fallen u.a. Geschäftsvorfälle der in IAS 24.21 genannten Art				
910.	IAS	24.27	Wenn das berichtende Unternehmen nach bestem Wissen und Gewissen den Grad der Detailliertheit der in IAS 24.26b vorgeschriebenen Angaben bestimmt, trägt es der Nähe der Beziehung zu nahestehenden Unternehmen und Personen sowie anderen für die Bestimmung der Signifikanz des Geschäftsvorfalls Rechnung, d.h., ob dieser				
911.	IAS	24.27 (a)	• von seinem Umfang her signifikant ist				
912.	IAS	24.27 (b)	• zu marktunüblichen Bedingungen stattgefunden hat				
913.	IAS	24.27 (c)	• außerhalb des regulären Tagesgeschäfts anzusiedeln ist, wie der Kauf oder Verkauf von Unternehmen				
914.	IAS	24.27 (d)	• Regulierungs- oder Aufsichtsbehörden gemeldet wird				
915.	IAS	24.27 (e)	• der oberen Führungsebene gemeldet wird				
916.	IAS	24.27 (f)	• von den Anteilseignern genehmigt werden muss				
917.	IAS	19.23/19.47/ 19.124/19.131/ 19.143	Angaben über Leistungen an das Management *(vgl. auch E.III.2)*				
918.	IAS	32.34	Beim Rückerwerb eigener Eigen-kapitalinstrumente von nahe stehenden Unternehmen und Personen sind die Angabe-pflichten gem. IAS 24 zu beachten				

Checkliste für die Aufstellung / Prüfung des Anhangs nach IFRS (Notes)							
0	1	2	3	4	5	6	7
Lfd. Nr.	IAS/ IFRS/ SIC/ IFRIC/ HGB	Nr./Tz. des IAS/IFRS/ bzw. SIC/ IFRIC/HGB	Anhangangabe (Notes)	ent-halten	nicht enthalten (nicht relevant)	nicht enthalten (unwesent-lich)	Bemerkungen/ Referenzen zu Arbeits-papieren
\multicolumn{8}{} **V. Angaben zu zur Veräußerung gehaltenen langfristigen Vermögenswerten und aufgegebenen Geschäftsbereichen**							

(Hinweise zu Voraussetzungen und Art der Angaben)
Ein Unternehmensbestandteil bezeichnet einen Geschäftsbereich und die zugehörigen Cashflows, die betrieblich und für die Zwecke der Rechnungslegung vom restlichen Unternehmen klar abgegrenzt werden können. Mit anderen Worten: ein Unternehmensbestandteil ist während seiner Nutzungsdauer eine zahlungsmittelgenerierende Einheit oder eine Gruppe von zahlungsmittelgenerierenden Einheiten gewesen (vgl. IFRS 5.31).

Ein aufgegebener Geschäftsbereich ist ein Unternehmensbestandteil, der veräußert wurde oder als zur Veräußerung gehalten klassifiziert wird und der einen gesonderten, wesentlichen Geschäftszweig oder geografischen Geschäftsbereich darstellt, Teil eines einzelnen, abgestimmten Plans zur Veräußerung eines gesonderten wesentlichen Geschäftszweigs oder geografischen Geschäftsbereichs ist oder ein Tochterunternehmen darstellt, das ausschließlich mit der Absicht einer Weiterveräußerung erworben wurde (vgl. IFRS 5.32).

	IFRS	5.5B	Dieser IFRS legt fest, welche Angaben zu langfristigen Vermögenswerten (oder Veräußerungs-gruppen), die als zur Veräußerung gehalten eingestuft werden, oder zu aufgegebenen Geschäfts-bereichen zu machen sind. Angaben in anderen IFRS gelten nicht für diese Vermögenswerte (oder Veräußerungsgruppen), es sei denn, diese IFRS schreiben Folgendes vor:				
919.	IFRS	5.5B (a)	• spezifische Angaben zu langfristigen Vermögenswerten (oder Veräußerungs-gruppen), die als zur Veräußerung gehalten eingestuft werden, oder zu aufgegebenen Geschäftsbereichen; oder				
920.	IFRS	5.5B (b)	• Angaben zur Bewertung der Vermögens-werte und Schulden einer Veräußerungs-gruppe, die nicht unter die Bewertungsanfor-derung gemäß IFRS 5 fallen und sofern derlei Angaben nicht bereits im Anhang zum Abschluss gemacht werden				
921.	IFRS	5.5B	Zusätzliche Angaben zu langfristigen Ver-mögenswerten (oder Veräußerungsgruppen), die als zur Veräußerung gehalten eingestuft werden, oder zu aufgegebenen Geschäfts-bereichen können erforderlich werden, um den allgemeinen Anforderungen von IAS 1 und insbesondere IAS1.15 und 125 zu genügen				
922.	IFRS	5.30	Ein Unternehmen hat Informationen darzu-stellen und anzugeben, die es den Abschluss-adressaten ermöglichen, die finanziellen Auswirkungen von aufgegebenen Geschäfts-bereichen und der Veräußerung langfristiger Vermögenswerte (oder Veräußerungsgruppen) zu beurteilen *(vgl. hierzu IFRS 5.33 ff.)*				
	IFRS IFRS	5.33 5.33 (a)	Folgende Angaben sind von einem Unternehmen zu machen: • gesonderter Betrag in der Gesamtergebnisrechnung, welcher der Summe entspricht aus:				
923.	IFRS	5.33 (a) (i)	→ Gewinn oder Verlust nach Steuern des aufgegebenen Geschäftsbereichs				

Lfd. Nr.	IAS/ IFRS/ SIC/ IFRIC/ HGB	Nr./Tz. des IAS/IFRS/ bzw. SIC/ IFRIC/HGB	Anhangangabe (Notes)	ent-halten	nicht enthalten (nicht relevant)	nicht enthalten (unwesent-lich)	Bemerkungen/ Referenzen zu Arbeits-papieren
			Checkliste für die Aufstellung / Prüfung des Anhangs nach IFRS (Notes)				
0	1	2	3	4	5	6	7
924.	IFRS	5.33 (a) (ii)	→ Ergebnis nach Steuern, das bei der Bewertung mit dem beizulegenden Zeitwert abzüglich Veräußerungskosten oder bei der Veräußerung der Vermögenswerte oder Veräußerungsgruppe(n), die den aufgegebenen Geschäftsbereich darstellen, erfasst wurde				
	IFRS	5.33 (b)	• Untergliederung des gesonderten Betrags unter (a) in *(Diese Gliederung kann in der Gesamtergebnisrechnung oder in den Anhangangaben zur Gesamtergebnisrechnung dargestellt werden. Die Darstellung in der Gesamtergebnisrechnung hat in einem eigenen Abschnitt für aufgegebene Geschäftsbereiche, also getrennt von den fortzuführenden Geschäftsbereichen, zu erfolgen. Eine Gliederung ist nicht für Veräußerungsgruppen erforderlich, bei denen es sich um neu erworbene Tochterunternehmen handelt, die zum Erwerbszeitpunkt die Kriterien für eine Klassifizierung als zur Veräußerung gehalten erfüllen (vgl. IFRS 5.11)):*				
925.	IFRS	5.33 (b) (i)	→ Erlöse, Aufwendungen und Ergebnis vor Steuern des aufgegebenen Geschäftsbereichs				
926.	IFRS	5.33 (b) (ii)	→ zugehöriger Ertragsteueraufwand gem. IAS 12.81 (h)				
927.	IFRS	5.33 (b) (iii)	→ Gewinn oder Verlust, der bei der Bewertung mit dem beizulegenden Zeitwert abzüglich Veräußerungskosten oder bei der Veräußerung der Vermögenswerte oder Veräußerungsgruppe(n), die den aufgegebenen Geschäftsbereich darstellen, erfasst wurde				
928.	IFRS	5.33 (b) (iv)	→ zugehöriger Ertragsteueraufwand gem. IAS 12.81 (h)				
929.	IFRS	5.33 (c)	• Netto-Cashflows, die der laufenden Geschäftstätigkeit sowie der Investitions- und Finanzierungstätigkeit des aufgegebenen Geschäftsbereichs zuzurechnen sind; diese Angaben können entweder in einem bestimmten Abschlussbestandteil oder in den Anhangangaben dargestellt werden. Sie sind nicht für Veräußerungsgruppen erforderlich, bei denen es sich um neu erworbene Tochterunternehmen handelt, die zum Erwerbszeitpunkt die Kriterien für eine Klassifizierung als zur Veräußerung gehalten erfüllen *(vgl. IFRS 5.11)*				
930.	IFRS	5.33 (d)	• Der Betrag der Erträge aus fortzuführenden Geschäftsbereichen und aus aufgegebenen Geschäftsbereichen, der den Eigentümern des Mutterunternehmens zuzurechnen ist. Diese Angaben können entweder im Anhang oder in der Gesamtergebnisrechnung dargestellt werden *(Angabe ist erstmals in der ersten Periode eines am 1.7.2009 oder danach beginnenden Geschäftsjahres anzuwenden oder bei vorheriger Anwendung des IAS 27 (2008))*				

		Checkliste für die Aufstellung / Prüfung des Anhangs nach IFRS (Notes)					
0	1	2	3	4	5	6	7
Lfd. Nr.	IAS/ IFRS/ SIC/ IFRIC/ HGB	Nr./Tz. des IAS/IFRS/ bzw. SIC/ IFRIC/HGB	Anhangangabe (Notes)	ent- halten	nicht enthalten (nicht relevant)	nicht enthalten (unwesent- lich)	Bemerkungen/ Referenzen zu Arbeits- papieren
931.	IFRS	5.33A	Wenn ein Unternehmen Ergebnisbestandteile in einer gesonderten GuV gem. IAS 1.81 darstellt, so muss dieser Abschlussbestandteil einen eigenen Abschnitt für aufgegebene Geschäftsbereiche enthalten				
932.	IFRS	5.34	Die Angaben gem. IFRS 5.33 sind für frühere im Abschluss dargestellte Berichtsperioden so anzupassen, dass sich die Angaben auf alle Geschäftsbereiche beziehen, die bis zum Bilanz- stichtag der zuletzt dargestellten Berichts- periode aufgegeben wurden				
933.	IFRS	5.35	Alle in der gegenwärtigen Periode vorgenom- menen Änderungen von Beträgen, die früher im Abschnitt für aufgegebene Geschäfts- bereiche dargestellt wurden und in direktem Zusammenhang mit der Veräußerung eines aufgegebenen Geschäftsbereiches in einer vorangegangenen Periode stehen, sind unter diesem Abschnitt in einer gesonderten Kategorie auszuweisen. Es sind die Art und Höhe solcher Anpassungen anzugeben *(für Beispiele vgl. IFRS 5.35)*				
934.	IFRS	5.36	Wird ein Unternehmensbestandteil nicht mehr als zur Veräußerung gehalten klassifiziert, ist das Ergebnis dieses Unternehmensbestandteils, das zuvor gem. IFRS 5.33-35 im Abschnitt für aufgegebene Geschäftsbereiche ausgewiesen wurde, umzugliedern und für alle dargestellten Berichtsperioden in die Erträge aus fortzufüh- renden Geschäftsbereichen einzubeziehen. Die Beträge für vorangegangene Berichtsperioden sind mit dem Hinweis zu versehen, dass es sich um angepasste Beträge handelt				
935.	IFRS	5.36A	Ein Unternehmen, das an einen Verkaufsplan gebunden ist, der den Verlust der Beherrschung eines Tochterunternehmens zur Folge hat, legt alle in IFRS 5.33-36 geforderten Informationen offen, wenn es sich bei dem Tochterunterneh- men um eine Veräußerungsgruppe handelt, die die Definition eines aufgegebenen Geschäfts- bereich im Sinne von IFRS 5.32 erfüllt *(Angabe ist erstmals in der ersten Periode eines am 1.7.2009 oder danach beginnenden Geschäftsjahres anzuwenden oder bei vorheriger Anwendung des IAS 27 (2008))*				
936.	IFRS	5.37	Alle Gewinne oder Verluste aus der Neube- wertung von langfristigen Vermögenswerten (oder Veräußerungsgruppen), die als zur Veräußerung gehalten klassifiziert werden und nicht die Definition eines aufgegebenen Geschäftsbereichs erfüllen, sind im Ergebnis aus fortzuführenden Geschäftsbereichen zu erfassen				

			Checkliste für die Aufstellung / Prüfung des Anhangs nach IFRS (Notes)				
0	1	2	3	4	5	6	7
Lfd. Nr.	IAS/ IFRS/ SIC/ IFRIC/ HGB	Nr./Tz. des IAS/IFRS/ bzw. SIC/ IFRIC/HGB	Anhangangabe (Notes)	enthalten	nicht enthalten (nicht relevant)	nicht enthalten (unwesentlich)	Bemerkungen/ Referenzen zu Arbeitspapieren
937.	IFRS	5.38	Langfristige Vermögenswerte, die als zur Veräußerung gehalten klassifiziert werden, sowie die Vermögenswerte einer als zur Veräußerung gehalten klassifizierten Veräußerungsgruppe sind in der Bilanz getrennt von anderen Vermögenswerten darzustellen. Die Schulden einer als zur Veräußerung gehalten klassifizierten Veräußerungsgruppe sind getrennt von anderen Schulden in der Bilanz auszuweisen. Diese Vermögenswerte und Schulden dürfen nicht miteinander saldiert und als gesonderter Betrag abgebildet werden. Die Hauptgruppen der Vermögenswerte und Schulden, die als zur Veräußerung gehalten klassifiziert werden, sind außer in dem gem. IFRS 5.39 gestatteten Fall entweder in der Bilanz oder im Anhang gesondert anzugeben. Alle im sonstigen Ergebnis erfassten kumulativen Erträge oder Aufwendungen, die in Verbindung mit langfristigen Vermögenswerten (oder Veräußerungsgruppen) stehen, die als zur Veräußerung gehalten klassifiziert werden, sind gesondert auszuweisen				
938.	IFRS	5.39	Handelt es sich bei der Veräußerungsgruppe um ein neu erworbenes Tochterunternehmen, das zum Erwerbszeitpunkt die Kriterien für eine Klassifizierung als zur Veräußerung gehalten erfüllt *(vgl. IFRS 5.11)*, ist eine Angabe der Hauptklassen der Vermögenswerte und Schulden nicht erforderlich				
939.	IFRS	5.40	Die Beträge, die für langfristige Vermögenswerte oder Vermögenswerte und Schulden von Veräußerungsgruppen, die als zur Veräußerung gehalten klassifiziert werden, in den Bilanzen vorangegangener Berichtsperioden ausgewiesen wurden, sind nicht neu zu gliedern oder anzupassen, um die bilanzielle Gliederung für die zuletzt dargestellte Berichtsperiode widerzuspiegeln				
	IFRS	5.41	Ein Unternehmen hat in der Berichtsperiode, in der ein langfristiger Vermögenswert (oder eine Veräußerungsgruppe) entweder als zur Veräußerung gehalten klassifiziert oder verkauft wurde, im Anhang die folgenden Informationen anzugeben:				
940.	IFRS	5.41 (a)	• Beschreibung des langfristigen Vermögenswertes (oder der Veräußerungsgruppe)				
941.	IFRS	5.41 (b)	• Beschreibung der Sachverhalte und Umstände der Veräußerung oder der Sachverhalte und Umstände, die zu der erwarteten Veräußerung führen, sowie die voraussichtliche Art und Weise und der voraussichtliche Zeitpunkt dieser Veräußerung				

			Checkliste für die Aufstellung / Prüfung des Anhangs nach IFRS (Notes)				
0	1	2	3	4	5	6	7
Lfd. Nr.	IAS/ IFRS/ SIC/ IFRIC/ HGB	Nr./Tz. des IAS/IFRS/ bzw. SIC/ IFRIC/HGB	Anhangangabe (Notes)	ent- halten	nicht enthalten (nicht relevant)	nicht enthalten (unwesent- lich)	Bemerkungen/ Referenzen zu Arbeits- papieren
942.	IFRS	5.41 (c)	• der gem. IFRS 5.20-22 erfasste Gewinn oder Verlust und, falls dieser nicht gesondert in der Gesamtergebnisrechnung ausgewiesen wird, in welcher Kategorie der Gesamt- ergebnisrechnung dieser Gewinn oder Ver- lust berücksichtigt wurde				
943.	IFRS	5.41 (d)	• gegebenenfalls das Segment, in dem der langfristige Vermögenswert (oder die Veräußerungsgruppe) gem. IFRS 8 ausge- wiesen wird				
944.	IFRS	5.42	Wenn IFRS 5.26 oder IFRS 5.29 Anwendung finden, sind in der Berichtsperiode, in der eine Änderung des Plans zur Veräußerung des langfristigen Vermögenswertes (oder der Veräußerungsgruppe) beschlossen wurde, die Sachverhalte und Umstände zu beschreiben, die zu dieser Entscheidung geführt haben, und die Auswirkungen der Entscheidung auf das Ergebnis für die dargestellte Berichtsperiode und die dargestellten vorangegangenen Berichtsperioden anzugeben				
VI. Angaben zu Vereinbarungen von Dienstleistungslizenzen							
(Die gem. SIC 29.6 erforderlichen Angaben sind individuell für jede Vereinbarung von Dienstleistungslizenzen oder zusam- mengefasst für jede Gruppe von Vereinbarungen zu Dienstleistungslizenzen zu machen. Eine Gruppe von Dienstleistungs- linzenz-Vereinbarungen umfasst Dienstleistungen ähnlicher Natur (für Bspl. vgl. SIC 29.7)							
	SIC	29.6	Bei der Bestimmung der angemessenen Angaben im Anhang sind alle Aspekte einer Vereinbarung über eine Dienstleistungskonzession zu berücksichtigen. Konzessionsnehmer und Konzessionsgeber haben in jeder Berichtsperiode folgende Angaben zu machen:				
945.	SIC	29.6 (a)	• Beschreibung der Vereinbarung				
946.	SIC	29.6 (b)	• Wesentliche Bestimmungen der Vereinbarung, die den Betrag, den Zeitpunkt und die Wahr- scheinlichkeit des Eintretens künftiger Cash- flows beeinflussen können (z.B. Laufzeit der Lizenz, Termine für die Neufestsetzung der Gebühren und die Basis, auf Grund derer Gebührenanpassungen oder Neuverhand- lungen bestimmt werden)				
	SIC	29.6 (c)	Art und Umfang (z.B. Menge, Laufzeit oder ggf. Betrag) von:				
947.	SIC	29.6 (c) (i)	→ Rechten, bestimmte Vermögenswerte zu nutzen				
948.	SIC	29.6 (c) (ii)	→ zu erfüllende Verpflichtungen oder Rechten auf das Erbringen von Dienstleistungen				
949.	SIC	29.6 (c) (iii)	→ Verpflichtungen, Sachanlagen zu erwerben oder zu errichten				
950.	SIC	29.6 (c) (iv)	→ Verpflichtungen, bestimmte Vermögens- werte am Ende der Laufzeit der Lizenz zu übergeben oder Ansprüche, solche zu diesem Zeitpunkt zu erhalten				
951.	SIC	29.6 (c) (v)	→ Verlängerungs- oder Kündigungsoptionen				

Lfd. Nr.	IAS/ IFRS/ SIC/ IFRIC/ HGB	Nr./Tz. des IAS/IFRS/ bzw. SIC/ IFRIC/HGB	Anhangangabe (Notes)	ent- halten	nicht enthalten (nicht relevant)	nicht enthalten (unwesent- lich)	Bemerkungen/ Referenzen zu Arbeits- papieren
0	1	2	3	4	5	6	7
952.	SIC	29.6 (c) (vi)	→ anderen Rechten und Verpflichtungen (z.B. für Großreparaturen und -instandhal- tungen)				
953.	SIC	29.6 (d)	• Veränderungen der Vereinbarungen während der Laufzeit				
954.	SIC	29.6 (e)	• Wie die Vereinbarung eingestuft wurde				
955.	SIC	29.6A	Ein Betreiber hat die Umsätze und die Ge- winne oder Verluste anzugeben, die innerhalb des Berichtszeitraums durch die Erbringung der Bauleistung gegen einen finanziellen oder immateriellen Vermögenswert entstanden sind				
VII. Angaben zu Ereignissen nach der Berichtsperiode							
956.	IAS	10.13	Wenn Dividenden nach der Berichtsperiode, aber vor der Genehmigung zur Veröffent- lichung des Abschlusses beschlossen werden, werden diese Dividenden am Abschlussstichtag nicht als Schuld angesetzt, da zu diesem Zeit- punkt keine Verpflichtung besteht. Diese Dividenden werden gem. IAS 1.137 im Anhang angegeben				
957.	IAS	10.19	Wenn ein Unternehmen Informationen über Gegebenheiten, die bereits am Bilanzstichtag vorgelegen haben, nach dem Bilanzstichtag erhält, hat es die betreffenden Angaben auf der Grundlage der neuen Informationen zu aktualisieren				
	IAS	10.21	Für bei der Bilanzierung grundsätzlich nicht zu berücksichtigende Ereignisse nach dem Abschlussstichtag, die wesentlich sind, sind folgende Angaben über jede bedeutende Art von nicht zu berücksichtigenden Ereignissen nach dem Bilanzstichtag zu machen, da deren unterlassene Angabe die wirtschaftlichen Entscheidungen der Adressaten beeinflussen könnte:				
958.	IAS	10.21 (a)	• Art des Ereignisses				
959.	IAS	10.21 (b)	• Schätzung der finanziellen Auswirkungen oder eine Aussage darüber, dass eine solche Schätzung nicht vorgenommen werden kann *(für Beispiele vgl. IAS 10.22)*				
960.	IAS	12.88	Werden nach dem Bilanzstichtag Änderungen der Steuersätze oder Steuervorschriften in Kraft gesetzt oder angekündigt: Angabe aller wesentlichen Auswirkungen dieser Änderungen auf die tatsächlichen und latenten Steuer- ansprüche bzw. -schulden des Unternehmens *(vgl. IAS 10)*				
961.	IFRS	3.59 (b)	Ein Erwerber hat Informationen, die nach dem Bilanzstichtag, jedoch vor der Genehmigung zur Veröffentlichung des Abschlusses er- folgten, offen zu legen, durch die die Ab- schlussadressaten die Art und finanziellen Auswirkungen der Unternehmenszusammen- schlüsse beurteilen können (für Erläuterungen vgl. IFRS 3.B66)				

Checkliste für die Aufstellung / Prüfung des Anhangs nach IFRS (Notes)								
0	1	2	3	4	5	6	7
Lfd. Nr.	IAS/ IFRS/ SIC/ IFRIC/ HGB	Nr./Tz. des IAS/IFRS/ bzw. SIC/ IFRIC/HGB	Anhangangabe (Notes)	ent- halten	nicht enthalten (nicht relevant)	nicht enthalten (unwesent- lich)	Bemerkungen/ Referenzen zu Arbeits- papieren
	IAS	1.76	Bei Darlehen, die als kurzfristige Schulden eingestuft werden, gilt Folgendes: Wenn eines der nachfolgenden Ereignisse zwischen dem Bilanzstichtag und der Freigabe des Abschlusses zur Veröffentlichung eintritt, müssen solche Ereignisse gem. IAS 10 angegeben werden:				
962.	IAS	1.76 (a)	• langfristige Refinanzierung				
963.	IAS	1.76 (b)	• Behebung einer Verletzung einer langfristigen Kreditvereinbarung				
964.	IAS	1.76 (c)	• Gewährung einer mindestens 12 Monate nach dem Bilanzstichtag ablaufenden Nachfrist durch den Kreditgeber zur Behebung der Verletzung einer langfristigen Kreditvereinbarung				
965.	IAS	37.75	Wenn ein Unternehmen mit der Umsetzung eines Restrukturierungsplans erst nach dem Bilanzstichtag beginnt oder den Betroffenen die Hauptpunkte erst nach dem Bilanzstichtag ankündigt, ist eine Angabe gem. IAS 10 erforderlich, sofern die Restrukturierung wesentlich ist und deren unterlassene Angabe die wirtschaftliche Entscheidung beeinflussen könnte, die Adressaten auf der Grundlage des Abschlusses treffen				
966.	IAS	33.64	Wenn die Anzahl der im Umlauf befindlichen Stammaktien oder potenziellen Stammaktien auf Grund einer Kapitalisierung, Emission von Gratisaktien oder einer Neustückelung von Aktien zunimmt oder als Ergebnis einer Zusammenlegung des Aktienkapitals abnimmt, so ist die Berechnung des unverwässerten und verwässerten Ergebnisses je Aktie für alle vorgelegten Perioden rückwirkend zu berichtigen. Falls diese Änderungen nach dem Bilanzstichtag, aber vor der Veröffentlichungsfreigabe des Abschlusses eintreten, sind die Berechnungen je Aktie für den Abschluss, der für diese Periode vorgelegt wird, sowie für die Abschlüsse aller früheren Perioden auf der Grundlage der neuen Anzahl der Aktien vorzunehmen. Die Tatsache, dass Je-Aktie-Berechnungen derartige Änderungen in der Anzahl der Aktien widerspiegeln, ist anzugeben. Unverwässerte und verwässerte Ergebnisse je Aktie aller dargestellten Perioden sind außerdem hinsichtlich der Auswirkungen von Fehlern und Berichtigungen aus Änderungen der Bilanzierungs- und Bewertungsmethoden, die rückwirkend berücksichtigt werden, anzupassen				

Checkliste für die Aufstellung / Prüfung des Anhangs nach IFRS (Notes)							
0	1	2	3	4	5	6	7
Lfd. Nr.	IAS/ IFRS/ SIC/ IFRIC/ HGB	Nr./Tz. des IAS/IFRS/ bzw. SIC/ IFRIC/HGB	Anhangangabe (Notes)	ent- halten	nicht enthalten (nicht relevant)	nicht enthalten (unwesent- lich)	Bemerkungen/ Referenzen zu Arbeits- papieren
VIII. Angaben im Zusammenhang mit landwirtschaftlicher Tätigkeit						
967.	IAS	41.40	Gesamtbetrag des Gewinnes oder Verlustes, der während der laufenden Periode beim erstmaligen Ansatz biologischer Vermögens- werte und landwirtschaftlicher Erzeugnisse und durch die Änderung des beizulegenden Zeitwerts abzüglich der geschätzten Ver- kaufskosten der biologischen Vermögens- werte entsteht				
968.	IAS	41.41/42	Beschreibung jeder Gruppe der biologischen Vermögenswerte (in verbaler oder wertmäßi- ger Form)				
969.	IAS	41.43	*Freiw. Angabe*: Wertmäßige Beschreibung von jeder Gruppe der biologischen Vermögens- werte, unterschieden nach verbrauchbaren und produzierenden biologischen Vermögens- werten oder nach reifen und unreifen biolo- gischen Vermögenswerten, soweit dies geeig- net ist (vgl. dazu IAS 41.44f.). Bspw. kann ein Unternehmen den Buchwert von ver- brauchbaren biologischen Vermögenswerten und von produzierenden biologischen Ver- mögenswerten nach Gruppen angeben. Ein Unternehmen kann weiterhin diese Buchwerte nach reifen und unreifen Ver- mögenswerten aufteilen. Diese Unterschei- dungen stellen Informationen zur Verfügung, die hilfreich sein können, um den zeitlichen Anfall künftiger Cashflows abschätzen zu können. Ein Unternehmen gibt die Grundlagen für das Treffen solcher Entscheidungen an				
	IAS	41.46	Wenn nicht an anderer Stelle innerhalb von Informationen, die mit dem Abschluss veröffentlicht werden, angegeben, hat ein Unternehmen zu beschreiben:				
970.	IAS	41.46 (a)	• Art seiner Tätigkeiten, die mit jeder Gruppe der biologischen Vermögenswerte verbunden sind				
	IAS	41.46 (b)	• nicht finanzielle Maßgrößen oder Schätzungen für die körperlichen Mengen von:				
971.	IAS	41.46 (b) (i)	→ jeder Gruppe der biologischen Vermögens- werte des Unternehmens zum Periodenende				
972.	IAS	41.46 (b) (ii)	→ der Produktionsmenge landwirtschaftlicher Erzeugnisse während der Periode				
973.	IAS	41.47	Methoden und wesentliche Annahmen, die bei der Ermittlung des beizulegenden Zeit- wertes jeder Gruppe landwirtschaftlicher Erzeugnisse zum Erntezeitpunkt und jeder Gruppe biologischer Vermögenswerte ange- wendet werden				
974.	IAS	41.48	Zum Erntezeitpunkt ermittelter beizulegender Zeitwert abzüglich der geschätzten Verkaufs- kosten der landwirtschaftlichen Erzeugnisse, die während der Periode geerntet wurden				

Checkliste für die Aufstellung / Prüfung des Anhangs nach IFRS (Notes)							
0	1	2	3	4	5	6	7
Lfd. Nr.	IAS/ IFRS/ SIC/ IFRIC/ HGB	Nr./Tz. des IAS/IFRS/ bzw. SIC/ IFRIC/HGB	Anhangangabe (Notes)	ent- halten	nicht enthalten (nicht relevant)	nicht enthalten (unwesent- lich)	Bemerkungen/ Referenzen zu Arbeits- papieren
975.	IAS	41.49 (a)	Existenz und Buchwerte biologischer Vermögenswerte, mit denen ein beschränktes Eigentumsrecht verbunden ist, und Buchwerte biologischer Vermögenswerte, die als Sicherheit für Verbindlichkeiten begeben sind				
976.	IAS	41.49 (b)	Betrag von Verpflichtungen für die Entwicklung oder den Erwerb von biologischen Vermögenswerten				
977.	IAS	41.49 (c)	Finanzrisikomanagementstrategien, die mit der landwirtschaftlichen Tätigkeit im Zusammenhang stehen				
	IAS	41.50	Überleitungsrechnung der Änderungen des Buchwertes der biologischen Vermögenswerte zwischen dem Beginn und dem Ende der Berichtsperiode. Die Überleitungsrechnung hat zu enthalten:			
978.	IAS	41.50 (a)	• Gewinn oder Verlust durch Änderung des beizulegenden Zeitwerts abzüglich der geschätzten Verkaufskosten				
979.	IAS	41.50 (b)	• Erhöhungen infolge von Käufen				
980.	IAS	41.50 (c)	• Verringerungen infolge von Verkäufen und biologische Vermögenswerte, die gem. IFRS 5 als zur Veräußerung gehalten klassifiziert werden (oder zu einer als zur Veräußerung gehalten klassifizierten Veräußerungsgruppe gehören)				
981.	IAS	41.50 (d)	• Verringerungen infolge der Ernte				
982.	IAS	41.50 (e)	• Erhöhungen, die aus Unternehmenszusammenschlüssen resultieren				
983.	IAS	41.50 (f)	• Nettoumrechnungsdifferenzen aus der Umrechnung von Abschlüssen in eine andere Darstellungswährung und aus der Umrechnung eines ausländischen Geschäftsbetriebs in die Darstellungswährung des berichtenden Unternehmens				
984.	IAS	41.50 (g)	• andere Änderungen				

Checkliste für die Aufstellung / Prüfung des Anhangs nach IFRS (Notes)

Lfd. Nr.	IAS/ IFRS/ SIC/ IFRIC/ HGB	Nr./Tz. des IAS/IFRS/ bzw. SIC/ IFRIC/HGB	Anhangangabe (Notes)	ent-halten	nicht enthalten (nicht relevant)	nicht enthalten (unwesent-lich)	Bemerkungen/ Referenzen zu Arbeits-papieren
0	1	2	3	4	5	6	7
985.	IAS	41.51	*Freiw. Angabe*: Der beizulegende Zeitwert abzüglich der geschätzten Verkaufskosten eines biologischen Vermögenswertes kann sich infolge von körperlichen Änderungen und infolge von Preisänderungen auf dem Markt ändern. Eine gesonderte Angabe dieser Änderungen ist nützlich, um die Ertragskraft der Berichtsperiode und die Zukunftsaus-sichten zu beurteilen, insbes. wenn ein Pro-duktionszyklus länger als ein Jahr dauert. In solchen Fällen wird einem Unternehmen empfohlen, den im Ergebnis enthaltenen Betrag der Änderung des beizulegenden Zeitwerts abzüglich der geschätzten Ver-kaufskosten auf Grund von körperlichen Änderungen und auf Grund von Preisände-rungen je Gruppe oder auf andere Weise anzugeben. Diese Informationen sind grund-sätzlich weniger nützlich, wenn der Produk-tionszyklus weniger als ein Jahr dauert (bspw. bei Hühnerzucht oder Getreideanbau)				
986.	IAS	41.53	Landwirtschaftliche Tätigkeit ist häufig klimatischen, krankheitsbedingten und anderen natürlichen Risiken ausgesetzt. Tritt ein Ereignis ein, durch das ein wesentlicher Ertrags- bzw. Aufwandsposten entsteht, sind die Art und der Betrag dieses Postens gem. IAS 1 auszuweisen. Beispiele für solche Er-eignisse sind das Ausbrechen einer Virus-erkrankung, eine Überschwemmung, starke Dürre oder Frost sowie eine Insektenplage				
	IAS	41.54	Wenn ein Unternehmen biologische Vermögenswerte am Periodenende zu ihren Anschaffungs- oder Herstellungskosten abzüglich aller kumulierten Abschreibungen und aller kumulierten Wertminderungsaufwendungen (vgl. IAS 41.30) bewertet, hat ein Unternehmen für solche biologischen Vermögenswerte anzugeben:				
987.	IAS	41.54 (a)	• Beschreibung der biologischen Vermögens-werte				
988.	IAS	41.54 (b)	• Erklärung, warum der beizulegende Zeit-wert nicht verlässlich bewertet werden kann				
989.	IAS	41.54 (c)	• sofern möglich Schätzungsbandbreite, innerhalb welcher der beizulegende Zeit-wert höchstwahrscheinlich liegt				
990.	IAS	41.54 (d)	• verwendete Abschreibungsmethode				
991.	IAS	41.54 (e)	• verwendete Nutzungsdauern oder Abschreibungssätze				
992.	IAS	41.54 (f)	• Bruttobuchwert und kumulierte Abschrei-bungen (zusammengefasst mit den kumu-lierten Wertminderungsaufwendungen) zu Beginn und zum Ende der Periode				

Checkliste für die Aufstellung / Prüfung des Anhangs nach IFRS (Notes)

0	1	2	3	4	5	6	7
Lfd. Nr.	IAS/ IFRS/ SIC/ IFRIC/ HGB	Nr./Tz. des IAS/IFRS/ bzw. SIC/ IFRIC/HGB	Anhangangabe (Notes)	enthalten	nicht enthalten (nicht relevant)	nicht enthalten (unwesentlich)	Bemerkungen/ Referenzen zu Arbeitspapieren
	IAS	41.55	Wenn ein Unternehmen während der Berichtsperiode biologische Vermögenswerte zu ihren Anschaffungs- oder Herstellungskosten abzüglich der kumulierten Abschreibungen und aller kumulierten Wertminderungsaufwendungen (vgl. IAS 41.30) bewertet, hat ein Unternehmen jeden bei Ausscheiden solcher biologischen Vermögenswerte erfassten Gewinn oder Verlust anzugeben. Die in IAS 41.50 geforderte Überleitungsrechnung hat die Beträge gesondert anzugeben, die mit solchen biologischen Vermögenswerten im Zusammenhang stehen. Die Überleitungsrechnung hat zusätzlich die folgenden Beträge, die mit diesen biologischen Vermögenswerten im Zusammenhang stehen, im Periodenergebnis zu berücksichtigen:				
993.	IAS	41.55 (a)	• Wertminderungsaufwendungen				
994.	IAS	41.55 (b)	• Wertaufholungen auf Grund früherer Wertminderungsaufwendungen				
995.	IAS	41.55 (c)	• Abschreibungen				
	IAS	41.56	Wenn der beizulegende Zeitwert der biologischen Vermögenswerte während der Berichtsperiode verlässlich ermittelbar wird, die früher zu den Anschaffungs- oder Herstellungskosten abzüglich der kumulierten Abschreibungen und aller kumulierten Wertminderungsaufwendungen bewertet wurden, hat ein Unternehmen für diese biologischen Vermögenswerte anzugeben:				
996.	IAS	41.56 (a)	• Beschreibung der biologischen Vermögenswerte				
997.	IAS	41.56 (b)	• Begründung, warum der beizulegende Zeitwert verlässlich ermittelbar wurde				
998.	IAS	41.56 (c)	• Auswirkung der Änderung				
	IAS	41.57	Ein Unternehmen hat folgende mit der in IAS 41 abgedeckten landwirtschaftlichen Tätigkeit in Verbindung stehende Punkte anzugeben:				
999.	IAS	41.57 (a)	• Art und Ausmaß der im Abschluss erfassten öffentlichen Zuwendungen der öffentlichen Hand				
1000.	IAS	41.57 (b)	• unerfüllte Bedingungen und andere Erfolgsunsicherheiten, die im Zusammenhang mit Zuwendungen der öffentlichen Hand stehen				
1001.	IAS	41.57 (c)	• wesentliche zu erwartende Verringerungen des Umfangs der Zuwendungen der öffentlichen Hand				
	IX. Angaben zu anteilsbasierten Vergütungen						
	IFRS	2.44/45	Ein Unternehmen hat Informationen anzugeben, die Art und Ausmaß der in der Berichtsperiode bestehenden aktienbasierten Vergütungsvereinbarungen für den Abschlussadressaten nachvollziehbar machen. Folgende Angaben sind mindestens erforderlich:				
1002.	IFRS	2.45 (a)	• Beschreibung der einzelnen Arten von aktienbasierten Vergütungsvereinbarungen, die während der Berichtsperiode in Kraft waren, einschl. der allgemeinen Vertragsbedingungen jeder Vereinbarung, wie Ausübungsbedingungen, maximale Anzahl gewährter Optionen und Form des Ausgleichs (ob in bar oder durch Eigenkapitalinstrumente). Ein Unternehmen mit substanziell ähnlichen Arten von aktienbasierten Vergütungsvereinbarungen kann diese Angaben zusammenfassen, soweit zur Erfüllung des Grundsatzes in IFRS 2.44 keine gesonderte Darstellung der Vereinbarungen notwendig ist				

| \multicolumn{8}{c}{**Checkliste für die Aufstellung / Prüfung des Anhangs nach IFRS (Notes)**} |
0	1	2	3	4	5	6	7
Lfd. Nr.	IAS/ IFRS/ SIC/ IFRIC/ HGB	Nr./Tz. des IAS/IFRS/ bzw. SIC/ IFRIC/HGB	Anhangangabe (Notes)	enthalten	nicht enthalten (nicht relevant)	nicht enthalten (unwesentlich)	Bemerkungen/ Referenzen zu Arbeitspapieren
	IFRS	2.45 (b)	• Anzahl und gewichteter Durchschnitt der Ausübungspreise der Aktienoptionen für jede der folgenden Gruppen von Optionen:				
1003.	IFRS	2.45 (b) (i)	→ zu Beginn der Periode ausstehende Optionen				
1004.	IFRS	2.45 (b) (ii)	→ in der Berichtsperiode gewährte Optionen				
1005.	IFRS	2.45 (b) (iii)	→ in der Berichtsperiode verwirkte Optionen				
1006.	IFRS	2.45 (b) (iv)	→ in der Berichtsperiode ausgeübte Optionen				
1007.	IFRS	2.45 (b) (v)	→ in der Berichtsperiode verfallene Optionen				
1008.	IFRS	2.45 (b) (vi)	→ am Ende der Berichtsperiode ausstehende Optionen				
1009.	IFRS	2.45 (b) (vii)	→ am Ende der Berichtsperiode ausübbare Optionen				
1010.	IFRS	2.45 (c)	• bei in der Berichtsperiode ausgeübten Optionen der gewichtete Durchschnittsaktienkurs am Tag der Ausübung. Wurden die Optionen während der Berichtsperiode regelmäßig ausgeübt, kann statt dessen der gewichtete Durchschnittsaktienkurs der Berichtsperiode herangezogen werden				
1011.	IFRS	2.45 (d)	• für die am Ende der Berichtsperiode ausstehenden Optionen die Bandbreite an Ausübungspreisen und der gewichtete Durchschnitt der restlichen Vertragslaufzeit. Ist die Bandbreite der Ausübungspreise sehr groß, sind die ausstehenden Optionen in Bereiche zu unterteilen, die zur Beurteilung der Anzahl und des Zeitpunktes der möglichen Ausgabe zusätzlicher Aktien und des bei Ausübung dieser Option realisierbaren Barbetrages geeignet sind				
1012.	IFRS	2.46	Ein Unternehmen hat Informationen anzugeben, die den Abschlussadressaten deutlich machen, wie der beizulegende Zeitwert der erhaltenen Güter oder Dienstleistungen oder der beizulegende Zeitwert der gewährten Eigenkapitalinstrumente in der Berichtsperiode bestimmt wurde (vgl. hierzu näher IFRS 2.47-52)				
	IFRS	2.47	Wurde der beizulegende Zeitwert der im Austausch für Eigenkapitalinstrumente des Unternehmens erhaltenen Güter oder Dienstleistungen indirekt unter Bezugnahme auf den beizulegenden Zeitwert der gewährten Eigenkapitalinstrumente bemessen, hat das Unternehmen zur Erfüllung des Grundsatzes in IFRS 2.46 mindestens folgende Angaben zu machen:				
	IFRS	2.47 (a)	• für in der Berichtsperiode gewährte Aktienoptionen der gewichtete Durchschnitt der beizulegenden Zeitwerte dieser Optionen am Bewertungsstichtag sowie Angaben darüber, wie dieser beizulegende Zeitwert ermittelt wurde, einschl.:				

| \multicolumn{8}{c}{**Checkliste für die Aufstellung / Prüfung des Anhangs nach IFRS (Notes)**} |
0	1	2	3	4	5	6	7
Lfd. Nr.	IAS/ IFRS/ SIC/ IFRIC/ HGB	Nr./Tz. des IAS/IFRS/ bzw. SIC/ IFRIC/HGB	Anhangangabe (Notes)	enthalten	nicht enthalten (nicht relevant)	nicht enthalten (unwesentlich)	Bemerkungen/ Referenzen zu Arbeitspapieren
1013.	IFRS	2.47 (a) (i)	→ das verwendete Optionspreismodell und die in dieses Modell einfließenden Daten, einschl. gewichteter Durchschnittsaktienkurs, Ausübungspreis, erwartete Volatilität, Laufzeit der Option, erwartete Dividenden, risikoloser Zinssatz und andere in das Modell einfließende Parameter, einschl. verwendete Methode und die zugrunde gelegten Annahme zur Berücksichtigung der Auswirkungen einer erwarteten frühzeitigen Ausübung				
1014.	IFRS	2.47 (a) (ii)	→ wie die erwartete Volatilität bestimmt wurde. Hierzu gehören auch erläuternde Angaben, inwieweit die erwartete Volatilität auf der historischen Volatilität beruht				
1015.	IFRS	2.47 (a) (iii)	→ ob und auf welche Weise andere Ausstattungsmerkmale der Optionsgewährung, wie z.B. eine Marktbedingung, in die Ermittlung des beizulegenden Zeitwerts einbezogen wurden				
	IFRS	2.47 (b)	• für andere in der Berichtsperiode gewährte Eigenkapitalinstrumente (keine Aktienoptionen) die Anzahl und der gewichtete Durchschnitt der beizulegenden Zeitwerte dieser Eigenkapitalinstrumente am Bewertungsstichtag sowie Angaben darüber, wie dieser beizulegende Zeitwert ermittelt wurde, einschl.:				
1016.	IFRS	2.47 (b) (i)	→ wenn der beizulegende Zeitwert nicht anhand eines beobachtbaren Marktpreises ermittelt wurde, auf welche Weise er bestimmt wurde				
1017.	IFRS	2.47 (b) (ii)	→ ob und auf welche Weise erwartete Dividenden bei der Ermittlung des beizulegenden Zeitwertes berücksichtigt wurden				
1018.	IFRS	2.47 (b) (iii)	→ ob und auf welche Weise andere Ausstattungsmerkmale der gewährten Eigenkapitalinstrumente in die Bestimmung des beizulegenden Zeitwertes eingeflossen sind				
	IFRS	2.47 (c)	• für aktienbasierte Vergütungstransaktionen, die in der Berichtsperiode geändert wurden:				
1019.	IFRS	2.47 (c) (i)	→ eine Erklärung, warum diese Änderungen vorgenommen wurden				
1020.	IFRS	2.47 (c) (ii)	→ der zusätzliche beizulegende Zeitwert, der (infolge dieser Änderungen) gewährt wurde				
1021.	IFRS	2.47 (c) (iii)	→ ggf. Angaben darüber, wie der gewährte zusätzliche beizulegende Zeitwert unter Beachtung der Vorschriften von (a) und (b) oben bestimmt wurde				

Lfd. Nr.	IAS/ IFRS/ SIC/ IFRIC/ HGB	Nr./Tz. des IAS/IFRS/ bzw. SIC/ IFRIC/HGB	Anhangangabe (Notes)	ent- halten	nicht enthalten (nicht relevant)	nicht enthalten (unwesent- lich)	Bemerkungen/ Referenzen zu Arbeits- papieren
0	1	2	3	4	5	6	7

Checkliste für die Aufstellung / Prüfung des Anhangs nach IFRS (Notes)

Lfd. Nr.	IAS/IFRS	Nr./Tz.	Anhangangabe (Notes)				
1022.	IFRS	2.48	Wurden die in der Berichtsperiode erhaltenen Güter oder Dienstleistungen direkt zum bei- zulegenden Zeitwert angesetzt, ist anzugeben, wie der beizulegende Zeitwert bestimmt wurde, d.h. ob er anhand eines Marktpreises für die betreffenden Güter oder Dienstleis- tungen ermittelt wurde				
1023.	IFRS	2.49	Hat das Unternehmen die Vermutung in IFRS 2.13 widerlegt, hat es diese Tatsache zusammen mit einer Begründung anzugeben, warum es zu einer Widerlegung dieser Ver- mutung kam				
	IFRS	2.50/51	Ein Unternehmen hat Informationen anzugeben, die den Abschlussadressaten die Auswirkungen aktienbasierter Vergütungstransaktionen auf das Periodenergebnis und die Vermögens- und Finanz- lage des Unternehmens verständlich machen. Dazu sind mindestens folgende Angaben erforderlich:				
1024.	IFRS	2.51 (a)	• der in der Berichtsperiode erfasste Gesamt- aufwand für aktienbasierte Vergütungstrans- aktionen, bei denen die erhaltenen Güter oder Dienstleistungen nicht für eine Erfassung als Vermögenswert in Betracht kamen und daher sofort aufwandswirksam verbucht wurden. Dabei ist der Anteil am Gesamtaufwand, der auf aktienbasierte Vergütungstransaktionen mit Ausgleich durch Eigenkapitalinstrumente entfällt, gesondert auszuweisen				
	IFRS	2.51 (b)	• für Schulden aus aktienbasierten Vergütungstransaktionen:				
1025.	IFRS	2.51 (b) (i)	→ Gesamtbuchwert am Ende der Berichts- periode				
1026.	IFRS	2.51 (b) (ii)	→ gesamter innerer Wert der Schulden am Ende der Berichtsperiode, bei denen das Recht der Gegenpartei auf Erhalt von flüssigen Mitteln oder anderen Ver- mögenswerten zum Ende der Berichts- periode ausübbar war (z.B. ausübbare Wertsteigerungsrechte)				
1027.	IFRS	2.52	Sind die Angabepflichten des IFRS 2 zur Erfüllung der Grundsätze in den IFRS 2.44, 46, und 50 nicht ausreichend, hat das Unterneh- men zusätzliche Angaben zu machen, die zu einer Erfüllung dieser Grundsätze führen				
	X. Angaben zu Exploration und Evaluierung von mineralischen Ressourcen						
	IFRS	6.23/24	Ein Unternehmen hat Angaben zu machen, welche die in seinem Abschluss erfassten Beträge für die Exploration und Evaluierung von mineralischen Ressourcen kennzeichnen und erläutern. Hierzu sind insb. folgende Angaben erforderlich:				
1028.	IFRS	6.24 (a)	Bilanzierungs- und Bewertungsmethoden des Unternehmens für Ausgaben aus Exploration und Evaluierung einschl. Ansatz von Vermö- genswerten aus Exploration und Evaluierung				

			Checkliste für die Aufstellung / Prüfung des Anhangs nach IFRS (Notes)				
0	1	2	3	4	5	6	7
Lfd. Nr.	IAS/ IFRS/ SIC/ IFRIC/ HGB	Nr./Tz. des IAS/IFRS/ bzw. SIC/ IFRIC/HGB	Anhangangabe (Notes)	ent- halten	nicht enthalten (nicht relevant)	nicht enthalten (unwesent- lich)	Bemerkungen/ Referenzen zu Arbeits- papieren
1029.	IFRS	6.24 (b)	Höhe der Vermögenswerte, Schulden, Erträge und Aufwendungen sowie der Cashflows aus betrieblicher und Investitionstätigkeit, die aus der Exploration und Evaluierung von mineralischen Ressourcen resultieren				
1030.	IFRS	6.25	Ein Unternehmen hat die Vermögenswerte aus Exploration und Evaluierung als geson- derte Gruppe von Vermögenswerte zu be- handeln und die gem. IAS 16 oder IAS 38 verlangten Angaben in Übereinstimmung mit der Klassifizierung der Vermögenswerte zu machen				
J. Angaben für IFRS-Konzernabschlüsse nach § 315a HGB							
1031.	HGB	244	Der Jahresabschluss ist in deutscher Sprache und in Euro aufzustellen				
1032.	HGB	245	Der Jahresabschluss ist vom Kaufmann unter Angabe des Datums zu unterzeichnen. Sind mehrere persönlich haftende Gesellschafter vorhanden, so haben sie alle zu unterzeich- nen				
1033.	HGB	297 (2) S. 4	Schriftliche Versicherung der gesetzlichen Vertreter eines Mutterunternehmens, das Inlandsemittent ist und keine erleichterten Vorschriften gem. § 327a HGB anwendet, dass der Konzernabschluss nach bestem Wissen ein den tatsächlichen Verhältnissen entsprechendes Bild im Sinne von § 297 Abs. 2 S. 2 HGB vermittelt oder alternativ zusätzliche Angaben nach § 297 Abs. 2 S. 3 HGB enthält („Bilanzeid")				
	HGB	313 (2)	Im Konzernanhang sind außerdem anzugeben:				
1034.	HGB	313 (2) Nr. 1	• Name und Sitz der in den Konzernabschluss einbezogenen Unternehmen, der Anteil am Kapital der Tochterunternehmen, der dem Mutterunternehmen und den in den Konzern- abschluss einbezogenen Tochterunternehmen gehört oder von einer für Rechnung dieser Unternehmen handelnden Person gehalten wird, sowie der zur Einbeziehung in den Konzernabschluss verpflichtende Sachver- halt, sofern die Einbeziehung nicht auf einer der Kapitalbeteiligung entsprechenden Mehr- heit der Stimmrechte beruht. Diese Angaben sind auch für Tochterunternehmen zu machen, die nach dem § 296 HGB nicht einbezogen worden sind				

			Checkliste für die Aufstellung / Prüfung des Anhangs nach IFRS (Notes)				
0	1	2	3	4	5	6	7
Lfd. Nr.	IAS/ IFRS/ SIC/ IFRIC/ HGB	Nr./Tz. des IAS/IFRS/ bzw. SIC/ IFRIC/HGB	Anhangangabe (Notes)	ent-halten	nicht enthalten (nicht relevant)	nicht enthalten (unwesent-lich)	Bemerkungen/ Referenzen zu Arbeits-papieren
1035.	HGB	313 (2) Nr. 2	• Name und Sitz der assoziierten Unternehmen, der Anteil am Kapital der assoziierten Unternehmen, der dem Mutterunternehmen und den in den Konzernabschluss einbe-zogenen Tochterunternehmen gehört oder von einer für Rechnung dieser Unternehmen handelnden Person gehalten wird. Die An-wendung des § 311 Abs. 2 HGB ist jeweils anzugeben und zu begründen				
1036.	HGB	313 (2) Nr. 3	• Name und Sitz der Unternehmen, die nach § 310 HGB nur anteilmäßig in den Konzern-abschluss einbezogen worden sind, der Tatbestand, aus dem sich die Anwendung dieser Vorschrift ergibt, sowie der Anteil am Kapital dieser Unternehmen, der dem Mutter-unternehmen und den in den Konzernabschluss einbezogenen Tochterunternehmen gehört oder von einer für Rechnung dieser Unter-nehmen handelnden Person gehalten wird				
1037.	HGB	313 (2) Nr. 4	• Name und Sitz anderer als der unter § 313 Abs. 2 Nr. 1-3 HGB bezeichneten Unter-nehmen, bei denen das Mutterunternehmen, ein Tochterunternehmen oder eine für Rech-nung eines dieser Unternehmen handelnde Person mindestens den fünften Teil der Anteile besitzt, unter Angabe des Anteils am Kapital sowie der Höhe des Eigen-kapitals und des Ergebnisses des letzten Geschäftsjahres, für das ein Abschluss auf-gestellt worden ist. Ferner sind anzugeben alle Beteiligungen an großen Kapitalgesell-schaften, die andere als die in § 313 Abs. 2 Nr. 1-3 HGB bezeichneten Unternehmen sind, wenn sie von einem börsennotierten Mutterunternehmen, einem börsennotierten Tochterunternehmen oder einer für Rech-nung eines dieser Unternehmen handelnden Person gehalten werden und fünf vom Hundert der Stimmrechte überschreiten. Diese Angaben brauchen nicht gemacht zu werden, wenn sie für die Vermittlung eines den tatsächlichen Verhältnissen ent-sprechenden Bildes der Vermögens-, Finanz- und Ertragslage des Konzerns von unter-geordneter Bedeutung sind. Das Eigenkapital und das Ergebnis brauchen nicht angegeben zu werden, wenn das in Anteilsbesitz stehende Unternehmen seinen Jahresabschluss nicht offen zu legen hat und das Mutterunternehmen, das Tochter-unternehmen oder die Person weniger als die Hälfte der Anteile an diesem Unter-nehmen besitzt				

_	_	_	Checkliste für die Aufstellung / Prüfung des Anhangs nach IFRS (Notes)				
0	1	2	3	4	5	6	7
Lfd. Nr.	IAS/ IFRS/ SIC/ IFRIC/ HGB	Nr./Tz. des IAS/IFRS/ bzw. SIC/ IFRIC/HGB	Anhangangabe (Notes)	ent- halten	nicht enthalten (nicht relevant)	nicht enthalten (unwesent- lich)	Bemerkungen/ Referenzen zu Arbeits- papieren
1038.	HGB	313 (3)	Die in § 313 Abs. 2 HGB verlangten Angaben brauchen insoweit nicht gemacht zu werden, als nach vernünftiger kaufmännischer Beurteilung damit gerechnet werden muss, dass durch die Angaben dem Mutterunternehmen, einem Tochterunternehmen oder einem anderen in § 313 Abs. 2 HGB bezeichneten Unternehmen erhebliche Nachteile entstehen können *(für Ausnahmen vgl. § 313 Abs. 3 S. 3 HGB)*. Die Anwendung der Ausnahmeregelung ist im Konzernanhang anzugeben				
1039.	HGB	314 (1) Nr. 4	Die durchschnittliche Zahl der Arbeitnehmer der in den Konzernabschluss einbezogenen Unternehmen während des Geschäftsjahrs, getrennt nach Gruppen, sowie der in dem Geschäftsjahr verursachte Personalaufwand, sofern er nicht gesondert in der Konzern-GuV ausgewiesen ist; die durchschnittliche Zahl der Arbeitnehmer von nach § 310 HGB nur anteilmäßig einbezogenen Unternehmen ist gesondert anzugeben				
	HGB	314 (1) Nr. 6	Für die Mitglieder des Geschäftsführungsorgans, eines Aufsichtsrats, eines Beirats oder einer ähnlichen Einrichtung des Mutterunternehmens, ist jeweils für jede Personengruppe anzugeben:				
1040.	HGB	314 (1) Nr. 6 (a)	• die für die Wahrnehmung ihrer Aufgaben im Mutterunternehmen und den Tochterunternehmen im Geschäftsjahr gewährten Gesamtbezüge (Gehälter, Gewinnbeteiligungen, Bezugsrechte und sonstige aktienbasierte Vergütungen, Aufwandsentschädigungen, Versicherungsentgelte, Provisionen und Nebenleistungen jeder Art). In die Gesamtbezüge sind auch Bezüge einzurechnen, die nicht ausgezahlt, sondern in Ansprüche anderer Art umgewandelt oder zur Erhöhung anderer Ansprüche verwendet werden. Außer den Bezügen für das Geschäftsjahr sind die weiteren Bezüge anzugeben, die im Geschäftsjahr gewährt, bisher aber in keinem Konzernabschluss angegeben worden sind. Bezugsrechte und sonstige aktienbasierte Vergütungen sind mit ihrer Anzahl und dem beizulegenden Zeitwert zum Zeitpunkt ihrer Gewährung anzugeben; spätere Wertveränderungen, die auf einer Änderung der Ausübungsbedingungen beruhen, sind zu berücksichtigen				

Lfd. Nr.	IAS/ IFRS/ SIC/ IFRIC/ HGB	Nr./Tz. des IAS/IFRS/ bzw. SIC/ IFRIC/HGB	Anhangangabe (Notes)	ent-halten	nicht enthalten (nicht relevant)	nicht enthalten (unwesent-lich)	Bemerkungen/ Referenzen zu Arbeits-papieren
0	1	2	3	4	5	6	7
			(Folgende Angaben können unterbleiben, wenn die Hauptversammlung einen ent-sprechenden Beschluss gem. § 286 Abs. 5 HGB gefasst hat; vgl. § 314 Abs. 2 S. 2 HGB): Ist das Mutterunternehmen eine börsen-notierte Aktiengesellschaft, sind zusätzlich unter Namensnennung die Bezüge jedes einzelnen Vorstandsmitglieds, aufgeteilt nach erfolgsunabhängigen und erfolgsbe-zogenen Komponenten sowie Komponenten mit langfristiger Anreizwirkung, gesondert anzugeben. Dies gilt auch für Leistungen, die dem Vorstandsmitglied für den Fall der Beendigung seiner Tätigkeit zugesagt worden sind. Hierbei ist der wesentliche Inhalt der Zusagen darzustellen, wenn sie in ihrer rechtlichen Ausgestaltung von den den Arbeitnehmern erteilten Zusagen nicht unerheblich abweichen. Leistungen, die dem einzelnen Vorstandsmitglied von einem Dritten im Hinblick auf seine Tätig-keit als Vorstandsmitglied zugesagt oder im Geschäftsjahr gewährt worden sind, sind ebenfalls anzugeben. Enthält der Konzern-abschluss weitergehende Angaben zu bestimmten Bezügen, sind auch diese zusätzlich einzeln anzugeben				
1041.	HGB	314 (1) Nr. 6 (b)	• die für die Wahrnehmung ihrer Aufgaben im Mutterunternehmen und den Tochter-unternehmen gewährten Gesamtbezüge (Abfindungen, Ruhegehälter, Hinterbli-ebenenbezüge und Leistungen verwandter Art) der früheren Mitglieder der bezeich-neten Organe und ihrer Hinterbliebenen; § 314 Abs. 1 Nr. 6 (a) Satz 2 und 3 HGB ist entsprechend anzuwenden. Ferner ist der Betrag der für diese Personengruppe ge-bildeten Rückstellungen für laufende Pen-sionen und Anwartschaften auf Pensionen und der Betrag der für diese Verpflichtungen nicht gebildeten Rückstellungen anzugeben				
1042.	HGB	314 (1) Nr. 6 (c)	• die vom Mutterunternehmen und den Tochterunternehmen gewährten Vorschüsse und Kredite unter Angabe der Zinssätze, der wesentlichen Bedingungen und der ge-gebenenfalls im Geschäftsjahr zurück-gezahlten Beträge sowie die zugunsten dieser Personengruppen eingegangenen Haftungsverhältnisse				
1043.	HGB	314 (1) Nr. 8	Für jedes in den Konzernabschluss einbe-zogene börsennotierte Unternehmen ist anzugeben, dass die nach § 161 AktG vorge-schriebene Erklärung abgegeben und wo sie öffentlich zugänglich gemacht worden ist				

Checkliste für die Aufstellung / Prüfung des Anhangs nach IFRS (Notes)							
0	1	2	3	4	5	6	7
Lfd. Nr.	IAS/ IFRS/ SIC/ IFRIC/ HGB	Nr./Tz. des IAS/IFRS/ bzw. SIC/ IFRIC/HGB	Anhangangabe (Notes)	ent- halten	nicht enthalten (nicht relevant)	nicht enthalten (unwesent- lich)	Bemerkungen/ Referenzen zu Arbeits- papieren
	HGB	314 (1) Nr. 9	das von dem Abschlussprüfer des Konzernabschlusses für das Geschäftsjahr berechnete Gesamthonorar, aufgeschlüsselt in das Honorar für:				
1044.	HGB	314 (1) Nr. 9 (a)	• die Abschlussprüfungsleistungen				
1045.	HGB	314 (1) Nr. 9 (b)	• andere Bestätigungsleistungen				
1046.	HGB	314 (1) Nr. 9 (c)	• Steuerberatungsleistungen				
1047.	HGB	314 (1) Nr. 9 (d)	• sonstige Leistungen				
1048.	HGB	315	Es ist ein Konzernlagebericht gem. § 315 HGB aufzustellen				
K. Angaben für IFRS-Einzelabschlüsse nach § 325 Abs. 2a HGB							
1049.	HGB	244	Der Jahresabschluss ist in deutscher Sprache und in Euro aufzustellen				
1050.	HGB	245	Der Jahresabschluss ist vom Kaufmann unter Angabe des Datums zu unterzeichnen. Sind mehrere persönlich haftende Gesellschafter vorhanden, so haben sie alle zu unterzeichnen				
1051.	HGB	264 (2) S. 3	Schriftliche Versicherung der gesetzlichen Vertreter eines Mutterunternehmens, das Inlandsemittent ist und keine erleichterten Vorschriften gem. § 327a HGB anwendet, dass der Jahresabschluss nach bestem Wissen ein den tatsächlichen Verhältnissen ent- sprechendes Bild im Sinne von § 264 Abs. 2 S. 1 HGB vermittelt oder alternativ zusätz- liche Angaben nach § 264 Abs. 2 S. 2 HGB enthält				
1052.	HGB	285 Nr. 7	Angabe der durchschnittlichen Zahl der während des Geschäftsjahrs beschäftigten Arbeitnehmer getrennt nach Gruppen				
1053.	HGB	285 Nr. 8b	Angabe bei Anwendung des Umsatzkosten- verfahrens (§ 275 Abs. 3 HGB) des Personal- aufwands des Geschäftsjahrs, gegliedert nach § 275 Abs. 2 Nr. 6 HGB				
	HGB	285 Nr. 9	Für die Mitglieder des Geschäftsführungsorgans, eines Aufsichtsrats, eines Beirats oder einer ähnlichen Einrichtung ist jeweils für jede Personengruppe anzugeben:				
1054.	HGB	285 Nr. 9 a)	• die für die Tätigkeit im Geschäftsjahr ge- währten Gesamtbezüge (Gehälter, Gewinn- beteiligungen, Bezugsrechte und sonstige aktienbasierte Vergütungen, Aufwandsent- schädigungen, Versicherungsentgelte, Pro- visionen und Nebenleistungen jeder Art). In die Gesamtbezüge sind auch Bezüge ein- zurechnen, die nicht ausgezahlt, sondern in Ansprüche anderer Art umgewandelt oder zur Erhöhung anderer Ansprüche verwen- det werden. Außer den Bezügen für das Geschäftsjahr sind die weiteren Bezüge anzugeben, die im Geschäftsjahr gewährt, bisher aber in keinem Jahresabschluss an- gegeben worden sind. Bezugsrechte und sonstige aktienbasierte Vergütungen sind				

Checkliste für die Aufstellung / Prüfung des Anhangs nach IFRS (Notes)							
0	1	2	3	4	5	6	7
Lfd. Nr.	IAS/ IFRS/ SIC/ IFRIC/ HGB	Nr./Tz. des IAS/IFRS/ bzw. SIC/ IFRIC/HGB	Anhangangabe (Notes)	ent-halten	nicht enthalten (nicht relevant)	nicht enthalten (unwesent-lich)	Bemerkungen/ Referenzen zu Arbeits-papieren
			mit ihrer Anzahl und dem beizulegenden Zeitwert zum Zeitpunkt ihrer Gewährung anzugeben; spätere Wertveränderungen, die auf einer Änderung der Ausübungsbedin-gungen beruhen, sind zu berücksichtigen. Bei einer börsennotierten Aktiengesellschaft sind zusätzlich unter Namensnennung die Bezüge jedes einzelnen Vorstandsmitglieds, aufgeteilt nach erfolgsunabhängigen und erfolgsbezogenen Komponenten sowie Kom-ponenten mit langfristiger Anreizwirkung, gesondert anzugeben *(Folgende Angaben können unterbleiben, wenn die Hauptversammlung einen ent-sprechenden Beschluss gem. § 286 Abs. 5 HGB gefasst hat)*: Dies gilt auch für Leistungen, die dem Vorstandsmitglied für den Fall der Beendigung seiner Tätigkeit zugesagt worden sind. Hierbei ist der wesentliche Inhalt der Zusagen darzustellen, wenn sie in ihrer rechtlichen Ausgestaltung von den den Arbeitnehmern erteilten Zu-sagen nicht unerheblich abweichen. Leistungen, die dem einzelnen Vorstands-mitglied von einem Dritten im Hinblick auf seine Tätigkeit als Vorstandsmitglied zugesagt oder im Geschäftsjahr gewährt worden sind, sind ebenfalls anzugeben. Enthält der Jahresabschluss weitergehende Angaben zu bestimmten Bezügen, sind auch diese zusätzlich einzeln anzugeben				
1055.	HGB	285 Nr. 9 (b)	• die Gesamtbezüge (Abfindungen, Ruhege-hälter, Hinterbliebenenbezüge und Leistungen verwandter Art) der früheren Mitglieder der bezeichneten Organe und ihrer Hinter-bliebenen. § 285 S. 1 Nr. 9 (a) Satz 2 und 3 HGB ist entsprechend anzuwenden. Ferner ist der Betrag der für diese Personengruppe gebildeten Rückstellungen für laufende Pensionen und Anwartschaften auf Pen-sionen und der Betrag der für diese Ver-pflichtungen nicht gebildeten Rückstellun-gen anzugeben				
1056.	HGB	285 Nr. 9 (c)	• die gewährten Vorschüsse und Kredite unter Angabe der Zinssätze, der wesentlichen Be-dingungen und der gegebenenfalls im Ge-schäftsjahr zurückgezahlten Beträge sowie die zugunsten dieser Personen eingegangenen Haftungsverhältnisse				

Checkliste für die Aufstellung / Prüfung des Anhangs nach IFRS (Notes)							
0	1	2	3	4	5	6	7
Lfd. Nr.	IAS/ IFRS/ SIC/ IFRIC/ HGB	Nr./Tz. des IAS/IFRS/ bzw. SIC/ IFRIC/HGB	Anhangangabe (Notes)	ent- halten	nicht enthalten (nicht relevant)	nicht enthalten (unwesent- lich)	Bemerkungen/ Referenzen zu Arbeits- papieren
1057.	HGB	285 Nr. 10	Alle Mitglieder des Geschäftsführungsorgans und eines Aufsichtsrats, auch wenn sie im Geschäftsjahr oder später ausgeschieden sind, mit dem Familiennamen und mindestens einem ausgeschriebenen Vornamen, einschl. des aus- geübten Berufs und bei börsennotierten Gesell- schaften auch der Mitgliedschaft in Aufsichts- räten und anderen Kontrollgremien im Sinne des § 125 Abs. 1 Satz 3 AktG. Der Vorsitzende eines Aufsichtsrats, seine Stellvertreter und ein etwaiger Vorsitzender des Geschäftsführungs- organs sind als solche zu bezeichnen				
1058.	HGB	285 Nr. 11	Name und Sitz anderer Unternehmen, von de- nen die Kapitalgesellschaft oder eine für Rech- nung der Kapitalgesellschaft handelnde Person mindestens 20% der Anteile besitzt; außerdem sind die Höhe des Anteils am Kapital, das Eigen- kapital und das Ergebnis des letzten Geschäfts- jahres dieser Unternehmen anzugeben, für das ein Jahresabschluss vorliegt; auf die Berech- nung der Anteile ist § 16 Abs. 2 und 4 AktG entspr. anzuwenden; ferner sind von börsenno- tierten Kapitalgesellschaften zusätzlich alle Be- teiligungen an großen Kapitalgesellschaften an- zugeben, die 5% der Stimmrechte überschreiten				
1059.	HGB	285 Nr. 11a	Name, Sitz und Rechtsform der Unternehmen, deren unbeschränkt haftender Gesellschafter die Kapitalgesellschaft ist				
1060.	HGB	285 Nr. 14	Name und Sitz des Mutterunternehmens der Kapitalgesellschaft, das den Konzernabschluss für den größten Kreis von Unternehmen aufstellt, und ihres Mutterunternehmens, das den Konzernabschluss für den kleinsten Kreis von Unternehmen aufstellt, sowie im Falle der Offenlegung der von diesen Mutterunter- nehmen aufgestellten Konzernabschlüsse der Ort, wo diese erhältlich sind				
1061.	HGB	285 Nr. 15	Soweit es sich um den Anhang des Jahresab- schlusses einer Personenhandelsgesellschaft im Sinne des § 264a Abs. 1 HGB handelt, Name und Sitz der Gesellschaften, die per- sönlich haftende Gesellschafter sind, sowie deren gezeichnetes Kapital				
1062.	HGB	285 Nr. 16	Dass die nach § 161 AktG vorgeschriebene Erklärung abgegeben und wo sie öffentlich zugänglich gemacht worden ist				
1063.	HGB	285 Nr. 17	Das von dem Abschlussprüfer für das Geschäftsjahr berechnete Gesamthonorar, aufgeschlüsselt in das Honorar für a) Abschlussprüfungsleistungen, b) andere Bestätigungsleistungen, c) Steuerberatungsleistungen, d) sonstige Leistungen, soweit die Angaben nicht in einem das Unternehmen einbeziehenden Konzernab- schluss enthalten sind				

Lfd. Nr.	IAS/IFRS/SIC/IFRIC/HGB	Nr./Tz. des IAS/IFRS/ bzw. SIC/IFRIC/HGB	Anhangangabe (Notes)	ent- halten	nicht enthalten (nicht relevant)	nicht enthalten (unwesent- lich)	Bemerkungen/ Referenzen zu Arbeits- papieren
0	1	2	3	4	5	6	7

Checkliste für die Aufstellung / Prüfung des Anhangs nach IFRS (Notes)

Lfd. Nr.							
1064.	HGB	286 (1)	Die Berichterstattung hat insoweit zu unter- bleiben, als es für das Wohl der Bundes- republik Deutschland oder eines ihrer Länder erforderlich ist				
	HGB	286 (3)	Die Angaben nach § 285 Nr. 11 und 11a HGB können unterbleiben, soweit sie				
1065.	HGB	286 (3) Nr. 1	• für die Darstellung der Vermögens-, Finanz- und Ertragslage der Kapitalgesellschaft nach § 264 Abs. 2 HGB von untergeordneter Bedeutung sind oder				
1066.	HGB	286 (3) Nr. 2	• nach vernünftiger kaufmännischer Beurtei- lung geeignet sind, der Kapitalgesellschaft oder dem anderen Unternehmen einen er- heblichen Nachteil zuzufügen				
1067.	HGB	289	Es ist ein Lagebericht gem. § 289 HGB auf- zustellen				
1068.	HGB	289a	Die Erklärung zur Unternehmensführung ist in den Lagebericht aufzunehmen				

Checkliste für Aufstellung / Prüfung des Anhangs nach IFRS (Notes)

0	1	2	3	4	5
Lfd. Nr.	Prüfung des Anhangs (Notes)	ent-fällt	durch-geführt	nicht durch-geführt	Bemerkungen/ Arbeitspapiere
	Kapitel 2: Prüfung des Anhangs (Notes) **A. Prüfungsgegenstand und Prüfungsumfang (vgl. § 317 HGB)**				
1.	a) Der Abschlussprüfer hat zunächst zu prüfen, ob der Anhang den allgemeinen Grundsätzen der Berichterstattung entspricht, nämlich folgenden Grundsätzen: - Vollständigkeit (Gesamtbeurteilung, alle Angaben enthalten) - Richtigkeit (Wahrheit, intersubjektive Nachprüfbarkeit) - Vorsicht (keine zu optimistische Risikoeinschätzung) - Klarheit (Verständlichkeit, Genauigkeit, Übersichtlichkeit) - Vergleichbarkeit (zeitlich, Darstellungsstetigkeit) - Wesentlichkeit bzw. Wirtschaftlichkeit				
2.	b) Die Prüfung des Abschlusses und damit auch des Anhangs hat sich insbes. darauf zu erstrecken, ob die hier einschlägigen Vorschriften (vgl. § 317 I 2 HGB) beachtet worden sind. Hierunter fällt auch *(siehe dazu oben Kapitel 1)*: - die Feststellung der Vollständigkeit des Anhangs bzgl. sämtlicher Pflichtangaben (sog. "Vollständigkeitsprüfung") - die Feststellung der richtigen Inanspruchnahme der Ausweisalternativen zwischen Bilanz / GuV und Anhang (sog. Wahlpflichtangaben sowie ggf. der Schutzklausel)				
3.	c) Dabei hat der Abschlussprüfer - den Anhang nach den gleichen Grundsätzen zu prüfen wie die anderen Abschlussbestandteile - das mit dem Anhang von dem Vorstand / der Geschäftsführung vermittelte Gesamtbild des Unternehmens kritisch zu würdigen (sog. "Gesamteindrucksprüfung") - grundsätzlich sämtliche, d.h. auch freiwillige Angaben und Wahlpflichtangaben im Anhang in die Prüfung einzubeziehen - die Darstellungsform und Wortwahl zu beurteilen (kein irreführendes Bild) - bei ernsthaften wirtschaftlichen Schwierigkeiten des Unternehmens besonders kritisch zu prüfen (Beurteilung der Going-Concern-Prämisse; Änderungen bei den Bilanzierungs- und Bewertungsmethoden)				
	B. Vollständigkeitserklärung und Arbeitspapiere				
4.	a) Bezüglich der berufsüblichen *Vollständigkeitserklärung* ist darauf zu achten, dass hier die Angaben zum Abschluss mit den entsprechenden Angaben übereinstimmen				
5.	b) Feststellungen in den *Arbeitspapieren* zu folgenden Sachverhalten: - Gibt es im Anhang Schwachstellen und ggf. Änderungsbedarf? - Haben Sie eventuelle Verbesserungsvorschläge in den Arbeitspapieren dokumentiert? - Wurden ggf. Schwachstellen, Änderungsbedarf oder Verbesserungsvorschläge an den Mandanten weitergeleitet (z.B. mündlich oder in Form eines Management Letters)? - Wurde die Anhangprüfung anhand dieser Checkliste ausreichend dokumentiert und von dem Prüfer auf dem Deckblatt abgezeichnet?				

Checkliste für Aufstellung / Prüfung des Anhangs nach IFRS (Notes)

Lfd. Nr.	Prüfung des Anhangs (Notes)	entfällt	durchgeführt	nicht durchgeführt	Bemerkungen/ Arbeitspapiere
0	1	2	3	4	5
	- Wurde die Checkliste von dem Prüfungsleiter durchgesehen und auf dem Deckblatt abgezeichnet? - Wurde der Anhang (geprüfte Version) und die abgezeichnete Checkliste in den Arbeitspapieren zu der entsprechenden Abschlussprüfung im Fach "Anhang" abgelegt (Dokumentationsmittel)?				
	C. Prüfungsbericht (vgl. § 321 HGB) und Bestätigungsvermerk (vgl. § 322 HGB)				
6.	a) Feststellungen im *Prüfungsbericht* gem. § 321 HGB zu folgenden Sachverhalten (ggf. Hinweis auf Mängel): - Unrichtigkeiten und Verstöße gegen gesetzliche Vorschriften und Regelungen des Gesellschaftsvertrags bzw. der Satzung (§ 321 I 3 HGB; hierzu gehören auch die Angabe- und Erläuterungspflichten im Anhang - Übereinstimmung des Abschlusses und damit auch des Anhangs mit den gesetzlichen Vorschriften und den ergänzenden Bestimmungen des Gesellschaftsvertrags bzw. der Satzung (§ 321 II 1 HGB), zur Ordnungsmäßigkeit der im Anhang gemachten Angaben, über die nicht an anderer Stelle berichtet worden ist, sollte gesondert Stellung genommen werden				
7.	b) Feststellungen im *Bestätigungsvermerk* zu folgenden Sachverhalten: - Zusammenfassung des Ergebnisses der Prüfung des Abschlusses und damit auch des Anhangs (§ 322 I 1 HGB) - Erklärung, dass die nach § 317 HGB durchgeführte Prüfung zu keinen Einwendungen geführt hat und dass der aufgestellte Abschluss (einschl. Anhang) aufgrund der bei der Prüfung gewonnenen Erkenntnisse des Prüfers nach seiner Beurteilung unter Beachtung der GoB ein den tatsächlichen Verhältnissen entsprechendes Bild der VFE-Lage vermittelt (§ 322 III 1 HGB) - Wortlaut des Bestätigungsvermerks: IDW PS 400 enthält in Anlage 4 eine Formulierung für einen uneingeschränkten Bestätigungsvermerk bei einem nach den IAS/IFRS aufgestellten befreienden Konzernabschluss nach § 292a HGB - Gesonderter Hinweis auf im Rahmen der Prüfung festgestellte fortbestandsgefährdende Risiken (§ 322 II 3 HGB) – unabhängig von der Darstellung im Anhang				
8.	c) *Einschränkung bzw. Versagung des Bestätigungsvermerks* bei folgenden Einwendungen (klare Formulierung der Tatsachen sowie der Gründe der Einschränkung bzw. Versagung, damit deren Tragweite erkennbar wird; § 322 IV 3 und 4 HGB), Beispiele: - Vollständiges Fehlen des Anhangs (hier evtl. Versagungsvermerk) - Fehlen wesentlicher Pflichtangaben im Anhang (vgl. IDW PS 400, Tz. 55) - Unzureichende Angaben, Erläuterungen, Aufgliederungen - Prüfungsunterlagen stehen im Widerspruch zu den Angaben im Anhang				

Literatur zum Anhang nach IFRS (Notes) und dessen Prüfung

1. Wichtige Internet-Adressen im Bereich der internationalen Rechnungslegung

American Institute of Certified Public Accountants (AICPA):
http://www.aicpa.org

Deutsches Rechnungslegungs Standards Committee (DRSC):
http://www.drsc.de

European Financial Reporting Advisory Group (EFRAG):
http://www.efrag.org

Financial Accounting Standards Board (FASB):
http://www.fasb.org

Institut der Wirtschaftsprüfer in Deutschland e.V.:
http://www.idw.de

International Accounting Standards Board (IASB):
http://www.ifrs.org

International Organization of Securities Commissions (IOSCO):
http://www.iosco.org

U.S. Securities and Exchange Commission (SEC):
http://www.sec.gov

Wirtschaftsprüferkammer: http://www.wpk.de

2. Spezifische Literatur zu IFRS-Notes

Brüggemann, Benedict, Die Berichterstattung im Anhang des IFRS-Abschlusses, Düsseldorf 2007.

Krawitz, Norbert/Hartmann, Christina/Kalbitzer, Jens, Anhang und Lagebericht nach IFRS. Prinzipien, Anforderungen, Strukturierung, München 2005.

Leibfried, Peter/Weber, Ingo/Gutte, Claudia, Notes. Leitfaden für den IFRS-Anhang, 2. Aufl., Berlin 2009.

Padberg, Thomas, IFRS-Anhang-Praxis – Benchmarking für Unternehmen, Berlin 2007.

Weber, Ingo, IFRS: Anhang – Inhalte, Erstellung, Prüfung, Berlin 2009.

3. Ausgewählte Lehr- und Fachbücher zu IFRS allgemein

Achleitner, Ann-Kristin/Behr, Giorgio/Schäfer, Dirk, Internationale Rechnungslegung, 4. Aufl., München 2009.

Baetge, Jörg/Kirsch, Hans-Jürgen/Thiele, Stefan, Konzernbilanzen, 9. Aufl., Düsseldorf 2011.

Baetge, Jörg/Kirsch, Hans-Jürgen/Thiele, Stefan, Bilanzen, 11. Aufl., Düsseldorf 2011.

Buchholz, Rainer, Internationale Rechnungslegung, 9. Aufl., Berlin 2011.

Coenenberg, Adolf/Haller, Axel/Schultze, Wolfgang, Jahresabschluss und Jahresabschlussanalyse, 21. Aufl., Stuttgart 2009.

Grünberger, David, IFRS 2011: ein systematischer Praxis-Leitfaden, 9. Aufl., Herne/Berlin 2011.

Hayn, Sven/Graf Waldersee, Georg, IFRS, HGB, HGB-BilMoG im Vergleich – Synoptische Darstellung für den Einzel- und Konzernabschluss, 7. Aufl., Stuttgart 2008.

Heno, Rudolf, Jahresabschluss nach Handelsrecht, Steuerrecht und internationalen Standards (IFRS), 6. Aufl., Heidelberg 2009.

Heuser, Paul/Theile, Carsten, IFRS Handbuch, 4. Aufl., Köln 2009.

Heyd, Reinhard/von Keitz, Isabel (Hrsg.), IFRS-Management, München 2007.

von Keitz, Isabel, Praxis der IASB-Rechnungslegung – best practice von 100 IFRS-Anwendern, 2. Aufl., Stuttgart 2005.

Kirsch, Hanno, Einführung in die internationale Rechnungslegung nach IFRS, 7. Aufl., Herne/Berlin 2010.

Kremin-Buch, Beate, Internationale Rechnungslegung, 5. Aufl., Wiesbaden 2009.

Lüdenbach, Norbert, IFRS: Der Ratgeber zur erfolgreichen Umstellung von HGB auf IFRS, 6. Aufl., Freiburg im Breisgau 2010.

Pellens, Bernhard/Fülbier, Rolf Uwe/Gassen, Joachim/Sellhorn, Thorsten, Internationale Rechnungslegung, 8. Aufl., Stuttgart 2011.

Petersen, Karl/Bansbach, Florian/Dornbach, Eike (Hrsg), IFRS Praxishandbuch, 6. Aufl., München 2011.

Ruhnke, Klaus, Rechnungslegung nach IFRS und HGB, 2. Aufl., Stuttgart 2008.

Wagenhofer, Alfred, Internationale Rechnungslegungsstandards – IAS/IFRS, 6. Aufl., Heidelberg 2009.

4. Ausgewählte Kommentare zu IFRS allgemein

Adler, Hans/Düring, Walther/Schmaltz, Kurt (Hrsg.), Rechnungslegung nach internationalen Standards, Stuttgart (Loseblattwerk).

Baetge, Jörg/Wollmert, Peter/Kirsch, Hans-Jürgen/Oser, Peter/Bischof, Stefan (Hrsg.), Rechnungslegung nach IFRS, Kommentar auf der Grundlage des deutschen Bilanzrechts, 2. Aufl., Stuttgart (Loseblattwerk).

Bohl, Werner/Riese, Joachim/Schlüter, Jörg (Hrsg), Beck'sches IFRS-Handbuch – Kommentierung der IAS/IFRS, 3. Aufl., München 2009.

Lüdenbach, Norbert/Hoffmann, Wolf-Dieter (Hrsg.), Haufe IFRS - Kommentar, 8. Aufl., Freiburg im Breisgau 2010.

Thiele, Stefan/von Keitz, Isabel/Brücks, Michael (Hrsg.), Internationales Bilanzrecht, Bonn/Berlin (Loseblatt).

– **Notizen** –